A ARTE DE FALAR DA MORTE PARA CRIANÇAS

LUCÉLIA ELIZABETH PAIVA

A arte de falar da morte para crianças

*A literatura infantil como recurso
para abordar a morte com crianças e educadores*

DIREÇÃO EDITORIAL:
Marcelo C. Araújo

COORDENAÇÃO EDITORIAL:
Ana Lúcia de Castro Leite

COPIDESQUE:
Mônica Reis

REVISÃO:
Bruna Marzullo

DIAGRAMAÇÃO:
Juliano de Sousa Cervelin

CAPA:
Alfredo Castillo

ILUSTRAÇÕES CAPA E MIOLO:
Juliana Paiva Zapparoli
Giovanna Paiva Zapparoli

Todos os direitos em língua portuguesa, para o Brasil, reservados à Editora Ideias & Letras, 2022.
6ª reimpressão

Avenida São Gabriel, 495
Conjunto 42 – 4º andar
Jardim Paulista - São Paulo/SP
Cep: 01435-001
Editorial: (11) 3862-4831
Televendas: 0800 777 6004
vendas@ideiaseletras.com.br
www.ideiaseletras.com.br

Dados Internacionais de Catalogação na Publicação (CIP)
(Câmara Brasileira do Livro, SP, Brasil)

Paiva, Lucélia Elizabeth
A arte de falar da morte para crianças: a literatura infantil como recurso para abordar a morte com crianças e educadores / Lucélia Elizabeth Paiva. – Aparecida, SP: Ideias & Letras, 2011.

Bibliografia.
ISBN 978-85-7698-103-9

1. Biblioterapia 2. Crianças – Desenvolvimento 3. Crianças – Educação 4. Educação de crianças 5. Educação em relação à morte 6. Literatura infantil – Estudo e ensino 7. Luto – Aspectos psicológicos 8. Morte 9. Pedagogia 10. Professores – Formação 11. Psicologia educacional 12. Psicologia infantil I. Título.

11-04655　　　　　　　　　　　　　　　　　　　　　　　　　　　　　　　　CDD-370.158

Índice para catálogo sistemático:

1. Literatura infantil como recurso pedagógico: Educação de crianças: Educação em relação à morte: Psicologia escolar e desenvolvimento humano 370.158

"A janela que se abre para a compreensão da morte descortina, do lado de cá, uma visão cada vez mais profunda do fenômeno da vida."

Roberto Gambini

Ilustração por: Juliana Paiva Zappardi
(Zappa)

À minha querida e eterna avó,
madrinha de vida inteira, *Maria do Carmo*.
A meu querido vovô *Manoel*, com quem aprendi
a falar da morte de uma forma suave,
com quem compartilhei a vida e a morte.
A meus queridos pais, *Afonso* e *Anunciação*,
que me ampararam para que eu tivesse
condições de trilhar meus caminhos.
A minhas queridas filhas, *Juliana* e *Giovanna*, meus
frutos, que lancei no mundo... minha eternidade! E
àqueles que fazem parte da minha história!

Agradecimentos

São muitas as pessoas que participaram da minha história... Minha gratidão, pois todos foram muito importantes, cada qual com sua passagem, contribuição, de maneira pessoal e singular.

Em especial, agradeço à Prof.ª Dr.ª Maria Júlia Kovacs incentivar-me a acreditar nos livros infantis e acompanhar-me nesse percurso; à Prof.ª Dr.ª Maria Júlia Paes da Silva e à Prof.ª Dr.ª Solange Aparecida Emílio, as críticas, as contribuições e o grande apoio; à Prof.ª Dr.ª Ana Laura Schielman e à Prof.ª Dr.ª Nely A. Nucci as ricas reflexões e participação na Banca de Defesa do Doutorado.

Vivo com minhas histórias, ora criança, ora mulher... ora triste, ora feliz... entre sonhos e espantos, mas vou vivendo cada canto, cada momento, muitas vezes tropeçando na morte que atravessa a vida, mas sempre com a esperança de poder compartilhar a vida que há na morte.

Muito obrigada a todos que me fizeram pensar.

Uma vida, uma morte: uma história para contar!

Ilustração por Juliana Paiva Zapparoli e
Giovanna Paiva Zapparoli

Sumário

1. Um pouco sobre mim... – 17
    Era uma vez... – 17
    Como surgiu a ideia de falar sobre a morte com crianças – 25

2. Visitando alguns autores – o que eles dizem sobre – 33
    1. A Morte – 33
    2. A Criança – 40
    3. A Escola – 52
    4. Literatura Infantil – 66
    5. Biblioterapia – 89

3. Batendo à porta das escolas para falar sobre a morte – 111
    1. Apresentação da Pesquisa – 111
    2. Sobre os Livros – 112
    3. Sobre as Escolas – 113
    4. Sobre os Participantes – 114
    5. Sobre os Encontros – 114

4. *In loco* / achados – 119
    1. As Escolas – 119
    2. Os Livros Infantis – 137
    3. Temas relevantes levantados durante os encontros – 227
    4. A Criança e a Morte – 248
    5. Introdução do Tema Morte no Contexto Escolar – 254
    6. A Educação para a Morte – 258
    7. O Educador e a Morte – 259
    8. Palavras-chave – 272
    9. Os Educadores – Grandes Descobertas – 281

5. Meu novo desafio: abrindo novas portas – 309

6. Um pouco de cada um... – 317

Referências bibliográficas – 319

Anexos – 327

"A morte nos faz pensar, nos transforma à força em pensadores, em seres pensantes, mas apesar de tudo continuamos sem saber o que pensar da morte".

Savater

Ilustrado por Juliana Paiva Zapparoli

I

UM POUCO SOBRE MIM...

Era uma vez...

Muitas princesas entraram em meus sonhos e muitas bruxas me assustaram, mas Cinderela sempre me encantou com sua simplicidade e humildade, sonhando com a felicidade... Branca de Neve ensinou-me a valorizar a amizade... Bela Adormecida ensinou-me a acreditar no amor.

Eu ficava muito aflita com o Lobo Mau, que sempre perseguia a Chapeuzinho Vermelho e os Três Porquinhos, mas tive o privilégio de conhecer Rapunzel! Ah, Rapunzel! Com ela aprendi a arriscar-me, a jogar as tranças mesmo correndo riscos, apesar dos perigos...

Fadas e bruxas sempre me acompanharam na vida, e as histórias fazem parte de minha vida desde minha meninice.

Lembro-me de minha irmã, seis anos mais velha que eu, muito estudiosa, lendo histórias da coleção "O Mundo da Criança" (1954) para mim. E eu... viajava em meus pensamentos e em minha imaginação em cada história que ela contava.

Hoje, fico pensando na criança aprisionada em mim mesma, buscando uma magia, encanto ou feitiçaria que me fizesse destrancar minhas amarras.

Nunca me esqueço da paciência de minha irmã (e de suas reclamações) cada vez que eu pedia para contar-me a linda história de Rapunzel, mais uma vez, como se fosse a primeira vez... Ela sempre me perguntava: "Essa, de novo?". E eu sempre tentava convencê-la de que seria a última vez...

Mas minha irmã não foi a única a coroar-me com histórias. Minha avó materna, a minha eterna dona Maria do Carmo, apesar de analfabeta – muito sábia! –, sempre tinha uma história para contar. Quando dormíamos juntas, ela sempre me contava histórias de santos – era muito católica! – ou episódios de sua vida. Cresci ouvindo suas histórias da lavoura, dos lobos que, ainda muito jovem, enfrentava quando guiava seu rebanho. Eu ficava boquiaberta ouvindo minha avó, com aquele sotaque português que por vezes não me deixava entender alguma palavra, mas eu não a interrompia. Eu ficava imaginando a coragem dela.

Apesar de tímida, calada, tola, eu desejava um dia ser igualzinha à minha avó: uma mulher muito boa, cheia de vida e, por isso mesmo, cheia de histórias... Histórias encantadoras!

E foi assim que eu aprendi a apreciar as histórias: contos maravilhosos e histórias de vida. Saboreava cada palavra, levando, para dentro de mim, a aventura da vida, em minha imaginação. Com isso, sempre valorizei as histórias. Acho que o fato de ouvir tantas histórias me incentivou a apreciá-las e a contá-las.

Já bem crescidinha, durante um processo de psicoterapia pessoal (início da década de 1980), deparei-me com Soprinho (Almeida, 1971), que me soprou um desejo de adentrar a floresta e descobrir os mistérios que nela existem.

E, a partir de então, eu percebi o quanto a história infantil poderia servir como facilitadora para olhar os meus fantasmas.

Apaixonei-me mais ainda pelos livros infantis e passei a olhá-los com uma curiosidade diferente: como passatempo e também como meio para fazer pensar, repensar, refletir... Achei maravilhosa a experiência e, daí em diante, sempre que considerava viável, utilizava esses livros como facilitadores (em processos terapêuticos com meus pacientes, no consultório e no hospital). Passei também a usá-los para abordar temas específicos com meus sobrinhos e filhas, pois a história infantil faz parte do universo da criança, facilita sua compreensão. E assim aconteceu!

Comecei a desempenhar meu papel de contadora de histórias com meu sobrinho, quando eu estava no final da faculdade. Aproveitava as histórias para falar de assuntos difíceis com ele. Inclusive sobre a morte. Mas, naquela época, eu nem imaginava que, um dia, eu estaria aqui, levando esse assunto para o mundo.

1. Um pouco sobre mim...

Quando trabalhava no Pronto-Socorro e nas Unidades de Terapia Intensiva do Instituto Central do Hospital das Clínicas/FMUSP (final da década de 1980), atendia a várias crianças, vítimas de trauma (acidentes, quedas, ferimentos por arma de fogo etc.). Não era um PS infantil e, por isso, as crianças acabavam se deparando com um ambiente ainda mais assustador.

Eu oferecia livros a elas, contava-lhes histórias. Esse era, portanto, um instrumento que não só facilitava nossa relação, mas também possibilitava – por meio das histórias – falar de suas dores emocionais. Dessa maneira, acabava selecionando algumas histórias específicas que me auxiliavam em algumas ocasiões. Foi aí que me aproximei da coleção "Estórias para pequenos e grandes", de Rubem Alves, descobrindo *A operação de Lili*. Utilizava muito esse livro para falar das dificuldades de estar doente, internado e passar por procedimentos médicos mais invasivos e dolorosos, como cirurgias.

Fui percebendo que, em algumas ocasiões, os livros de Rubem Alves cabiam para falar das dores com os adultos também. E foi assim!

Caminhei pelas estradas das livrarias, no cantinho das crianças, principalmente, e descobri tesouros!

Já com minhas filhas, Juliana e Giovanna, aprimorei-me. Elas sempre gostaram de ouvir "minhas histórias", mesmo já crescidas. Era hábito, principalmente na hora de dormir, ler algumas histórias. Sempre foram estimuladas também com os vários vídeos da Disney, que contavam as histórias clássicas. E, com as histórias de livros e de filmes, conversávamos muito sobre sentimentos e dificuldades... a vida e a morte.

Com elas, pude constatar que os livrinhos eram úteis para enfrentar os diversos momentos da vida. Talvez eles tenham nos ajudado a enfrentar muitas de nossas dificuldades.

Minhas filhas colaboram muito para o meu trabalho, pois criaram o hábito de ler (de tudo!) e me auxiliam encontrando histórias interessantes, tanto em livros como em filmes. São duas meninas encantadoras e muito sensíveis!

Claro, continuei utilizando as histórias também como puro passatempo, para viajar com a imaginação.

Surpreendo-me relembrando minha história. Pois é, mais uma vez constato a importância das diversas histórias: história de vida, história vivida, história inventada... história pensada, não pensada, lembrada, relembrada... Enfim, qualquer tipo de história que nos faça pensar, imaginar, criar, sonhar.

Certo dia, durante meu curso de Mestrado (no Hospital do Câncer), quando tentava entender como o médico lida com esta tão instigante inimiga e traiçoeira, a morte, assistindo a uma aula da disciplina Psicologia da Morte, da Prof.ª Maria Júlia Kovács, no Instituto de Psicologia da USP, tive a oportunidade de apresentar-lhe meus livros. Tantos livros infantis que falavam de tudo: da vida e da morte, de perdas, diferenças, mudanças e sentimentos... "Meus tesouros"! Nessa oportunidade, com grande entusiasmo, ela me incentivou a transformar seu uso na produção de conhecimento.

E foi assim que tudo começou. E quero mostrar um pouco do que pude descobrir com eles. Esses meus tesouros têm um brilho próprio, uma riqueza singular.

E, por essa estrada afora, tentarei falar um pouco deste meu caminho. Um caminho que é estranho, mais uma vez. Aliás, eu, como Maria, personagem do livro *A corda bamba* (Nunes, 1982), sempre resolvi espiar com muita curiosidade o que se passava em outros lugares e, assim, fui abrindo muitas portas estranhas e diferentes em minha vida. Portas de dentro e de fora, da frente e dos fundos. Sempre muito curiosa e até audaciosa.

E mais uma vez sinto-me uma estrangeira em terra estranha, onde não se partilham a mesma cultura, os mesmos valores; onde não se fala a mesma língua...

Senti-me assim quando, no início de minha vida profissional, aventurei-me no hospital geral: a casa do médico! (Isso faz tempo. Na época em que alguns poucos psicólogos trilhavam esse mesmo caminho. E, hoje, depois de mais de 20 anos, temos a Psicologia Hospitalar como especialidade!)

Lembro-me que, em 1988, ao ingressar por concurso público no Instituto Central do Hospital das Clínicas da Faculdade de Medicina da Universidade de São Paulo, escolhi o Pronto-Socorro e as UTIs para construir meu percurso profissional no contexto hospitalar.

Comecei a descobrir nos pacientes e familiares/acompanhantes, o material/conteúdo que seria possível desenvolver em termos de trabalho nesses espaços. Não era e nunca foi um trabalho fácil.

Naquela época, fui compreender melhor a rotina e os valores a partir das obras de Foucault (1987, 1989). Existe uma história, uma cultura por trás de

1. Um pouco sobre mim...

tudo isso que vivenciamos e que assistimos no cotidiano hospitalar – inclusive a forma como as relações são estabelecidas.

A partir de minha vivência, enquanto participante desse contexto, comecei a sentir certo incômodo ao me deparar com as críticas que se faziam aos profissionais mais diretamente ligados aos pacientes, principalmente à figura do médico. Fala-se muito a respeito da frieza e indiferença do contexto hospitalar, nas relações interpessoais, principalmente na relação que se estabelece com o paciente.

Chamo aqui de paciente não somente o paciente em si, mas seus familiares, que também devem ser vistos assim, uma vez que estão passando por um processo de adoecimento, só que um adoecimento diferente, que se dá pelo processo da perda real ou pela possibilidade de perda.

Diante desse cenário eu quis entender o porquê desse distanciamento, dessa indiferença na relação profissional-paciente. Podia entender claramente os mecanismos de defesa presentes nessa relação, mas isso não era o suficiente. Decidi, então, tentar entender no mestrado esses mecanismos advindos da necessidade de se defender do sofrimento vivenciado na relação médico-paciente.

Durante o curso de mestrado (Paiva, 2000), estudei os médicos em sua relação com pacientes com câncer avançado e em fase terminal. Procurei analisar, utilizando um questionário e uma entrevista, as atitudes dos médicos em relação à doença, ao doente, à família, à morte e a seu percurso durante sua formação acadêmica e profissional. Observei que, apesar de todos os médicos entrevistados trabalharem com pacientes com câncer avançado e em fase terminal, nem todos, na verdade, suportavam esse contato e relataram dificuldades pessoais e/ou limitações para enfrentar tais situações.

Quanta dor e quanta morte encontrei em meus entrevistados. Que dificuldade e quanto sofrimento vivenciado nessa relação!

Pensei muito na formação do médico e em seu despreparo para trabalhar com a vida e a morte, nas situações que mobilizam tantos sentimentos, como a impotência, por exemplo.

Foi pensando na formação do médico e, depois, ampliando esse questionamento para a formação de todos os profissionais de saúde que se deparam com as várias mortes em seu cotidiano que passei a me questionar como nós, de modo geral, lidamos com essa questão.

Os profissionais são treinados/preparados para curar e salvar – curar a dor física de quem sofre –, mas não são preparados para lidar com angústias, dores e sofrimentos emocionais advindos do sofrimento físico.

Essa relação de troca existe no próprio contato humano e, por mais que se tente fugir dela, ela existe por si e em si.

A partir dessa compreensão, fiquei imaginando quanto os profissionais de saúde são mal preparados para lidar com essas mortes, com todo esse sofrimento e essa dor e buscam, em sua profissão, encontrar uma poção mágica. Não a encontram! Apenas enfrentam mais sofrimento, muitas vezes, sentindo-se fracassados.

Um sofrimento solitário, engolido, calado, sufocado, não compartilhado...

Pensei, então, se estavam conscientes da escolha profissional que fizeram, se tinham consciência do que iriam encontrar e com o que lidariam ao longo da trajetória e vida profissional, e em muitos momentos pareceu-me que não!

Diante disso, deduzi que a problemática seria anterior. Acredito que a necessidade maior esteja em lidar com essas questões (dores, morte e sofrimento) ao longo da vida, para uma escolha profissional mais madura e mais consciente. E não só nisso, mas também nas nossas outras escolhas, ao longo da vida.

Pensar a morte é repensar a vida!

Acredito que isso sugira uma possível mudança de cultura.

Concluí, portanto, que a melhor forma de se encarar o sofrimento, a vida e a morte, é poder falar das angústias que acompanham essas questões, olhá-las de frente, desvendá-las e revelá-las. Mas como fazer isso, se falar desses temas é proibido?

Ilustrarei esse desafio com uma passagem interessante através do olhar de uma menina de 12 anos em relação a um livro infantil.

Certa noite, em 2004, estávamos minhas filhas – Juliana e Giovanna, com 12 e 9 anos na época, respectivamente – e eu numa grande livraria de São Paulo. Enquanto procurava alguns livros que precisava comprar, minhas filhas saboreavam alguns livros no "cantinho da criança".

De repente, Juliana apareceu com um livro inédito. Disse-me entusiasmada: "Mamãe, mamãe, esse livro deve te interessar... ele fala de morte!". O livro era *Sadako e os mil pássaros de papel* (Coerr, 2004). Ela quis que eu o comprasse e o leu rapidamente, achando-o muito bonito, embora triste. A menina, personagem central, morre no final da história.

O livro baseia-se na história verídica de Sadako, uma menina vigorosa e atlética, nascida em Hiroshima, que contraiu leucemia, decorrente dos efeitos tardios da radiação da bomba atômica. Aborda o diagnóstico, o tratamento e a morte da menina, assim como o envolvimento de familiares e amigos durante o tratamento e

1. Um pouco sobre mim...

após sua morte. Com muita sensibilidade, essa história nos traz a lenda japonesa dos pássaros de papel (tsuru), que diz que, se uma pessoa doente dobrar mil pássaros, os deuses lhe concederão a graça de ter seu desejo atendido e a tornarão saudável novamente. O livro descreve como a menina enfrentou sua doença e tratamento até sua morte e como seus familiares e amigos fecharam um ciclo na elaboração do luto.

Foi muito interessante o comentário que Juliana fez ao pedir o livro emprestado para levá-lo à escola e sugeri-lo aos professores. Pensou que seria um livro interessante a ser adotado pela escola, pois podia abranger várias disciplinas (para alunos da 6ª série):

– Português/Literatura – pela própria prática da leitura e interpretação.

– História – por abordar a questão da Segunda Guerra Mundial e da bomba atômica lançada em Hiroshima, no Japão.

– Ciências – por falar sobre leucemia (um tipo de câncer surgido, neste caso, como efeito da bomba atômica), seus sintomas, tratamento, possibilidades de cura.

– Filosofia – pela reflexão que poderia ser feita sobre a vida e a morte, a morte de uma adolescente, a participação da família e dos amigos no enfrentamento e no processo de doença e morte, assim como no pós-morte.

– Artes – pela possibilidade de se reproduzir o pássaro de papel em Origami.

Enfim... essa foi a articulação espontânea de Juliana na época.

Entusiasmada, levou o livro à escola e o apresentou à professora de Português/Literatura.

Depois de alguns dias, Juliana veio bastante desapontada com a resposta de sua professora. Eis seu relato: "A professora disse que o livro é bom, bonito, mas que não poderia ser adotado, pois era muito triste. A menina morre no final".

Juliana questionou-me por que as pessoas não falam das coisas que incomodam... "Por que não se fala das coisas tristes, se elas existem? Será que se falássemos dessas coisas não seria mais fácil enfrentá-las, pensar em soluções?".

Conversamos a respeito disso, mas fiquei sem uma resposta exata para dar à minha filha, uma vez que esse é o panorama que encontro em meu cotidiano profissional. Esses são também os meus questionamentos como psicóloga. Por isso, estou aqui, tecendo reflexões, estudando, buscando respostas ou refletindo sobre minhas inquietações...

Mais uma vez deparei-me com a ideia de calar e ocultar o feio e o triste... Fazer de conta que isso não existe... Mais uma vez o fazer de conta... Logo, deduz-se que é mais fácil engolir os medos e nos colocarmos debaixo das cobertas, cobrindo-nos até a cabeça, deixando apenas uma frestinha por onde espionar a invasão das bruxas...

Pois bem, esse pode ser um exemplo do quanto as pessoas estão distanciadas daquilo que, de tão perto, nos aflige.

Pergunto-me então: Será que as pessoas estão dispostas a encontrar caminhos para sua falta de preparo para discutir temas que consideram difíceis de serem abordados com crianças e jovens (temas esses tão complexos que nos assustam ao invadirem nosso cotidiano)? De que adianta dizer que não fomos preparados para essa tarefa? Será que, realmente, existe a disponibilidade para esse possível preparo?

Ao longo de 15 anos, deparei-me com esse questionamento enquanto percorria os corredores dos hospitais, assistindo ao sofrimento de pessoas e ao sofrimento dos profissionais que cuidavam desses doentes.

Embora o sofrimento só se evidencie no discurso do doente – afinal ao médico não sobra tempo para sofrer –, nas entrevistas que realizei com médicos que lidam com a morte – ou sua possibilidade – em seu cotidiano profissional, ficou muito claro o quanto eles acumulam de sofrimento e justificam que se tornaram "frios e distantes" (como são acusados) pela falta de preparo para lidar com doentes em situações nas quais a morte é uma possibilidade quase sempre certa (Paiva, 2000).

Atualmente, já se pensa em maneiras de preparar o profissional de saúde ao longo de sua formação acadêmica. No entanto, ressalto que tal preparo deve acontecer ao longo da vida inteira, uma vez que as várias mortes fazem parte de nossa existência enquanto seres humanos (justamente para que seja preservado o humano).

Por isso, entro neste estudo, que busca alternativas ao preparo dos cuidadores, para que possam acolher os questionamentos advindos de seres humanos de todas as idades, inclusive de nossos pequenos, nos vários contextos de suas vidas.

Acredito que, ao se adentrar o universo infantil com abertura para esse acolhimento, poderemos repensar aspectos pertinentes à morte, perdas e luto, tecendo reflexões, partilhando experiências e sentimentos nesse exercício de *con*-vivência.

Para isso, elegi a literatura infantil como meio de intermediar essas reflexões e compartilhamento de opiniões, sentimentos e emoções.

Acredito que a literatura infantil mobilize também várias emoções de nossas crianças internas, trazendo à tona bruxas e fadas que habitam nosso interior.

Fadas e bruxas trazem-nos, cada qual com seu potencial, encantos e feitiços que podem transformar-nos e ajudar-nos a encontrar respostas (nem sempre tão mágicas) para enfrentarmos nosso universo ameaçador.

Contar contos de fadas, histórias de vida... de vida e de morte... Encontrar sempre nelas o final feliz, nem que seja a felicidade de encontrar a *dor doce da saudade!*[1]

Como surgiu a ideia de falar sobre a morte com crianças

No passado, de acordo com o livro *A história da morte no ocidente* (Ariès, 1977), a morte era um evento público e social, ou seja, fazia parte da vida de todos, inclusive contava com a participação de crianças nesse evento.

Atualmente, a morte é colocada do lado de fora da vida, entretanto, ela está muito próxima. Basta nos depararmos com a violência que encontramos nas metrópoles, envolvendo assaltos, sequestros, acidentes e o anonimato. Observamos também o medo aterrorizador das guerras e dos ataques terroristas em outros países divulgados diariamente pelos meios de comunicação.

Se olharmos com atenção a questão da saúde, notaremos mudanças que ocorreram com os avanços da Medicina. Hoje, os idosos têm uma sobrevida maior; os pacientes acometidos por algum tipo de doença crônica, como o câncer, por exemplo, têm uma chance de cura e/ou de viver por mais tempo. Além disso, indivíduos soropositivos para o HIV, que antes eram vistos como condenados, hoje passam a ter uma vida muito mais próxima do normal, por um tempo considerável, inclusive com chances de constituir família.

Por outro lado, temos como consequência muitos jovens e crianças que já perderam algum parente próximo ou até mesmo os pais vítimas do câncer ou da AIDS. Perguntamo-nos: Como a morte é trabalhada com essas crianças e com esses jovens?

No caso da AIDS, há muitas crianças e jovens cujos pais são soropositivos, e em muitos casos eles próprios são soropositivos para a doença e têm que viver com essa condição, embora ainda não estejam preparados para enfrentá-la. Muitas crianças e jovens vivem e convivem com a doença, tendo sempre a morte como uma possibilidade muito presente, além de terem que lidar com o luto de pais, amigos e parentes nessas condições.

---

[1] Termo emprestado de Ivan Capelatto, no prefácio do livro *Conversando com a criança sobre a morte*, de autoria de Ieda Adorno (1994).

Penso nas crianças que sofrem o estigma de conviver com essa "tarja preta" da orfandade da AIDS. Como constroem seu percurso e como lidam com a perda do(s) pai(s) por causa de uma doença que, socialmente, é vista como resultado de uma vida promíscua?

Comecei a refletir sobre a formação do indivíduo e, então, a percorrer a seguinte linha de pensamento: seria interessante que as várias mortes com as quais a criança se depara em seu dia a dia pudessem ser trabalhadas, para que ela fosse preparada desde cedo a enfrentar esse tema. Nesse contexto, o termo morte adquire um conceito bem mais amplo, abrangendo não só a morte física como também as mortes simbólicas, envolvendo perdas, dores e frustrações.

Ao longo da infância, a criança, muitas vezes, se depara não só com a morte de seu bichinho de estimação ou de uma pessoa importante, mas também com a separação dos pais (morte de uma família constituída), a dor da diferença (sofrimento decorrente do fato de ser diferente) ou a impossibilidade de conseguir algo. Tais frustrações, dores, perdas e mortes provocam sofrimento e dores psíquicas e, algumas vezes, levam a mudanças e reformulações na vida da criança.

Portanto, parto da premissa de que, com adultos que saibam compreender essas várias mortes, provavelmente a criança estaria mais bem preparada para enfrentar perdas. Além disso, poderia elaborar o processo de luto com mais facilidade e, provavelmente, também conseguiria se relacionar melhor com as situações inevitáveis, sendo capaz de encarar a morte como algo que faz parte do processo do viver.

Ao longo de meu percurso profissional, como psicóloga hospitalar, sempre me chamaram a atenção a questão da onipotência médica e a postura fria e distante que os médicos adotam para lidar com seus pacientes, mostrando-se muitas vezes apressados, sem tempo, com uma linguagem própria, às vezes não compreendida.

No mestrado, ao estudar como acontece a relação do médico com situações de morte, constatei o sentimento de impotência diante de um prognóstico da impossibilidade de cura e a frustração que esse paciente poderia representar para o médico. De modo geral, esses profissionais demonstraram dificuldades emocionais para lidar com a finitude e com os limites da Medicina, reclamaram de uma formação acadêmica voltada para a cura e o despreparo para lidar com uma gama de sentimentos e aspectos psicológicos que estão presentes na situação de não cura (Paiva, 2000).

A partir dessas constatações, em relação aos médicos e a outros profissionais de saúde, comecei a me questionar sobre o preparo dos profissionais da área da educação para lidar com situações de morte, perdas e luto, uma vez que, culturalmente, pensa-se que a morte não faz parte do contexto da educação.

Durante o processo de seleção para o doutorado, fui questionada sobre meu projeto, tendo como argumento a questão de que os profissionais da área de educação não estão voltados para a problemática da morte nem são preparados para lidar com o tema. Ouvi que a escola não é um espaço no qual se queira saber de conflitos dessa ordem. Tive a impressão de que meu projeto não era bem-vindo, embora tivesse sido aprovado, e de que seria melhor pesquisar questões mais pertinentes à educação e que pudessem trazer resultados mais significativos e "proveitosos". Não me atrevi a discutir tal questionamento, decidi defender meu projeto.

A morte faz parte do cotidiano de todos nós, inclusive de nossas crianças. Cabe aqui lembrar que, atualmente, a morte invade nossa vida repentinamente, sem nos pedir licença, sem aviso prévio, sem controle, sem formas de proteção e faz parte de nossa vida pessoal. É a "morte escancarada" (Kovács, 2003). Isso é vivenciado por todos e cada um de nós nas ruas – violência, homicídios, acidentes etc. –, nos meios de comunicação – jornais, rádios etc. – e dentro de nossas casas – nos noticiários da TV, nas cenas de violência física e social, nas cenas de acidentes, homicídios, guerras, atentados. E esses eventos não têm horário certo para acontecer e/ou serem exibidos, em qualquer hora do dia ou da noite, para qualquer um, de qualquer idade. A morte invade nossos lares, e não há reflexão a respeito. Desse modo, corremos o risco de sermos impregnados pela dor e pelo sofrimento, dando a impressão de que isso é natural e faz parte da vida. Podemos encarar essa situação como uma banalização da morte. E, assim, continuamos a jornada, sem falar sobre a morte, sem elaborar o tema. Parece que somos obrigados a engolir a morte sem digeri-la.

A morte está presente, inclusive, nos desenhos animados dos quais as crianças tanto gostam. A ideia mágica da imortalidade aparece quando, por exemplo, o Pica-Pau é atropelado por um trem, fica completamente estendido no chão como folha de papel e, em questão de instantes, toma sua forma original e sai por aí aprontando das suas... Ou nas aventuras de Tom e Jerry –, ao explodir uma bomba na boca do Tom, Jerry fica totalmente chamuscado e logo se recupera para novas investidas contra seu rival... Ou os ídolos de filmes, como o James Bond ou Indiana Jones, que passam por tantas aventuras, enfrentando situações de perigo inusitadas e saem ilesos, ainda fazendo amor com lindas mulheres. Aí está a ideia de imortalidade.

Atualmente, com os joguinhos eletrônicos, a criança enfrenta situações e/ou batalhas nas quais consegue driblar a morte. Ganha bônus por suas brilhantes estratégias para combater seus inimigos e é recompensada, ao passar de nível, adquirindo "vidas extras".

Por um lado, vemos a banalização da morte e, por outro, a imortalidade. Assim fica fácil continuar negando a morte e viver a vida fazendo de conta que ela está longe de nós, que só acontece com os outros.

Diante do cenário no qual vivemos, assistindo a tantas mortes a cada dia, em todo e qualquer lugar, esta deixa de ser uma questão isolada e individual e passa a ser coletiva, para adultos, velhos, jovens e crianças. Não resta dúvida de que todos nós nos sentimos vulneráveis.

Não posso deixar de mencionar aqui o quanto o mundo ficou sensibilizado quando, dia após dia, foram veiculadas nos jornais, rádios e canais de televisão a notícia e cenas da morte do grande ídolo brasileiro da Fórmula 1, Airton Senna, falecido em 1994. Ele era ídolo de homens, mulheres, jovens, velhos e crianças. Morava no coração de cada um de nós. Esse ídolo não era imortal. Ele morreu. Para nós, restaram as lembranças.

Entre muitas outras notícias veiculadas pelos meios de comunicação estão o famoso e fatídico 11 de setembro em 2001, que chocou o mundo e o deixou mais vulnerável, e, mais recentemente (em 2006 e 2007), acidentes aéreos que deixaram muitas famílias desestruturadas em seu sofrimento inesperado. O inesperado torna-se então presente: cenas de destruição, morte, perdas, dor, sofrimento e desespero são vistas por todos, inclusive pelas crianças.

A indignação surgiu em vários ambientes: nas casas, no trabalho, nas escolas... Todos querem entender o porquê da necessidade de guerras e conflitos armados. Todos querem saber sobre as falhas que provocaram os desastres aéreos. De quem é a culpa pela morte de tantos inocentes. Todos querem falar sobre isso, pois a possibilidade de morrer tornou-se presente.

Pois bem, mais uma vez questiono: Qual é o espaço da morte em nossa vida? Existe um espaço específico para a morte? Quem é o responsável para trabalhar com a morte? Existe algum preparo para enfrentá-la?

Particularmente, acredito que a morte está na vida, em todos os lugares, a qualquer momento, enquanto realidade ou possibilidade, ou lembrança, ou manifestação de perdas, ou ausência, ou... ou... ou..

Enfatizo a importância de se dar voz àqueles que perdem. Enfatizo a necessidade da escuta e do acolhimento a todos os possíveis sentimentos e manifestações relacionados às várias mortes.

Corr, Doka e Kastenbaum (1999) valorizam a escuta ativa e a atenção especial como formas de acolhimento, facilitadoras no enfrentamento da morte. No entanto, reforçam que o enfrentamento é individual, variando de pessoa para pessoa. Por isso, é um assunto que implica esforços individuais e sociais para superar perdas e desafios arrostados durante o processo de morte.

Priszkulnik (1992) afirma: "A criança está disposta a saber a verdade sobre a morte, tanto que indaga sobre ela de várias maneiras. Muitas vezes, é o adulto que teme falar sobre o assunto" (p. 496).

Ricardo Azevedo (2003) diz que:

> falar sobre a morte com crianças não significa entrar em altas especulações ideológicas, abstratas e metafísicas nem em detalhes assustadores e macabros.
> Refiro-me a simplesmente colocar o assunto em pauta. Que ele esteja presente, através de textos e imagens, simbolicamente, na vida da criança. Que não seja mais ignorado. Isso nada tem a ver com depressão, morbidez ou falta de esperança. Ao contrário, a morte pode ser vista, e é isso o que ela é, como uma referência concreta e fundamental para a construção do significado da vida (p. 58).

Kovács (2003) afirma que a morte é tema para ser discutido na escola com jovens e crianças, uma vez que vivem grande parte de suas vidas nesse espaço. Essa discussão pode envolver o psicólogo escolar, além dos profissionais da área de educação. Para isso, porém, é necessário que exista um preparo, o que certamente não foi assunto priorizado em sua formação acadêmica. De que forma, então, isso deveria ou poderia acontecer?

Com este estudo espero propor uma possibilidade de se trabalhar melhor com os educadores, que terão que dar conta das várias mortes com as quais a criança tem contato, para que ela consiga elaborar melhor e de forma mais saudável seus lutos.

Para isso, introduzo uma reflexão a respeito da morte enquanto fato em si, concentro a atenção na observação da criança e dos profissionais da educação frente à morte e discuto a viabilidade de uma seleção/estudo de literatura infantil relacionada ao tema morte.

Dividirei os temas em capítulos para melhor explorar os vários tópicos relacionados ao tema proposto:

- Morte
- Criança
- Escola
- Literatura Infantil
- Biblioterapia

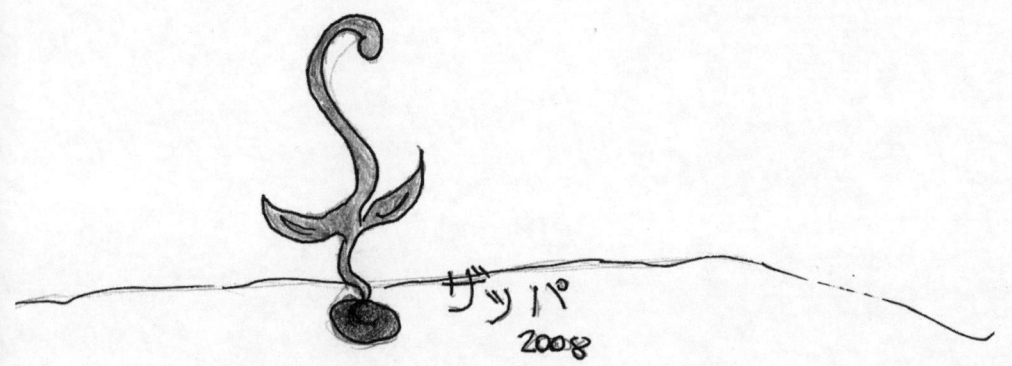

"Toda história tem um fim. Mas, na vida, cada final é um novo começo".

Frase extraída do filme *UPTOWN GIRLS*

Texto escolhido por Giovanna Paiva Zapparoli
Ilustração de Juliana Paiva Zapparoli

2

VISITANDO ALGUNS AUTORES
O QUE ELES DIZEM SOBRE

1. A Morte

Será este um assunto realmente necessário?

Afinal, por que e para que falar de um tema que pode ser tão triste, que traz e nos remete a tanto sofrimento? Por ter em si tanta dor, angústia e ansiedade, a morte é um tema temido e negado.

Sem sombra de dúvidas, é um assunto difícil, que amedronta a todos nós (pais, educadores, profissionais da saúde, velhos, jovens, crianças...), pois envolve não só aspectos delicados de nossas fragilidades, mas também a ignorância de como lidar com o fim da existência, além de evidenciar a incapacidade de controlar os acontecimentos dessa existência e intensificar o sentimento de insegurança e vulnerabilidade que nos assola diante do desconhecido.

Até mesmo pelo fato de ser desconhecido e de não sabermos qual é seu fim, a morte também é um assunto atraente, fascinante e complexo, que gera curiosidade apesar do desconforto. Atrai e assusta. Aguça a curiosidade e faz sofrer.

Como bem diz Elias (2001), "não é a morte, mas o conhecimento da morte que cria problemas para os seres humanos" (p. 11).

A morte, bem sabemos, faz parte de nossas vidas, mas dela não queremos saber, a não ser sabê-la bem longe de nós. Entretanto, ela salta aos olhos diariamente, nas notícias dos jornais, divulgando informações e conscientizando-nos de nossa condição humana. Ao mesmo tempo que invade de maneira escancarada nossas vidas, sem pedir licença, é interdita, pois não se quer falar dela ou pensar nela... Nota-se, assim, a conspiração do silêncio.

Diante disso, questiono: por que não falar da morte, se é uma realidade que vivemos ao longo de nossas existências? Ao negá-la tão veementemente corremos o risco de banalizá-la, tornando-a indiferente a nós, tão presente e tão ocultada.

Segundo Savater (2001), a morte continua sendo o que há de mais desconhecido. Embora se saiba quando alguém está morto, ignora-se o que seja morrer.

Não se fala sobre morte entre os grandes, imagine pensar em falar sobre a morte com os pequenos. Não que curiosidade e dúvidas sobre a morte não existam nas crianças, elas estão presentes, sim. Mas a morte faz parte do rol de assuntos proibidos para crianças.

Ironicamente, até alguns anos atrás, evitava-se falar sobre sexo ou como nasciam os bebês com as crianças, e hoje não se fala sobre a morte.

Atualmente, a morte passou a ser tema proibido. Desapareceu de nossa vista, mas não de nossas vidas, embora, muito frequentemente, fi que confinada ao ambiente asséptico dos hospitais (Horta,1982; Kovács, 1992, 2003; Maranhão, 1987).

Maranhão (1987) diz:

> Se oculta sistematicamente das crianças a morte e os mortos, guardando silêncio diante de suas interrogações, da mesma maneira que se fazia antes quando perguntavam como é que os bebês vinham ao mundo. Antigamente se dizia às crianças que elas tinham sido trazidas pelas cegonhas ou mesmo que elas haviam nascido num pé de couve, mas elas assistiam ao pé da cama dos moribundos às solenes cenas de despedidas (p. 10).

Horta (1982) afirma:

> A morte não é uma doença. O nascimento e a morte fazem parte da vida – princípio e fim. Embora sejamos sempre levados a atribuir causas à morte e, certamente, ela as têm, não podemos fugir a seu absolutismo, à realidade de que a morte é a condição de vida. O morrer pode, assim, assumir várias formas de acordo com a história do indivíduo; contudo, o fenômeno da morte abarcará sempre profundas implicações psicológicas que nada têm a ver com a doença propriamente dita (p. 359).

Qual a razão, então, de excluirmos a criança dessa realidade, da qual ela faz parte? Qual a razão de negarmos um espaço para que ela possa apreender a morte e perceber que faz parte da vida?

Por que falar da morte?

Ouve-se muito que a única certeza que temos, se estamos vivos, é que um dia iremos morrer... que a morte é inevitável...

Maranhão (1987) nos diz que "a morte revela o caráter absurdo da existência humana, já que interrompe radical e violentamente todo o projeto existencial, toda a liberdade pessoal, todo o significado da vida" (p. 71). Savater (2001) afirma que "a certeza pessoal da morte nos humaniza, ou seja, nos transforma em verdadeiros humanos, em mortais" (p. 51). Podemos dizer, então, que é a conscientização de nossa finitude, de nossa condição humana, de nossa singularidade como mortais que nos abre a possibilidade de pensarmos em humanização. Como refere Torres (1999): "um homem é humano porque é mortal, e é saber que é mortal que o torna humano" (p. 17).

Se a morte faz parte da vida e se é tão corriqueira, por que somos tomados por tanto medo?

Poder falar, escutar, expor dificuldades e medos, trocar opiniões pode ser útil para se pensar e refletir sobre esse tema tão temido. Compartilho da ideia de Kovács (2003) que, se houver um espaço de acolhimento, no qual as pessoas sintam segurança para expor opiniões, ouvir, refletir, esse pode ser potencialmente gerador de transformações e ressignificações da vida... um espaço potencialmente humanizador.

Por essa razão, acredito que o tema morte deva ser valorizado e repensado não só no âmbito da saúde, mas também no da educação.

O espaço da morte

A cada dia podemos dizer que somos sobreviventes da violência e também da morte. Dela fugimos, com a certeza de que um dia vamos encontrá-la.

Azevedo (2003) atribui a violência de nossos dias (o individualismo, a injustiça social, o consumismo e o uso da violência como recurso comercial de comunicação de massa) a um processo de alienação e ocultação da morte.

A morte, além do mistério, traz consigo a individualidade, a solidão e o sentimento de impotência, no sentido de que é uma experiência única, individual, singular, da qual não temos como fugir. É possível vencer a morte? Como?

Benjamin (1987) afirma: "nos últimos séculos, pode-se observar que a ideia da morte vem perdendo, na consciência coletiva, sua onipresença e sua força de evocação" (p. 207). Durante o século XIX, a sociedade burguesa, com hospitais e sanatórios, viveu em espaços depurados de qualquer morte, permitindo aos homens que fossem poupados desse espetáculo, o que antes era um episódio público na vida do indivíduo. "Hoje, a morte é cada vez mais expulsa do universo dos vivos" (p. 207).

Philippe Ariès (1977), em seus estudos sobre o homem e a morte, menciona que a morte era um tema mais frequente nas conversas na Idade Média do que hoje, além de ser mais presente, mais familiar e menos oculta. Não que por isso fosse mais pacífica.

Na época medieval, os homens que morriam nas guerras ou por doenças conheciam a trajetória de sua morte. Ela era esperada no leito, numa espécie de cerimônia pública organizada pelo próprio moribundo. Todos participavam do evento, inclusive as crianças. Os rituais de morte eram cumpridos com manifestações de tristeza e dor. O maior temor, na época, era morrer repentina e anonimamente, sem as homenagens cabíveis. Havia uma atitude familiar e próxima com a morte, por isso chamada por Ariès de "morte domada".

A partir do século XX, houve uma profunda mudança na forma de lidar com a morte, que foi transferida para os hospitais e passou a ocorrer de forma mais solitária. Passou a ser encarada como fracasso, impotência ou imperícia. Deixou de ser um fenômeno natural (Ariès, 1977; Elias, 2001; Kovács, 1992, 2003).

> O século XX traz a morte que se esconde, a morte vergonhosa [...] A morte não pertence mais à pessoa, tira-se sua responsabilidade e depois sua consciência. A sociedade atual expulsou a morte para proteger a vida. Não há mais sinais de que uma morte ocorreu. O grande valor do século atual é o de dar a impressão de que "nada mudou", a morte não deve ser percebida. A boa morte atual é a que era mais temida na Antiguidade, a morte repentina, não percebida (Kovács, 1992, p. 38).

> Hoje as coisas são diferentes. Nunca antes na história da humanidade foram os moribundos afastados de maneira tão asséptica para os bastidores da vida social; nunca antes os cadáveres humanos foram enviados de maneira tão inodora e com tal perfeição técnica do leito de morte à sepultura (Elias, 2001, pp. 30-31).

"No século XX há supressão do luto, escondendo-se a manifestação ou até mesmo a vivência da dor [...] a sociedade não suporta enfrentar os sinais da morte" (Kovács, 1992, p. 39).

Creio ser importante repensar a morte na formação do indivíduo. Refetindo sobre o fato de que a morte faz parte da vida, é necessário preparar o ser humano para a morte desde sua infância. Entretanto, o que mais percebemos em nossa sociedade é que não se fala de morte com as crianças. Para alguns, pode parecer um tanto mórbido ou mesmo cruel, mas não consigo imaginar um trabalho sobre a morte sem a elaboração da vida que nela se encerra. Para isso, é necessário que se pense na morte e que se fale sobre ela. Dessa forma, acredito ser possível preparar o indivíduo para que viva a vida em sua plenitude e, assim, talvez, não sinta tanta necessidade de fugir da morte.

Isso implica uma mudança de mentalidade. É necessário pensar qual é o lugar que a morte ocupa na existência humana, na sociedade atual.

A morte também faz parte do universo infantil

Atualmente, a criança não participa do processo de morte e seus rituais. A meu ver, subestima-se a criança alegando protegê-la. Para que a criança não sofra, nós a impedimos de olhar para a realidade da vida e suas perdas. Os ganhos são valorizados, e as perdas, muitas vezes, negadas. E, por causa disso, reforçamos a dificuldade de lidar com as várias perdas vivenciadas ao longo da vida, com os valores mais diversos: o brinquedo quebrado, o animal de estimação que morre, o amiguinho que se mudou, a morte de alguém... É preciso lembrar que não podemos quantificar a dor, pois é individual, singular e subjetiva.

Nunes, Carraro, Jou e Sperb (1998) afirmam que quem lida com crianças deveria ter uma preocupação em como falar de morte com elas. Mas o adulto, em geral, adota uma atitude de negar a explicação sobre a morte e, muitas vezes, tenta afastá-la magicamente, procurando minimizar o significado que a morte pode ter como força ativa no desenvolvimento cognitivo, emocional e social da criança, o que acaba prejudicando seu desenvolvimento.

Sobre isso, Elias (2001) fala:

> Nada é mais característico da atitude atual em relação à morte que a relutância dos adultos diante da familiarização das crianças com os fatos da morte. Isso é particularmente digno de nota como sintoma de seu recalcamento nos planos individual e social. Uma vaga sensação de que as crianças podem ser prejudicadas leva a se ocultar delas os simples fatos da vida que terão que vir a conhecer e compreender. Mas o perigo para as crianças não está em que saibam da finitude de cada vida humana, inclusive de seu pai, sua mãe e da própria vida; de qualquer maneira as fantasias infantis giram em torno desse problema, e o medo e a angústia que o cercam são muitas vezes reforçados pelo poder intenso de sua imaginação. A consciência de que normalmente terão uma longa vida pela frente pode ser, em contraste com suas perturbadoras fantasias, realmente benéfica. A dificuldade está em como se fala às crianças sobre a morte, e não no que lhes é dito. Os adultos que evitam falar a seus filhos sobre a morte sentem, talvez não sem razão, que podem transmitir a eles suas próprias angústias.
> [...]
> As reações dos filhos dependem da idade e da estrutura da personalidade, mas o efeito profundamente traumático que tal experiência pode ter neles me faz acreditar que seria salutar para as crianças que tivessem familiaridade com o simples fato da morte, a finitude de suas próprias vidas e a de todos os demais. Sem dúvida, a aversão dos adultos de hoje em transmitir às crianças os fatos biológicos da morte é uma peculiaridade do padrão dominante da civilização nesse estágio. Antigamente, as crianças também estavam presentes quando as pessoas morriam. Onde quase tudo acontece diante dos olhos dos outros, a morte também tem lugar diante das crianças (pp. 25-26).

Os adultos costumam dizer que morte não é assunto para crianças, porque é triste, como desculpa de que querem protegê-las. Mas, na verdade, nós não sabemos como abordar esse tema com as crianças. Para nos protegermos de nossa própria ignorância e por recear as possíveis reações das crianças, preferimos evitar o assunto, fazendo de conta que a morte não faz parte do universo infantil.

A morte é a única situação que não temos como evitar em nossas vidas, um dia acontecerá fatalmente. Portanto, não falar sobre o assunto, ou seja, "proteger a criança", poderá dificultar seu entendimento sobre o ciclo da vida.

Aberastury (1984) explica que as crianças expressam seu temor à morte, na maior parte das vezes, através da linguagem não verbal. A incompreensão dessa linguagem por parte dos adultos e a falta de respostas às perguntas feitas pelas crianças provocam dor e solidão. Muitas vezes, o adulto mente para a criança por acreditar que a está protegendo do sofrimento ou por pensar que a criança seja incapaz de compreender uma explicação verbal sobre o que está ocorrendo.

Muitas vezes, diante desse cenário de *"desentendimento"*, o adulto também não consegue captar as angústias da criança que podem se manifestar por meio de sintomas ou dificuldades de conduta.

> Falar dessa morte não é criar a dor nem aumentá-la; ao contrário, a verdade alivia a criança e ajuda a elaborar a perda. Há verdades muito difíceis de aceitar para o adulto; por isso, ao mentir está delegando esta parte infantil na criança. Se os adultos mentem ou ocultam a verdade à criança, esta deixa de acreditar neles e pode não voltar a perguntar, circunstância que poderia acarretar consigo uma inibição do impulso epistemológico.
> A criança sente uma terrível confusão e um desolado sentimento de desesperança, criado porque já não tem a quem recorrer.
> Quando o adulto se nega a esclarecer verbalmente a morte, atravanca-se o primeiro momento de elaboração do luto, que é a aceitação de que alguém desapareceu para sempre. Versões como a do céu incrementam o anelo de seguir o destino do objeto perdido, entravando não só a elaboração do luto, mas todo o processo de conhecimento.
> Crianças percebem fatos que o adulto lhes oculta. Isso ocorre com crianças muito pequenas e com crianças maiores. Muitas vezes o adulto não percebe porque a criança nem sempre o expressa através de palavras. Em troca, recorre à linguagem mímica ou não verbal porque não dispõe ainda de outra. Entretanto, os maiores, que em sua atividade cotidiana falam fluentemente, também apelam, às vezes, para jogos, desenhos ou mímica para expressar fantasias dolorosas (Aberastury, 1984, p. 129).

Abramovich (1999) afirma:

> Tantas espécies de vida, tantas possibilidades de morte... É fundamental discutir com a criança, de modo verdadeiro, honesto, aberto, como isso acontece e como poderia não acontecer... Compreender a morte como um fechamento natural de um ciclo, que não exclui dor, sofrimento, saudade, sentimento de perda... E também discutir a morte provocada de modo irresponsável, leviano, segundo a lei do mais forte, profundamente injusta, de civilizações, de culturas, de crenças, de bichos, plantas, pessoas... De tudo e todos que fazem parte do mundo e que deixam de fazer por razões não humanas, não solidárias, nem progressistas (pp. 113-114).

Afinal, a morte faz parte da existência humana e, a cada dia, nós nos deparamos com essa possibilidade.

2. A Criança

A criança e a experiência com a morte

A criança é criativa, imaginativa e tem uma curiosidade natural que a faz descobrir o mundo, a vida e seus mistérios. Para tudo busca um porquê, não havendo diferença em relação à morte. Dessa forma, conforme cresce, ela adquire novos conhecimentos e aprende através da exploração de seu mundo.

Desde cedo a criança vivencia situações que lhe permitem criar uma noção da morte. Percebe as coisas a sua volta, mas muitas vezes se sente confusa em suas percepções. Portanto, evitar a questão da morte com a criança é negar uma realidade. Isso pode ser muito prejudicial, uma vez que deixa a criança confusa, por não ter com quem confirmar suas percepções (Kovács, 1992).

Kastenbaum e Aisenberg (1983) citam que, de acordo com vários psicólogos do desenvolvimento, a criança até os dois anos não tem nenhuma compreensão da morte devido a sua incapacidade de apreensão de qualquer concepção abstrata. Entretanto, sugerem que há muitos modos pelos quais a mente, nos primeiros anos de vida, entra em contato com a morte. Afirmam que crianças muito pequenas já podem ficar impressionadas ao se verem expostas à morte. Embora seja possível ainda não possuir condições cognitivas para entender a morte, as percepções relativas à mesma podem produzir forte e duradouro impacto sobre elas.

Torres (1999) cita Maurer (1974) ao afirmar que antes dos dois anos a criança intui a morte por intermédio de sua experiência de dormir e acordar, o que permite a percepção do "ser" e do "não ser" (Mazorra & Tinoco, 2005a; Torres, 1999).

São três os componentes básicos do conceito de morte: universalidade, não funcionalidade e irreversibilidade (Kovács, 1992; Nunes et al., 1998; Priszkulnik, 1992; Riely, 2003; Schonfeld, 1996; Velasquez-Cordero, 1996).

A *universalidade* tem a ver com a compreensão de que todos os seres vivos (plantas, bichos e pessoas), sem exceção, um dia, morrerão. Ou seja, a morte é um evento inevitável. A *não funcionalidade* caracteriza-se por compreender que, na morte, todas as funções vitais cessam: a pessoa não respira, não se mexe, não pensa, não sente absolutamente nada. No corpo, nada mais funciona. Já a *irreversibilidade* é a capacidade de perceber que quem morre, não volta mais. A morte não é temporária. Não se morre só um pouquinho. Não existe uma mágica que faça a pessoa "desmorrer" (Kovács, 1992; Nunes et al., 1998; Schonfeld, 1996; Torres, 1999; Velasquez-Cordero, 1996).

Para a criança, a morte é não apenas um desafio cognitivo para seu pensamento, mas também um desafio afetivo (Torres, 1999).

Essa autora fez um estudo sobre a aquisição do conceito de morte pelas crianças, de acordo com os estágios estabelecidos por Jean Piaget (1987, 1996):

Aponta as seguintes diferenças para cada estágio:

1. *Período Sensório-motor:* crianças de 0 a 2 anos (antes da aquisição da linguagem)
– O conceito de morte não existe;
– A morte é percebida como ausência e falta;
– A morte corresponde à experiência do dormir e acordar: percepção do ser e não ser.

2. *Período Pré-operacional:* crianças de 3 a 5 anos
– As crianças compreendem a morte como um fenômeno temporário e reversível. Não entendem como uma ausência sem retorno;
– Atribuem vida à morte, ou seja, não separam a vida da morte. Não distinguem os seres animados dos inanimados. Entendem a morte ligada à imobilidade;
– Apresentam pensamento mágico e egocêntrico. São autorreferentes, e, para elas, tudo é possível;
– Compreendem a linguagem de modo literal/concreto.

3. *Período Operacional:* crianças de 6 a 9 anos
– Apresentam uma organização em relação a espaço e tempo;
– Distinguem melhor os seres animados dos inanimados;
– Entendem a oposição entre a vida e a morte, compreendendo a morte como um processo definitivo e permanente. Compreendem a irreversibilidade da morte;
– Há uma diminuição do pensamento mágico, predominando o pensamento concreto;

– Ainda não são capazes de explicar adequadamente as causas da morte;

– Conseguem apreender o conceito de morte em sua totalidade: em relação à não funcionalidade, à irreversibilidade e à inevitabilidade da morte.

4. *Período de Operações Formais*: crianças de 10 anos até a adolescência

– O conceito de morte, devido ao pensamento formal, torna-se mais abstrato. Já compreendem a morte como inevitável e universal, irreversível e pessoal;

– As explicações são de ordem natural, fisiológica e teológica (Torres, 1999).

Vários outros autores também descrevem a compreensão infantil da morte, baseando-se no desenvolvimento cognitivo da criança, a partir da teoria piagetiana (Bromberg, 1997; Grollman, 1990; Kovács, 1992, 2003; Nunes et al., 1998; Priszkulnik, 1992; Velasquez-Cordero, 1996).

Torres (1999), assim como Bowden (1993), alerta para o fato de que a aquisição do conceito de morte pelas crianças não está somente correlaciona-da à idade. Depende também do aspecto social, psicológico, intelectual e da experiência de vida.

Portanto, pode-se afirmar que a criança percebe a morte de forma diferente do adulto, de acordo com faixa etária e condições cognitivas.

A criança também fica enlutada

Antes de tratar do luto infantil, é importante falar sobre como se estabelecem as relações iniciais da criança. Para isso, baseio-me em referências à Teoria de Apego, de John Bowlby (1989, 1990, 1995), amplamente apresentadas pelos estudiosos do assunto luto. Bowlby foi um psiquiatra britânico, o primeiro pensador sobre o desenrolar do apego e das perdas, que desenvolveu seus estudos a partir de observações realizadas com crianças separadas de suas mães durante um longo tempo.

A teoria do apego nos auxilia a entender a tendência dos seres humanos de estabelecer fortes laços afetivos com outros, assim como a compreender a forte reação

2. Visitando alguns autores – o que eles dizem sobre

emocional que ocorre quando esses laços afetivos são ameaçados ou rompidos. Assim, podemos entender o impacto de uma perda sobre a pessoa e o comportamento humano decorrente dessa perda. Para Bowlby, "tais laços surgem de uma necessidade de segurança e proteção, iniciam-se cedo na vida, são dirigidos a poucas pessoas específicas e tendem a durar por uma grande parte do ciclo vital" (Worden, 1998, p. 19).

Bowlby (1989, 1990, 1995) conceitua o comportamento de apego como "qualquer forma de comportamento que resulta em uma pessoa alcançar e manter proximidade com algum outro indivíduo claramente identificado, considerado mais apto para lidar com o mundo". Esse autor afirma que o apego é instintivo, uma necessidade básica do ser humano para seu desenvolvimento – uma função biológica. Aponta para o fato de que a primeira relação humana de uma criança é fundamental na formação de sua personalidade.

O apego infantil é desenvolvido no primeiro ano de vida. Aos três meses, o bebê já responde à mãe de modo diferente: sorri, balbucia e segue-a com o olhar – ou seja, apresenta uma discriminação perceptual. Mas esse comportamento ainda não é a prova de comportamento de apego. O comportamento de apego é observado quando a criança reage à saída da mãe de seu ambiente e se comporta de modo a manter a proximidade com ela. A criança busca não só satisfação, mas também segurança. Isso acontece por volta dos seis meses.

A intensidade e consistência com que se manifesta o comportamento de apego é variável: pode ser de origem orgânica (fome, fadiga, doença e infelicidade) e ambiental (algo que cause "alarme") (Bowlby, 1990).

Em seus estudos, Bowlby enumerou cinco respostas que levam ao comportamento de apego, denominadas comportamento mediador de apego: chorar, sorrir, seguir, agarrar-se, sugar e uma sexta resposta que seria chamar sua mãe (mais tarde, até gritando o nome dessa mãe).

Afirma que, a partir do terceiro ano de vida, a criança é muito mais capaz de aceitar a ausência temporária da mãe. Esse sentimento de segurança está condicionado a alguns fatores:

– As figuras subordinadas devem ser familiarizadas (de preferência a criança deve tê-las conhecido junto com a mãe);
– A criança deve ser saudável e não estar assustada;
– A criança deve saber onde está a mãe e confiar que pode reatar contato com ela a curto prazo (Bowlby, 1990).

Bowlby (1989) reforça que um traço do comportamento de apego é a intensidade da emoção que o acompanha. Se tudo vai bem, há satisfação e um senso de segurança; se a relação está ameaçada, existe ciúme, ansiedade e raiva; se houver uma ruptura, pode ocorrer dor e depressão.

Quanto aos distúrbios emocionais, o autor enfatiza dois fatores ambientais de maior importância na primeira infância. O primeiro é a morte da mãe ou uma separação prolongada. O segundo é a atitude emocional da mãe para com o filho: como ela lida com ele ao alimentá-lo, desmamá-lo, treinar o controle dos esfíncteres e outros aspectos do cuidado materno corriqueiro.

Bowlby (1995) distingue três modelos de apego:

1. *Apego Seguro:* o indivíduo se sente confiante de que seus pais estarão disponíveis, oferecendo resposta e ajuda caso se depare com alguma situação ameaçadora. Este fato o encoraja a explorar o mundo.

2. *Apego Ansioso:* o indivíduo se mostra incerto quanto à disponibilidade de resposta ou ajuda por parte dos pais, caso necessário, tendendo à ansiedade em caso de separação, ficando "grudado" e ansioso na exploração do mundo.

3. *Apego Evitativo:* o indivíduo não tem nenhuma confiança de que receberá resposta e ajuda quando procurar cuidado. Sente a rejeição como certa. Procura viver sem o amor e a ajuda dos outros, tentando tornar-se emocionalmente autossuficiente.

A criação de um padrão de apego seguro depende não somente das características pessoais da mãe, mas também de um contexto maior de sua família.

Bowlby (1995) afirma que a privação prolongada dos cuidados maternos pode trazer efeitos graves e de longo alcance sobre a personalidade de uma criança pequena e, consequentemente, sobre toda a sua vida futura.

Aponta três tipos de experiências que podem produzir uma personalidade "incapaz de afeição" e delinquente em algumas crianças:

1. Falta de qualquer oportunidade para estabelecer ligação com uma figura materna nos primeiros três anos de vida.

2. Privação por um período limitado (mínimo de três e mais de seis meses) nos primeiros três ou quatro anos.

3. Mudança de uma figura materna por outra durante o mesmo período.

Sobre a questão do apego na infância, Berthould (1998) afirma que, a partir dos três anos, a criança é capaz de explorar melhor seu ambiente, aventurando-se a ficar por mais tempo longe de sua figura de apego. Além disso, relaciona-se com um maior número de pessoas, conhecendo-as, e passa a demonstrar maior interesse por outras crianças. Dessa forma, a ausência da figura materna é tolerada mais facilmente, contanto que esteja com pessoas conhecidas ou de sua confiança. Diz ainda que, por volta dos seis anos, a criança passa a demonstrar outras formas de manifestação do padrão de apego em função de expectativas sociais, quando é incentivada a agir com mais maturidade. Nesta fase, a criança expande seus vínculos afetivos (na escola, com professores, amiguinhos) e já não sente tanta necessidade da presença dos pais, exceto quando se encontra em situações que envolvem mais estresse. No entanto, a criança poderá sentir-se segura apenas com a certeza de que seus pais estarão acessíveis no caso de ela necessitar deles. É importante salientar que essas alterações são gradativas, de acordo com o desenvolvimento da criança. Os adolescentes já se sentem capazes de ficar sozinhos, menos ansiosos na ausência dos pais, sem necessitar da presença deles.

Nessa fase, outras espécies de vínculos, que não o apego, são estabelecidas: de amizade, companheirismo, atração sexual, paixão, amor; vínculos passageiros e duradouros, que também dão sentido à nossa existência.

Luto infantil

A criança, da mesma forma que o adulto, vai passar por processos de luto. O processo de luto infantil tem uma duração subjetiva mais extensa, uma vez que sua noção de tempo está se organizando (Priszkulnik, 1992).

Torres (1999), citando Bowlby, afirma que a criança é capaz de enlutar-se tanto quanto o adulto, identificando três etapas principais no processo natural do luto infantil:

1. *Protesto:* a criança não acredita que a pessoa esteja morta e luta para recuperá-la; chora, agita-se e busca qualquer imagem ou som que personifique a pessoa ausente.

2. *Desespero e desorganização da personalidade:* a criança começa a aceitar o fato de que a pessoa amada realmente morreu; o anseio por sua volta não

diminui, mas a esperança de sua satisfação esmorece. Não grita mais, torna-se apática e retraída, porém isso não significa que tenha esquecido a pessoa morta.

3. *Esperança:* a criança começa a buscar novas relações e a organizar a vida sem a presença da pessoa morta.

Priszkulnik (1992) afirma que a criança passa por uma fase mais ou menos longa de idealização do ente querido. Chama de "sobreinvestimento". Isso precede o "desinvestimento", que permite:

1. A introjeção do objeto perdido sob a forma de lembranças, palavras, atos, modos de ser comuns ao morto e a si mesmo.
2. O investimento afetivo de um novo objeto (desenvolvimento de um novo amor). Essa não é uma tarefa fácil, pois exige que a criança aceite que a ausência da pessoa morta (um ser querido) será para sempre, definitiva.

Raimbault (1979) afirma que o processo de luto necessita de um período de tempo relativamente longo para passar da fase de *sobre*investimento (idealização do morto) para a fase de *des*investimento (a introjeção do objeto perdido, sob a forma de lembranças, palavras, atos...) até atingir a fase de investimento afetivo em um novo objeto (a possibilidade de aceitar uma nova figura de afeto).

As reações da criança à perda e separação vão depender de vários fatores: a relação que a mesma tinha com a pessoa que morreu; a causa e as circunstâncias da situação de perda (repentina ou não, violenta); o que é contado para a criança e as oportunidades que são oferecidas para ela falar e perguntar; relações familiares após a perda (mudança de padrão de relacionamento e permanência com pai/mãe sobrevivente); padrões de relacionamento da família anteriores à perda (Bromberg, 1997, 1998a, 1998b).

> Sensação de insegurança, de abandono, medo de perder outro ente queri do, raiva, culpa, fantasia que foi responsável pela perda são alguns dos sentimentos, fantasias e reações que podem estar presentes nesta vivência, que exige a elaboração de um processo de luto para sua significação e integração à vida (Mazorra & Tinoco, 2005b, p. 13).

Chavis e Weisberger (2003), citados por Berns (2003-2004), definem perda como a ausência de algo ou alguém importante dentro do universo pessoal. Quando crianças enfrentam situações de perda, evidentemente experimentam medo, ansiedade e muitas outras reações de pesar, dor e desgosto. Crianças que sofreram perdas importantes sentem medo de serem devoradas pela intensidade de seus sentimentos. Os pais e outros adultos significativos desempenham papel importante nesse momento da vida da criança, e a forma como eles a acolhem em seu sofrimento influencia diretamente o modo como a criança enfrenta a experiência de perda.

Worden (1998) aponta para o fato de que as crianças entre cinco e sete anos são muito vulneráveis, pois atingiram um desenvolvimento cognitivo suficiente para compreender a morte, mas possuem muito pouca capacidade de lidar com ela. Afirma que o luto de uma perda na infância pode ser revivido em muitos momentos da vida adulta, quando este for reativado por outros fatos importantes da vida. Essa é uma forma de elaboração da perda ocorrida na infância.

Bernstein e Rudman (1989), citados por Berns (2003-2004), referiram-se a outros adultos significativos como *adult guides*, um termo aplicado a alguém que oferece conselho e direção saudáveis.

Com certeza, a presença de uma pessoa cuidadora na forma de um *adult guide* nem sempre compensará as perdas específicas. Entretanto, isso pode diminuir o isolamento e o sentimento de solidão decorrentes das perdas.

O *adult guide* tem a difícil tarefa de enxergar o momento favorável para tornar-se companheiro da criança e exercer a função de cuidador, propiciando-lhe acolhimento para enfrentar seus sentimentos, curar sua dor e renovar sua esperança no futuro.

No entanto, em algumas ocasiões, adultos – especialmente adultos enlutados – não estão/são bem preparados para ajudar a criança porque, muitas vezes, não conseguem elaborar suas próprias perdas. Para ajudar a criança a enfrentar adequadamente suas questões de perdas, *adult guides* necessitam de informação. Isso inclui clareza nas percepções das crianças, compreensão e entendimento de separação e perda (Berns, 2003-2004).

Outro ponto importante também relacionado à situação de luto são as reações da criança diante de situações de crise ao longo da vida.

Para ajudar a criança no processo de luto é necessário:

1. Promover comunicação aberta e segura dentro da família, informando a criança sobre o que aconteceu.
2. Garantir que terá o tempo necessário para elaborar o luto.
3. Disponibilizar um ouvinte compreensivo toda vez que sentir saudade, tristeza, culpa e raiva.
4. Assegurar que continuará tendo proteção (Torres, 1999).

Velasquez-Cordero (1996) enumera dez maneiras de ajudar a criança no enfrentamento da perda e do luto:

1. Encorajar a criança a expressar seus sentimentos;
2. Responder às perguntas com sinceridade e expressar suas emoções honestamente;
3. Discutir a morte de forma que a criança possa entender;
4. Falar com a criança de acordo com seu nível de desenvolvimento;
5. Ser paciente. Permitir que a criança repita a mesma pergunta, expondo sua confusão e seu medo;
6. Não criar expectativas.
7. Sugerir caminhos para que a criança possa lembrar-se da pessoa (desenho, cartas...);
8. Aceitar os sentimentos, percepções e reações da criança, bem como diferenças de opiniões, dúvidas e questões;
9. Indicar serviços especializados, se for necessário;
10. Preparar a criança para continuar sua vida. Reforçar que ela se sentirá melhor depois de um tempo (lembrando que esse tempo é diferente para cada um).

Worden (1998) cita quatro pontos fundamentais do luto:

1. Aceitar a realidade da perda – as crianças devem crer que a pessoa está morta e não voltará. Para tanto, devem ser adequadamente informadas sobre a morte numa linguagem apropriada à sua idade.
2. As crianças devem reconhecer e trabalhar com a variedade de emoções associadas à morte (Os sentimentos da criança incluem tristeza, raiva, culpa, ansiedade e depressão. Se esses sentimentos não forem encarados, serão manifestados de outras formas como sintomas psicossomáticos ou desajuste de comportamento).

3. Ajustar o ambiente agora sem a presença da pessoa que morreu.
4. Recolocar a pessoa morta dentro da vida pessoal e encontrar caminhos para lembrar essa pessoa.

Worden (1998) afirma que as crianças pedem não somente um entendimento para a morte, mas também um sentido para a pessoa morta em suas vidas.

Corr (2002), citado por Riely (2003), salienta a necessidade de se permitir o enlutamento, estimulando a criança a falar sobre sua experiência de morte e evitar "poupá-la" da dor. Para isso, reforça a necessidade de se oferecer educação e suporte para crianças em situações de enlutamento.

Corr, Doka e Kastenbaum (1999) valorizam a escuta ativa e a atenção especial como meio de facilitar o enfrentamento da morte.

Em relação às indagações da criança a respeito da morte, é importante deixá-la fazer perguntas ou manifestar-se por meio de gestos ou brincadeiras. A criança pode expressar sua curiosidade e seu sofrimento não só pela linguagem verbal (palavras), mas também por uma linguagem não verbal (jogos, gestos, desenhos...). Para o adulto, o silêncio pode ser conveniente, entretanto, para a criança, pode ser muito prejudicial na medida em que seu sofrimento pode passar despercebido (Priszkulnik, 1992).

Às vezes, o adulto pode adotar uma atitude de silenciar a criança, tentando protegê-la do desconforto que a ansiedade relacionada à morte provoca. Segundo a autora, é importante ressaltar que a mentira não consegue negar a dor ou anulá-la. A verdade, ao contrário, alivia e ajuda a aceitar o desaparecimento da pessoa que morreu, percebendo tal fato como definitivo.

Domingos e Maluf (2003) alertam para o fato de que o luto é uma experiência complexa, que atinge não só o indivíduo como também a família e o sistema social. Citando Bowlby, lembram que o vínculo tem um valor de sobrevivência. Quando há a perda da figura de vínculo, isso traz uma sensação de desamparo, podendo desencadear uma forte ansiedade de separação, gerando pânico.

A maior crise na vida de uma criança é aquela provocada pela morte de um dos pais, pois dificilmente o mundo será o mesmo lugar seguro de antes.

No luto por causa da perda de um dos pais, a criança pode:
1. Permanecer na fantasia ligada ao progenitor morto.

2. Investir a libido em atividades.
3. Temer amar outras pessoas.
4. Aceitar a perda e encontrar outra pessoa para amar (Bowlby, 1998a; Bromberg, 1997; Torres, 1999).

Bromberg (1997, 1998a, 1998b) aponta para o fato de que o luto não começa a partir da morte, pois as relações prévias existentes podem influenciar na qualidade do processo do luto.

Uma intervenção planejada para promover o enlutamento em crianças pode favorecer a comunicação nas famílias e ajudar na prevenção de sofrimento a curto prazo subsequente à perda (Bromberg, 1997).

A perda na infância pode tornar a pessoa mais vulnerável e mais propensa a distúrbios afetivos. O luto infantil pode vir a provocar ou influenciar possíveis distúrbios psicológicos na vida adulta, entre eles excessiva utilização de serviços de saúde (por causa da saúde debilitada) ou aumento no risco de distúrbios psiquiátricos (Bowlby, 1998b).

Estudos realizados identificaram uma associação entre trauma na infância e depressão na vida adulta. Entre esses traumas, encontra-se a perda de um ou ambos os pais, por morte, separação ou abandono. No entanto, a elaboração do luto pode atenuar os efeitos deletérios decorrentes das perdas. Zavaschi, Satler, Poester, Vargas, Piazenski et al. (2002) citam estudos nos quais foram encontrados resultados que sugerem que a ausência da criança nos rituais de morte (do pai ou da mãe) acarretou maiores índices de depressão e sentimentos de culpa. Tais achados enfatizam a importância de apoio e permissão para que as crianças possam falar abertamente sobre sua dor com os familiares sobreviventes.

Segundo Bowlby (1998b), aqueles que sofreram perda na infância e, quando adultos, apresentam distúrbios psiquiátricos, têm maior propensão a:

– Manifestar ideias reais de suicídio.
– Mostrar alto grau de apego angustiado (ou superdependência).
– Desenvolver condições depressivas graves, classificáveis como psicóticas.

Bowlby (1998a) descreveu algumas reações das crianças, relacionadas à morte de um dos pais, que podem manifestar-se como:

– Angústia persistente – medo de sofrer outras perdas e medo de morrer também.

– Desejo de morrer com a esperança de se encontrar com o morto.

– Acusação e culpa persistentes.

– Hiperatividade expressa através de explosões agressivas e destrutivas.

– Compulsão por cuidar e autoconfiança compulsiva.

– Euforia e despersonalização.

– Sintomas identificadores.

– Predisposição a acidentes por parte de crianças infelizes e enlutadas (Bowlby, 1998a, Bromberg, 1997).

Levando-se em consideração os pontos abordados, é possível afirmar que as condições do funcionamento familiar contribuem para a qualidade da elaboração do luto. Além disso, fica evidente a importância de se pensar em alternativas para que a criança possa ser amparada no enfrentamento de suas perdas pelas pessoas que dela cuidam, tanto em seu ambiente familiar, no contexto escolar, como também no ambiente da saúde.

Aberastury (1984) afirma que:

> A ocultação e a mentira do adulto dificultam o trabalho de luto da criança. Quando morre um ser querido, sua ausência será definitiva. O trabalho de luto exige uma sucessão de esforços. O primeiro e fundamental é aceitar que o ser querido já não está conosco. Mas se um grupo ou um familiar começa a ocultar esse fato e recorre à mentira, vai enredando-se em um emaranhado cada vez maior de ocultações que terminam perturbando seriamente as capacidades cognitivas de todos os seus integrantes. Quando um adulto não diz a verdade a uma criança sobre a morte, está dificultando a primeira etapa de seu trabalho de luto. A criança não conhece muito bem como é o processo da morte, mas experimenta a ausência que ela vivencia como abandono (p. 135).

Raimbault (1979) e Grollman (1990) também defendem a ideia de se falar da morte com as crianças de maneira clara e sincera, respondendo às perguntas, compreendendo as emoções e dando suporte para o enfrentamento ao luto.

Para auxiliar nessa difícil tarefa, Grollman (1990) elaborou um livro que serve de guia para que os pais possam se instrumentalizar para isso: *Talking About Death: a Dialogue Between Parent and Child*.

Traduzido para o português, o título do livro é *Você nunca mais vai vol-*

tar?, de autoria de C. Reitmeier e W. Stubenhofer (2004), que serve para o adulto refletir sobre a morte e o processo de luto, os sentimentos envolvidos e possíveis reações. Serve como "guia orientador" para conversar e auxiliar a criança no enfrentamento da morte e do luto.

3. A Escola

A escola na vida da criança

Podemos dizer que a escola é o segundo lugar de segurança para a criança, já que o primeiro é a família. Muitos dizem que a escola é o segundo lar.

Nos dias atuais, como o pai (antigo provedor das necessidades financeiras) e a mãe (antiga provedora das necessidades do lar) assumem um papel profissional e social atuantes fora do lar, as crianças começam a ir ainda bebês ou com pouca idade para a escola e ficam mais tempo lá do que em casa. Hoje é comum as escolas oferecerem, além do estudo regular, atividades extracurriculares – esportes, línguas estrangeiras, informática, balé, teatro, música, artes e reforço escolar... – em período integral ou intermediário.

A criança vive na família e na escola, em meio a descobertas e aprendizados. Na educação infantil os professores geralmente são mulheres, chamadas de "Tia" – uma maneira afetiva que aproxima a professora da criança. É uma figura de segurança e afeto.

Radino (2000) afirma que o professor de educação infantil representa uma figura fundamental no processo de desenvolvimento da criança, prestando-se como modelo de identificação, dando continuidade à relação estabelecida com seus pais.

A criança aprende na escola a decodificar suas percepções do mundo, através da aprendizagem, da leitura e da escrita. Logo, desempenha o papel educacional de informação e tem também o papel de formação do indivíduo para enfrentar o mundo.

Desde a pré-escola, a professora explora o potencial da criança respeitando seus limites, num processo de construção de saber. É na interpretação do mundo que a criança começa a compreender e a fazer a leitura deste mundo. Para isso, é fundamental oferecer-lhe condições e oportunidades, estimulá-la

2. Visitando alguns autores – o que eles dizem sobre

na aprendizagem, socialização e formação, além de propiciar-lhe autonomia para enfrentar o mundo e seu mundo, nas mais diversas situações de confiito.

O professor passa um tempo muito grande com a criança. Às vezes, um tempo até maior do que o que a criança passa com seus pais. Tem um papel fundamental como educador da criança não somente para ensiná-la, mas também para formá-la, representando, assim, um modelo de pessoa, de indivíduo para a criança. Além disso, deve desempenhar a função de atender as necessidades da criança em sua formação enquanto indivíduo.

Portanto, o professor deve estar atento às necessidades cognitivas e intelectivas da criança, bem como suas necessidades pessoais, emocionais e psíquicas. Assim, o educador acaba como um modelo para o processo de identificação da criança e, por isso, tem a tarefa de cuidar da integridade física, emocional e social dessa criança, visto que a escola não se restringe à transmissão de conhecimentos (Magalhães, s.d.).

Considerando-se todas as suas funções, o professor é, ao mesmo tempo, educador e formador, papel essencial na formação da criança enquanto indivíduo.

Assim, a escola pode ser vista como um centro de informação e formação do indivíduo no processo de transformação da sociedade, de valores e de cidadania. É um agente transformador que permite atitudes reflexivas e críticas sobre a realidade e a humanidade. Deve também valorizar os aspectos afetivos, familiares, sociais, éticos e políticos para uma formação integral.

Pavoni (1989) afirma que:

> Educar é formar e informar. Isso significa que temos que habilitar as crianças a viverem neste mundo, felizes, sem conflitos ou, melhor ainda, aptas a enfrentarem todos os conflitos de maneira a não se desestruturarem. Isso implica que a educação deverá atender a criança nas suas características presentes, apresentando-lhe, ao mesmo tempo, conteúdos do mundo social que lhe sejam oportunos e adequados. Para tal precisamos conhecê-la bem (p. 2).

Coelho (2000b) afirma que a escola é um espaço privilegiado em que deverão ser lançadas as bases para a formação do indivíduo. Deve ser um espaço libertário (sem ser anárquico) e orientador (sem ser dogmático), para permitir que o ser em formação chegue a seu *autoconhecimento* e tenha *acesso ao mundo da cultura*, que caracteriza a sociedade à qual pertence.

Por causa da importância que a escola exerce na formação do indivíduo, é necessário que seus profissionais estejam preparados para trabalhar com as necessidades que possam surgir.

Com essa afirmação não se pretende negar a responsabilidade da família no processo de formação da criança. Família e escola devem caminhar juntas para melhor formar a criança. A escola pode auxiliar também as famílias em suas dificuldades, e o agente desse trabalho é o professor, que exerce dupla tarefa: de educador e formador.

Rubem Alves (1984) faz uma reflexão diferenciando o professor do educador. Ele diz que "professor é profissão, não é algo que se define por dentro, por amor. Educador, ao contrário, não é profissão; é vocação. E toda vocação nasce de um grande amor, de uma esperança" (p. 11).

Ainda falando dos educadores, ele diz:

> [...] os educadores são como as velhas árvores. Possuem uma face, um nome, uma 'estória' a ser contada. Habitam um mundo em que o que vale é a relação que os liga aos alunos, sendo que cada aluno é uma 'entidade' sui generis, portador de um nome, também de uma 'estória', sofrendo tristezas e alimentando esperanças. E a educação é algo para acontecer neste espaço invisível e denso, que se estabelece a dois. Espaço artesanal (*op. cit.*, p. 13).

Para realizar bem tal trabalho, Pavoni (1989) reforça a importância de se conhecer bem a criança.

> O primeiro passo é nossa postura em relação à criança: temos que ouvi-la, observá-la, esquecendo-nos de todos os conceitos e preconceitos. Costumo dizer que observo crianças como observo plantas. Fico longo tempo diante de um vaso, olhando as folhas, as fiores, os galhos, a umidade da terra. Se tudo parece saudável, continuo o tratamento que venho dando. Se, no entanto, aparecem folhas secas, galhos apodrecidos, bichos, é sinal de que algo deve ser mudado (*op. cit.*, p. 2).

A questão da morte na escola

A escola é o segundo ambiente de socialização da criança e, como a família, tem o papel de educar a criança. Quando se fala em educar, deve-se pensar na difícil tarefa de se educar para a vida. Para isso, a escola deve apresentar versatilidade e conviver com a diversidade num trabalho cooperativo, de aprendizagem contínua.

Torres (1999) afirma que "a escola não é somente um lugar de aprendizagem acadêmica, ela é o maior centro de intercâmbio social para o desenvolvimento da criança. É um lugar de desafios, mas também de apoio" (p. 139).

Ao ampliar-se o conceito de escola, além de ser um espaço de aprendizagem, ela torna-se um espaço de *con*vivência, onde o aluno vai tanto estabelecer relações com os colegas quanto com os educadores. Tais relações remetem, consequentemente, à formação e rompimentos de vínculos ao longo da convivência.

Partindo do pressuposto de que a escola é um espaço de formação de cidadãos conscientes, críticos e preparados para a vida, não deveria também ser um espaço em que se repensassem todos os aspectos constitutivos da vida e da morte, inclusive?

Se a escola é um espaço onde se discutem tanto as questões cotidianas da ética e cidadania, questionando a violência... não seria esse um espaço também para se falar da morte? Por que manter o silêncio diante da morte se ela está presente em nosso dia a dia?

Pode-se fundamentar tais questões nas palavras de Maranhão (1987):

> Atualmente, existe a preocupação de iniciar as crianças desde muito cedo nos "mistérios da vida": mecanismo do sexo, concepção, nascimento e de contracepção. Porém se oculta sistematicamente das crianças a morte e os mortos, guardando silêncio diante de suas interrogações, da mesma maneira que se fazia antes quando perguntavam como é que os bebês vinham ao mundo (p. 10).

Embora se evite tratar do tema morte na escola, a morte simbólica está presente em várias situações dentro do contexto escolar. Podem ser vistas como mortes simbólicas as situações de mudança de série, de classe, de professores, de amiguinhos, processos de separação, perdas financeiras... Ainda que tais situações não envolvam uma morte concreta, elas representam perdas que podem eliciar sentimentos semelhantes.

São as elaborações dessas pequenas perdas – mortes simbólicas – que vão colaborar para elaboração de perdas maiores – a morte concreta. No entanto, elas são pouco valorizadas ou levadas em conta.

Falar das várias mortes – simbólicas ou concretas – envolve troca de informações, bem como um *com*partilhar experiências, opiniões, sentimentos, reflexões, dificuldades e medos... Esse *com*partilhar poderia proporcionar um acolhimento, o que seria altamente positivo porque o indivíduo pode sentir-se com o outro em seus sentimentos, bem como identificar-se no sentimento do outro, ou seja, não se sentir tão sozinho em sua dor.

A escola deveria, portanto, ser concebida como um espaço de *con*vivência e de *com*partilhamento de aprendizagem e de experiências de vida, representando, assim, um espaço de fortalecimento e proteção que propiciasse um ambiente favorável para romper-se o silêncio, o sofrimento calado, a solidão. Toda essa atmosfera envolveria a criança e lhe propiciaria o suporte necessário para que ela elaborasse seus lutos, resultantes de suas experiências de perda.

Entretanto, a escola, em seu comprometimento com a educação, questiona, muitas vezes, assumir tarefas e papéis que antes não eram de sua competência, mas sim da família. No entanto, nos dias atuais, a criança vai mais nova para a escola e passa, praticamente, a maior parte de seu tempo lá. Consequentemente, os profissionais de educação se deparam com tarefas para as quais não se sentem preparados, enquanto as famílias, muitas vezes, omitem-se, deixando essa responsabilidade a cargo dos educadores. Não se deve esquecer a responsabilidade da família na formação integral da criança. Por isso, escola e família devem caminhar juntas para melhor desempenharem seus papéis.

A sociedade exclui as crianças do assunto morte com a intenção de protegê-las, justificando que falar sobre a morte é mórbido e não deve fazer parte do mundo infantil. Assim, parece ser errado falar da morte. No entanto, quando a criança enfrenta uma morte, ela tem dificuldade em falar sobre ela. Afinal, é falar do feio e do proibido (Riely, 2003).

Do mesmo modo como os profissionais de saúde, os educadores dizem não estar preparados para a tarefa de acolhimento e reflexão sobre a morte, uma vez que tal tema é culturalmente considerado tabu e, consequentemente, abolido e ocultado do cotidiano das crianças (bem como dos jovens e adultos), com o falso propósito de protegê-las.

Mas será que, ao proteger a criança, não se observa a intenção primeira de proteger-se? Afinal, a morte carrega em si o mistério da existência, da condição humana, ou seja, é certa e inevitável para todo e qualquer ser humano.

Por ser certa e inevitável, além de universal, deveria haver uma maior aproximação dela para melhor conhecê-la. Tal aproximação deveria ser feita por meio da reflexão sobre a questão.

A morte, por ser desconhecida e considerada um tabu, suscita medos: medo de sentir dor, do sofrimento, da separação das pessoas queridas... Entretanto, o maior medo é o próprio medo. Por causa da falta de familiaridade com a ideia da morte, tenta-se fugir do medo dela. Mas, quanto mais se foge, mais o medo cresce.

O medo da morte configura-se em uma angústia humana que tanto pode paralisar o indivíduo diante da vida como alavancá-lo em projetos de vida. Portanto, falar da morte é falar da vida. É a consciência da morte que traz sentido à vida.

Azevedo (2003) enfatiza a necessidade de crianças e jovens aprenderem a lidar com a vida, pois a morte é parte inseparável. Não adianta querer camuflá-la ou escondê-la, pois isso seria "um desrespeito à inteligência e à capacidade de observação de qualquer ser humano", além de inútil.

Kübler-Ross (1996) afirma que:

> Normalmente evitamos que as crianças participem da morte e do morrer, julgando que as estamos protegendo desse mal. Mas é claro que as estamos prejudicando ao privá-las dessa experiência. Ao fazer da morte e do morrer um tabu e ao afastar as crianças das pessoas que estão morrendo ou já morreram, estamos incutindo nelas um medo desnecessário (p. 33).

Savater (2001) sustenta que "a consciência da morte nos faz amadurecer pessoalmente: todas as crianças se acham imortais" (p. 15). Portanto, falar sobre a morte com a criança pode favorecer seu crescimento e amadurecimento, enquanto ser humano, em sua condição humana. Mas isso deve acontecer respeitando o desenvolvimento cognitivo e afetivo da criança. Torres (1999) defende que "a compreensão de morte pela criança não se faz isoladamente de outros desenvolvimentos que ocorrem em sua vida cognitiva geral. Assim, é razoável supor que a conceitualização da morte na criança vai variar de acordo com seu nível de desenvolvimento global" (p. 40).

Falando da morte na escola

Atualmente, constatam-se várias mudanças no ambiente familiar, porque as mães, que anteriormente se dedicavam mais ao lar e aos filhos, estão atuantes no mercado de trabalho, delegando a difícil tarefa de educar quase que totalmente à escola. Consequentemente, surge uma necessidade cada vez maior de se ampliar a comunicação entre a escola e a família, com o objetivo de compartilhar dificuldades e conflitos, para que se possa dar um acolhimento às crianças em suas dificuldades pessoais.

As fronteiras entre a escola e a família, antes separadas, hoje se confundem. A realidade impôs uma união mais do que necessária entre pais e professores. Educar as novas gerações é função conjunta da família e da escola.[2]

Para que isso possa de fato acontecer, é necessário que os educadores es-tejam devidamente preparados. Isso implica conscientizar-se e lidar com suas inseguranças pessoais e possíveis medos, para que possam abordar com seus alunos os assuntos considerados difíceis, entre eles a morte, de forma natural e mais segura, acolhendo as necessidades desses alunos.

Kovács (2003) afirma que não existe uma resposta para como é estar totalmente preparado para lidar com o tema da morte. É necessário que exis-ta a possibilidade de questionamento, autoconhecimento e contato com os próprios sentimentos. Pode-se dizer, então, que essa preparação implica um aprendizado e desenvolvimento contínuos.

Para Kovács, a educação é um espaço de desenvolvimento pessoal. A au-tora reforça não só a importância como também a necessidade de se propiciar espaços de reflexão e discussão sobre o tema da morte. Destaca a importância de incluir-se reflexão sobre temas relacionados à morte no espaço da escola, desde a educação infantil até a formação profissional (Kovács, 2003). Enfa-tiza que o processo reflexivo deve envolver aspectos cognitivos e afetivos, estimulando questionamentos e discussões acerca de experiências vividas, práticas profissionais e abordagens teóricas sobre o tema.

Kovács (1992) diz: "entrelaçamos vida e morte durante todo o processo de desenvolvimento vital. Engana-se quem acredita que a morte só é um pro-blema no final da vida, e que só então deverá pensar nela" (p. 2).

É necessário que os educadores se preparem para acolher as perguntas e constantes dúvidas das crianças. Torres (1999) afirma que "uma resposta ina-

---

[2] Ideia extraída do site da Escola Ofélia Fonseca – <www.ofelia.com.br/noseeles.htm> – em 8/6/2005.

dequada ou uma ausência de resposta frente a uma indagação sobre a morte pode, muitas vezes, fragilizar ou até mesmo romper a integridade psíquica de uma criança" (p. 140).

Priszkulnik (1992) diz:

> A ausência de respostas às indagações infantis a respeito da morte (tanto quanto da sexualidade, do nascimento) pode sufocar o movimento exploratório necessário a todo processo de conhecimento e desenvolvimento e, como consequência, prejudicar suas aquisições, quer na tarefa intelectual, quer na afetiva e até na motora. Pode, também, conduzir a distúrbios psicoafetivos, como da fala, anorexia, fobias, tiques, agitação geral muito acentuada, atraso escolar etc. (p. 492).

Rosemberg (1985) fala da importância de se conversar sobre a morte com as crianças, já que se trata da única situação que não se tem como evitar na vida. Afirma que não falar sobre esse assunto, na tentativa de "proteger" a criança, poderá dificultar seu entendimento sobre o ciclo da vida. Sugere que esse assunto seja abordado – mas não de forma dramática, catastrófica e deprimente. Acredita que deve ser tratado de maneira espontânea, cotidiana e até com certo humor.

> Pior ainda é negar às crianças certas informações e curiosidades, certos porquês (são) omitidos e apagados. Certa ordem 'natural' nas coisas, nos seres, nas ações dos homens aparece, então, quase que como resultante de um acordo entre atores: 'eu faço de conta que isso não me interessa e você faz de conta que isso não lhe interessa. Desse modo, problemas existenciais fundamentais – como a vida e a morte – não são discutidos' (Rosemberg, 1985, p. 64-65).

Domingos e Maluf (2003) afirmam que o luto tem implicações no processo ensino-aprendizagem e interfere tanto nos correlatos pedagógicos – déficit de atenção e concentração, devido à ansiedade – como na afetividade nos processos de escolarização. Enfatizam que a escola deve preocupar-se não só em transmitir conhecimento, mas também em cuidar das necessidades emocionais de seus alunos, uma vez que a cognição e as emoções são inseparáveis no desenvolvimento psicológico. Em seu estudo sobre experiências de perdas e luto em estudantes adolescentes, os autores afirmam que, quanto à percepção sobre as necessidades dos adolescentes, a comunidade escolar mostrou-se pouco eficaz e, por vezes, ausente no suporte para seus lutos. Embora os adolescentes identificassem apoio de colegas e professores manifestados como ajuda de ordem prática e encorajamento, esse suporte não foi suficiente para suprir as necessidades emocionais decorrentes da perda. Por essa razão, sugerem que haja uma sensibilização na escola para a questão do luto, buscando assessoria a educadores, bem como propõem encaminhamento de alunos e famílias para centros especializados quando isso for necessário.

Müller (2005), em seu artigo "Alcances e Fragilidades: os temas de vida e morte nos livros didáticos", buscou abordar a questão da vida e da morte na educação formal, ressaltando o tema da morte – uma questão pouco discutida em nossa sociedade como um todo (na igreja, na escola e na família).

Essa autora diz que, como a morte constitui um assunto instigante e está presente em diversos âmbitos de nossas vidas, é necessário desmistificá-la, tornando-a mais humana e menos constrangedora. Sugere uma reflexão, por parte dos educadores, sobre o conceito de vida e morte, verificando como a morte interfere nas suas emoções, para depois poderem preparar os educandos. Considera imprescindível meditar sobre a própria transitoriedade, finitude e fragilidade e refletir sobre a razão pela qual se evita falar sobre esse tema.

Para fundamentar sua proposta, Müller (2005) cita Barros de Oliveira (1999), que afirma:

> A morte não pode continuar um tabu, continuar ausente dos lugares educativos, designando-se para a família e para a escola. É necessário incluir uma pedagogia tanatológica no contexto educativo, para que verdadeiramente se cultive uma educação integrante e integrada de todas as dimensões do ser humano. Ensinar a arte do bem morrer, e educar para bem morrer é educar para bem viver (p. 155).

Nesse estudo, Müller (2005) discorre sobre a necessidade de se abarcar o tema no currículo da educação desde as séries iniciais, uma vez que esse assunto – vida e morte na educação – é considerado polêmico, tanto na escola como na família. É uma tarefa difícil porque nos deparamos com nossa finitude.

Essa autora faz referência a uma pesquisa realizada nos livros didáticos adotados pela maior instituição da rede pública estadual da região do médio vale do Itajaí-SC, cujo objetivo era analisar as formas como os temas vida e morte são abordados na educação. O intuito era dar suporte aos professores e instigar outros pesquisadores a desenvolverem mais trabalhos nesse âmbito para que, um dia, tais assuntos pudessem ser abordados de forma natural, como qualquer outro, especialmente na educação formal e nos livros didáticos, preparando os sujeitos desde sua infância para a vida e para a morte.

Nessa pesquisa, foi feito um levantamento de quantas vezes aparecia o tema vida e morte em documentos oficiais de educação e em livros didáticos de ensino fundamental e médio (adotados na região do médio vale do Itajaí-SC), com análise do conteúdo, nas seguintes disciplinas: Ciências Naturais, Ensino Religioso, Ética, Biologia, Química, Física e em Temas Transversais, como meio ambiente e saúde, pluralidade cultural, orientação sexual...

Justificou que a escolha dessas disciplinas e desses temas transversais baseou-se no pressuposto de que fossem mais propensos a apresentarem os temas de vida e de morte em seus conteúdos. Entretanto, a partir dos resultados da pesquisa, a autora percebeu que, em nossa sociedade, o ser humano teme a morte e evita discutir o tema, inclusive afastando as crianças de seus acontecimentos, de modo que na escola nada ou muito pouco se explica e se ensina sobre o assunto, porque os próprios adultos evitam abordar o tema.

Ela constatou que, nos livros didáticos, a morte não recebe maiores explicações e detalhamentos, não se discute o tema como fenômeno, ele é mostrado apenas como resultados. Não se fala sobre a mudança que ocorreu no corpo, a passagem do estado físico... A morte aparece implícita, escondida, como se não pudesse ou não devesse aparecer ou ser percebida. Para que a morte seja vista como fenômeno natural, que faz parte da vida, sugere-se que toda a compreensão de vida e morte esteja associada, entrosada e explicitada dentro dos conteúdos trabalhados pelas disciplinas.

Concluiu dizendo que uma proposta de implementação eficaz da educação sobre a vida e a morte implica criar a oportunidade de contato emocional, resgatando o diálogo e desfazendo assim o pacto de silêncio e vergonha existentes em nossa sociedade.

Essa autora afirma ainda que, assim como servem para sistematizar e difundir conhecimentos, os livros didáticos servem também para encobrir ou escamotear aspectos da realidade. O livro didático não é suficiente para abordar esses temas de maneira abrangente. O processo de ensino deve estar alicerçado na experimentação do aluno, que vai trabalhar com situações reais de ganho (vida) e de perda (morte).

A escola é a instituição que está mais próxima da família. Para que possa existir uma real parceria entre escola e família na educação integral da criança, a escola deve abrir espaço para promover informações sobre temas existenciais, entre eles a morte, para poder orientar a família na condução dessas questões com as crianças. Além disso, deve oferecer programas de capacitação para seus educadores sobre essas temáticas. Deve assumir também a responsabilidade da educação sobre a morte.

A escola é, portanto, responsável por desempenhar três funções primordiais na formação integral do indivíduo:

– Prover conhecimento sobre a vida.
– Desmistificar e educar sobre a morte.
– Formar sujeitos conscientes da complexidade do ser humano e das relações concorrentes, antagônicas e complementares existentes entre a vida e a morte.

Em minha opinião, como a vida e a morte fazem parte do ciclo vital, enquanto as perdas fazem parte do cotidiano de qualquer um, essas questões devem ser tratadas no âmbito social. No entanto, vários trabalhos realizados nas áreas da saúde e da educação apontam para a falta de preparo dos profissionais para lidar com situações de morte, perdas, luto e sofrimento.

Um estudo realizado no Ambulatório de Pediatria de um hospital na cidade de Nova York demonstrou a necessidade de se incluir, como parte integrante do treinamento na residência de Pediatria, uma educação no sentido de prover as necessidades relativas a intervenções e suporte na área da morte, do morrer (Khaneja & Milrod, 1998).

Mahon, Goldberg e Washington (1999) relatam uma pesquisa com professores e estudantes de educação partindo de suas crenças e experiências com a morte. Nesse estudo se verificou a aceitação de que a educação para a morte pertence ao âmbito escolar. No entanto, muitos desses professores não sabiam como introduzir o tema morte no currículo formal. Notou-se que, quando o professor se sente à vontade e confortável com o assunto, ele demonstra maior disponibilidade para intervir em situação de acolhimento às crianças enlutadas.

Outra questão importante percebida com o estudo é que o professor tem papel fundamental no aconselhamento à criança enlutada. Além de poder contribuir para uma compreensão mais ampla do processo de enlutamento infantil dentro de seu trabalho direto com a criança, ele é um profi ssional que estaria qualifi cado para dar o acolhimento/suporte e fazer tal intervenção *(op. cit.)*.

Wharton, Levine e Jellenik (1993) afi rmam que se espera que a equipe de educação (diretores, coordenadores e professores) trate das necessidades relativas ao sofrimento pelas perdas das crianças. No entanto, sabe-se que podem não estar preparados para ajudar as crianças e suas respectivas famílias em situações de sofrimento por perdas. Isso ocorre devido a seu próprio sofrimento e à falta de experiência e treinamento em aconselhamento em situações de crise.

Esses autores relatam o trabalho realizado em uma escola, por uma equipe de saúde, após a morte de um aluno de 13 anos, vítima de atropelamento, enquanto andava de bicicleta com outros três amigos.

Contaram que, após um mês da morte do menino, uma equipe hospitalar (composta de pediatra, psicólogo e fisioterapeuta), com o consentimento da família, entrou em contato com a diretoria da escola, pedindo autorização para iniciar um contato com os alunos. O diretor disse que, apesar de os professores e coordenadores estarem preocupados com as crianças, não se sentiam aptos/seguros para lidar com o assunto e, por isso, ainda não o tinham abordado nem iniciado um processo de intervenção junto às crianças.

Depois de uma reunião com a direção e orientação da escola, a equipe hospitalar iniciou, com os colegas de classe da vítima, um trabalho que propunha discutir os acontecimentos/fatos, a hospitalização, tratamento e morte. Eles aceitaram bem a ideia.

Iniciaram tal trabalho resgatando a imagem do amigo quando vivo (como era, brincadeiras, personalidade etc.), revivendo várias lembranças positivas, o que proporcionou uma atmosfera mais agradável e leve para a condução do trabalho. Num segundo momento, foi introduzida uma discussão, na qual as crianças puderam tirar dúvidas sobre o acidente, o tratamento, a hospitalização (principalmente no que dizia respeito ao possível sofrimento do menino antes da morte). Dessa maneira, muitas dúvidas foram esclarecidas, removendo concepções errôneas que as crianças imaginavam a respeito do acidente. Puderam falar abertamente sobre a falta desse amigo, sobre um futuro sem sua presença, além de poderem manifestar o desejo de celebrar essa perda. O grupo permaneceu envolvido até o final do encontro, demonstrando muito interesse na atividade e alguns chegaram até a chorar.

Depois desse primeiro trabalho, foi realizado um novo encontro entre alunos de diferentes séries e o fisioterapeuta para discutirem sobre a prevenção de acidentes. Ao final do encontro, as crianças aceitaram de modo positivo o uso de capacetes e outras medidas de segurança.

Depois de dois meses, o pediatra e o psicólogo se encontraram com a mãe do menino morto. Ela relatou sua relação com os colegas do filho, que ainda vinham visitá-la, além de demonstrar gratidão pelo trabalho realizado pela equipe hospitalar, que lhe poupou explicações sobre o processo de morte do filho. Além disso, revelou alívio ao perceber que as crianças estavam conscientes da importância de tomar precauções para prevenir acidentes. A mãe enfatizou a importância do trabalho da equipe, que facilitou a interação entre ela e os amigos do filho e entre eles mesmos.

Após um ano da morte da criança, novo contato foi realizado com a escola, durante o qual o diretor revelou o trabalho contínuo da equipe escolar sobre medidas de segurança. Outro ponto positivo revelado foi que as crianças tornaram-se mais abertas para discutir suas ansiedades e dúvidas com os adultos. O diretor contou que realizaram encontros semanais entre a equipe educacional e os alunos que necessitavam de suporte/apoio para facilitar a resolução de conflitos em estágio inicial. O diretor constatou também que, a partir desse trabalho, as crianças se conscientizaram da vulnerabilidade humana à morte.

Wharton et al. (1993) afirmam que, no caso de morte de um colega, o sofrimento pode manifestar-se de formas diferentes. Há aqueles que apresentarão o sofrimento de maneira sutil e particular, não sendo percebido e até validado por outros. Assim, a criança acaba por não receber o suporte necessário. É o que se pode chamar de luto velado ou não reconhecido. Acabam por sofrer em silêncio, o que, na maioria das vezes, é mal interpretado, como uma superação bem-sucedida da dor. Outros podem apresentar choro, tristeza, dificuldades de concentração e execução de tarefas, diminuição ou falta de interesse nas atividades cotidianas etc. Outros, ainda, podem manifestar reações psicossomáticas.

Esses autores afirmam que, quando há dificuldade da equipe escolar em lidar com seus próprios sentimentos após uma situação de perda ou quando as normas da escola inibem a expressão do pesar, é comum notar o surgimento de situações de conflito. Quando há encorajamento para discussões sobre o fato ou a situação da perda, dentro de um ambiente favorável à expressão aberta do sofrimento, percebe-se a facilitação da superação do processo de luto de maneira mais saudável. Por isso, recomendam que haja uma equipe de apoio, composta por especialistas em crianças (pediatra, psicólogo), para auxiliar a escola em situações de intervenção no enfrentamento do luto.

Esses autores sugerem que haja uma intervenção de profissionais especializados em Pediatria no contexto escolar, posterior à situação de morte ou outras perdas, que deve ter estratégias imediatas e de longo prazo, cuja finalidade seja prevenir a morbidez e ajudar a recuperação de crianças e adultos afetados.

Esse trabalho de apoio e capacitação tem como objetivos:

– Desmistificar a experiência e as circunstâncias da perda.
– Dar assistência à equipe de educação no trabalho de superação em situações de crises.
– Estabelecer ligações com a escola, para facilitar apoio contínuo.
– Dar assistência para poder detectar precocemente possíveis reações relacionadas à perda, o que pode propiciar um suporte adicional.

A equipe de saúde deve também auxiliar na formação de uma equipe (dentro da equipe escolar) que esteja apta para lidar com situações de crises – diretor, professor da série que o aluno envolvido frequentava, um orientador e um psicólogo escolar.

Os autores sugerem que haja capacitação da equipe escolar antes mesmo que qualquer situação trágica aconteça, para que, quando necessário, ocorra uma intervenção adequada. Alerta para que tal trabalho seja contínuo. Falam ainda que, no caso de uma situação traumática, é importante a realização de sessões de apoio e esclarecimento aos pais, além do trabalho com alunos.

Várias podem ser as formas de intervenção na escola, em situações de morte, perdas e luto para dar suporte às crianças. No entanto, para que isso ocorra é imprescindível que os educadores estejam confortáveis em relação ao assunto, principalmente porque não é um tema fácil de ser abordado e ainda é considerado tabu em nossa sociedade.

4. Literatura Infantil

Quando falamos em literatura infantil, remetemo-nos logo aos contos maravilhosos, aos contos de fadas, muito provavelmente por sua própria história, de transmissão de geração em geração, primeiro pela tradição oral e depois pela escrita.

A literatura é um fenômeno de linguagem e se destina ao entretenimento e prazer.

Cecília Meireles (1979) conceitua a literatura como a arte expressa através das palavras (oral ou escrita). Diz ainda: "A literatura precede o alfabeto. Os iletrados possuem sua literatura" (p. 19).

Coelho (2000b) afirma que a literatura é uma arte que nos remete a mundos imaginários. Utiliza a palavra (no pensamento, ideias e imaginação) que se apresenta eficaz na formação do ser. Desde as origens é utilizada como instrumento de transmissão da tradição e dos valores. Dessa maneira diverte, dá prazer, emociona... Ao mesmo tempo ensina modos de ver o mundo, de viver, pensar, reagir, criar... De forma imagística, concretiza o abstrato e o indizível, com sua importância no amadurecimento da inteligência reflexiva, contribuindo para a "consciência de mundo", com a tarefa de servir como agente de formação numa sociedade em transformação.

Coelho parece concordar com Meireles (1979) quando afirma que a literatura propicia uma reorganização das percepções do mundo, possibilitando nova ordenação das experiências existenciais da criança. A convivência com textos literários provoca a formação de novos padrões e o desenvolvimento do senso crítico.

Origens da literatura infantil

A literatura infantil, também conhecida como clássica, começou com a Novelística Popular Medieval, que teve sua origem na Índia. As histórias eram ligadas a antigos rituais e, portanto, eram vistas como algo mágico, misterioso, que poderia tanto proteger como ameaçar, construir ou destruir, além de ajudar o homem a vencer as forças que lhe eram hostis – forças da natureza, dos animais, dos inimigos...

Como nos mostra Ariès (1981), até o século XVI as crianças viviam no anonimato. Na Idade Média, as crianças mal começavam a crescer – por volta dos sete anos – e já se misturavam aos adultos, tratadas da mesma forma. Naquela época, a mortalidade infantil era alta, sendo difícil os pais se apegarem a cada filho, devido à possibilidade de perda. Os pais tinham muitos filhos na esperança de que alguns sobrevivessem. Dessa forma, as relações familiares não tinham uma função afetiva.

Até o século XVII, a família assumia um modelo patriarcal, com parentes, escravos e agregados. O senhor feudal era a autoridade máxima. A vida era a luta pela sobrevivência. A partir do momento em que o sistema feudal iniciou seu processo de enfraquecimento com o surgimento de uma economia capitalista, a família começou a se estruturar, e a criança passou a ser valorizada como tal. Os laços afetivos estreitaram-se (Ariès, 1981; Radino, 2003).

Até a Idade Média, não existiam escolas formais, as crianças eram vistas como "adultos em miniatura", e não se pensava em tratá-las de modo exclusivo e diferenciado. Até então, não se pensava na infância. Inclusive, a educação da criança era tarefa apenas da família (Ariès, 1981; Coelho, 2003; Radino, 2003).

Na Idade Média, com o poder da Igreja, passou-se a propiciar à criança o ensino da religião, da moral, habilidades da leitura, escrita e aritmética. Surgiram os primeiros livros de caráter pedagógico com função moralizadora (Ariès, 1981).

Por volta do século XVII, Charles Perrault deu início à literatura infantil, fazendo surgir os contos de fadas, hoje imortalizados – Cinderela e Chapeuzinho Vermelho – (Coelho, 2003).

A literatura infantil constituiu-se como gênero durante o século XVII, a partir de mudanças na estrutura da sociedade, por causa da ascensão da família burguesa, da reorganização da escola, que integrou literatura infantil à Pedagogia, utilizando as histórias como instrumento pedagógico.

Os primeiros livros infantis foram produzidos no final do século XVII e durante o século XVIII. Nessa época, não existia a "infância". Adultos e crianças participavam dos mesmos eventos (Radino, 2003; Zilberman, 1998).

A partir do século XVIII, a criança passou a ser considerada um ser diferente do adulto, com necessidades e características próprias, tendo uma educação que visava prepará-la para a vida adulta.

Nessa época, a literatura infantil tinha como objetivo divertir e educar as crianças, no sentido de oferecer "modelos" de certo e errado, de belo e feio e de bom ou mau comportamento. Portanto, podemos admitir que a literatura infantil é um importante "agente de transmissão de valores" (Coelho, 2000a).

Nota-se um caráter pedagógico, com uma visão ideal de infância, a partir de uma concepção adulta, com um desejo de moldar a criança a padrões sociais e/ou éticos, sem levar em consideração suas necessidades intelectuais e afetivas (Radino, 2003; Zilberman, 1998).

Com base em estudos mais modernos, sabe-se que a criança apreende e conhece a realidade por meio do sensível, do emotivo, da intuição, e não exatamente do racional. O pensamento mágico é a tônica do universo infantil (e popular).

No século XX, as histórias infantis ganham ênfase, sendo consideradas importantes no desenvolvimento infantil (Coelho, 2005). A literatura infantil é reconhecida como gênero literário, tendo como objetivo primeiro "instruir divertindo", com intenções formativas e informativas, denotando preocupação pedagógica (Amaral, 1992).

Essa fusão prazer-conhecer, presente na década de 1970, trouxe uma nova qualidade literária e/ou estética. O livro infantil é transformado em um "objeto novo", no qual palavra e ilustração, por meio de uma "criação complexa", provocam nos leitores um "olhar de descoberta". Como "objeto novo", oferece material para formar ou transformar mentes (Góes, 1996; Coelho, 2000a).

A literatura infantil brasileira inicia-se no século XX, nos anos 1920-1930, com as obras de Monteiro Lobato (1882-1948), criador do Sítio do Pica-Pau Amarelo. Ele foi agente formador e modificador da percepção do público a partir de sua interação com o grupo social. Em 1930, traduziu grandes clássicos da literatura infantil, tornando-os acessíveis ao povo brasileiro. Brincava com os personagens, levando-os a dialogar com a realidade da época, modernizando e renovando as histórias tradicionais com muita ironia. Ainda na década de 1930, começou a escrever textos com interpretações de fatos históricos, com uma visão crítica, indo de encontro à realidade de sua época. Procurando desmascarar falsos valores, foi taxado de revolucionário e comunista (Radino, 2003).

Monteiro Lobato introduziu uma linguagem acessível, mais simples, aproximando o texto escrito da linguagem oral, para atingir o público infantil. Produziu uma literatura que valoriza o lúdico e a fantasia, pelos quais aparece o valor pedagógico. A função pedagógica se dá em segundo plano. Para ele, o livro poderia ser vivido e experimentado como um agente transformador; um modelo de formação de pessoas críticas, criativas e livres (Radino, 2003).

Radino (2003) aponta para o diferencial de produção literária de Monteiro Lobato: "mais do que um escritor para crianças, Lobato criou um universo infantil" (p. 100). Criou uma linguagem voltada à necessidade da criança, por meio da qual se percebe a real valorização da infância.

Durante as décadas de 1940-1950, era de Getúlio Vargas, um período politicamente conturbado entre o reformismo e o conservadorismo, a democracia e a ditadura, a literatura infantil ficou atrelada às questões educacionais, transformando-se em leitura didática, permanecendo assim até o ano de 1964.

Entre as décadas de 1950-1960 surgem os aparelhos audiovisuais, como a televisão, provocando um distanciamento da leitura literária e da capacidade de expressão verbal fluente – as "gerações sem palavras". Em compensação, a poesia aparece na música popular brasileira, marcada na história, na década de 1960, com os grandes festivais, promovidos pela Rede Record, em São Paulo, quando despontaram grandes compositores, poetas, cantores que acabaram por se tornar mitos da Música Popular Brasileira (Vinícius de Moraes, Tom Jobim, Chico Buarque, Edu Lobo, Caetano Veloso, Gilberto Gil, Elis Regina entre outros). A música tornou-se o instrumento que levava os indivíduos à conscientização de si mesmos em relação ao mundo (Coelho, 2000a).

Em 1970, surge o *boom* da literatura infantil, quando há uma volta para o cotidiano. Os escritores dessa época prendem-se à realidade cotidiana (ou da história a ser resgatada) e se entregam aos desafios da fantasia, da imaginação, do sonho e dos ideais, valorizando o viver como uma grande aventura, que se repete através do tempo. Nessa época, a literatura desvincula-se do compromisso pedagógico, passando a valorizar mais a criatividade, consciência da linguagem e consciência crítica, levando a uma nova concepção de mundo. Surgem grandes nomes da literatura infantil: Ruth Rocha, Ana Maria Machado, Eva Furnari, Lygia Bojunga Nunes, entre outros. Surgem, também, os *livros sem texto* ou *narrativas por imagens*, destinados ao pré-leitor (caracterizado pela fase da pré-alfabetização), provocando neste uma descoberta do mundo, de uma nova consciência de mundo, na qual "realidade e imaginação adquirem igual importância no novo universo literário infantil" (Coelho, 2000a, p. 131).

A literatura nas décadas de 1970-1980 oferece histórias vivas e bem-humoradas que procuram divertir as crianças, além desempenhar uma tarefa conscientizadora. "A literatura para crianças está intimamente ligada à formação de sua mente e personalidade" (Coelho, 2000a, p. 151).

Na década de 1980 surgem novos escritores e ilustradores, com uma ênfase na ilustração/imagem, que se transforma em nova forma narrativa, "que desafia o olhar e a atenção criativa do leitor para a decodificação da leitura" (Coelho, 2000a, p. 134).

Em nossos dias, a literatura infantil continua expandindo muito. Graças às pesquisas da psicanálise ligadas à pedagogia, notou-se que a "linguagem das imagens" é um dos mediadores mais eficazes para estabelecer relações de prazer, de descoberta e de conhecimento entre a criança e o *mundo das formas*. A nova literatura infantil está difundindo de maneira lúdica e simples os "paradigmas emergentes", de grande importância no âmbito da educação (Coelho, 2000a).

Coelho (2000a) afirma que:

> A literatura (narrativas, histórias, poesia) atua em seus leitores como uma espécie de "ponte" entre sua experiência individual e o mundo de experiências contido no livro, mundo que, ao ser vivenciado pelo leitor, passa a integrar sua particular experiência de vida e oferecer-lhe de maneira subliminar (inconscientemente) ou explícita, não só sugestões de conduta ou de valores (emocionais, éticos, existenciais etc.), mas também um sentido maior para sua vida real (p. 154).

A linguagem/texto e as imagens têm grande importância nos livros para crianças, assim como as ideias-eixo (ideia da natureza da literatura infantil) e os recursos formais utilizados pelo autor. As ideias-eixo nem sempre são evidentes na narrativa, mas podem ser passadas subliminarmente ao leitor e atuam em sua formação no que diz respeito à sugestão de ideias, valores, comportamentos (Coelho, 2000b).

Góes (1990) defende a "leitura de qualidade", na qual a criança/jovem deve ser colocado como leitor ativo, participante, comunicativo, com sua "imaginação" (*imagem + ação)*. Torna-se sujeito da própria história. Afirma, ainda, que a leitura é um modo de "representação do real". "Através de um 'fingimento', o leitor reage, reavalia, experimenta as próprias emoções e reações" (p. 15-16).

A atribuição do adjetivo infantil à literatura, formando o termo literatura infantil, gera discussões. Muitos autores defendem que a literatura é apenas literatura; é uma só. Não predetermina um público, apenas corresponde aos desejos e à identificação que o leitor tem com ela. Acredita que são as crianças que delimitam essa diferença, a partir de sua preferência (Meireles, 1979; Lacerda, 2001).

Meireles (1979) diz que se costuma "classificar como literatura infantil

2. Visitando alguns autores – o que eles dizem sobre

o que para elas se escreve. Seria mais acertado, talvez, assim classificar o que elas leem com utilidade e prazer. Não haveria, pois, uma literatura infantil 'a priori', mas 'a posteriori'" (p. 19).

Sabe-se que quem escreve é um adulto e deve-se ter consciência da intenção e objetivos a serem alcançados com essa produção, principalmente quando se tem em mente que o público a quem se dirige é o público infantil.

A literatura infantil pressupõe uma linguagem, temas e pontos de vista para um tipo de destinatário particular, como se já fosse sabido, *a priori*, o que interessa para esse público específico. Mas isso pode ser questionado se forem levados em consideração dois aspectos: aquele que escreve para a criança é um adulto; a intenção da história passa pelo ponto de vista do autor-adulto.

Meireles (1979) afirma que "o 'livro infantil', mesmo dirigido à criança, é de invenção e intenção do adulto. Transmite os pontos de vista que este considera mais úteis à formação de seus leitores. E transmite-os na linguagem e no estilo que o adulto igualmente crê adequados à compreensão e ao gosto de seu público" (p. 27).

Lacerda (2001) defende que:

> O profundo respeito ao que é da criança e do jovem, a consciência do olhar que eles têm sobre o mundo devem estar presentes no caminho de um autor [...], interessado em escrever uma obra que é pura gratuidade, e se faz sem concessões de qualquer gênero (p. 21).

O poder de escolha da criança é pequeno. O adulto escreve, edita, escolhe, compra, adota... É muito importante que o adulto transite bem e saiba dialogar com o universo infantil. É necessário que haja ética e sensibilidade, assim como respeito ao leitor.

Literatura está ligada à arte e ao deleite. Portanto, não deve ser feita somente com uma intenção pedagógica e didática. O autor pode e deve escrever com a intenção de agradar a criança. Para isso, é importante trabalhar o imaginário e a fantasia, tendo em mente várias vivências da criança: seus sonhos e suas fantasias, suas ilusões, sua dor e sua disposição de superá-la. Assim, pode-se afirmar que é possível produzir uma literatura "a priori".

Lacerda (2001) afirma:

Criança não é miniatura de adulto, sabe-se bem. É um ser pleno em sua especificidade de infante – aquele que não fala. Não fala como adulto e fala como pessoa. Pessoa para quem o mundo se reinventa continuamente. Esse caráter de reinvenção do mundo é que dá à criança a posição demiúrgica que lhe cai tão bem: um gesto seu e o mundo para, um comando de corneta e o pássaro pousado na cerca do quintal fica parado, esperando a próxima ordem (p. 19).

A literatura infantil é vista como um meio de levar às crianças valores, modelos exemplares, padrões de comportamento, formas de pensamentos, através de personagens-modelo, ou seja, reproduzindo uma ideologia dominante (Sandroni e Rosembeg citadas por Amaral, 1992). Já para Filipouski (citada por Amaral, 1992), a literatura infantil é essencialmente formadora, estimulando a fantasia e o pensamento crítico sobre o mundo. Assim, a literatura infantil serve também como um facilitador nas várias etapas de amadurecimento entre a infância e a vida adulta (Coelho, 2000b).

Há várias modalidades de textos quando se fala em literatura infantil: contos de fadas, fábulas, contos maravilhosos, lendas, histórias do cotidiano, biografias, momentos históricos romanceados, documentários e textos informativos (Amaral, 1992; Almeida, 2006). O que constitui a literatura infantil é o que as crianças, ao longo do tempo, têm preferido e incorporado a seu mundo (Meireles 1979).

Muito sabiamente, Cecília Meireles (1979) diz:

A literatura não é, como tantos supõem, um passatempo. É uma nutrição. A Crítica, se existisse, e em relação aos livros infantis, deveria discriminar as qualidades de formação humana que apresentam os livros em condições de serem manuseados pelas crianças. Deixando sempre uma determinada margem para o mistério, para o que a infância descobre pela genialidade de sua intuição (p. 28-29).

A autora quer dizer que o "alimento" deve ser de qualidade, já que tem como preocupação a formação humana, levando em consideração a intuição e o imaginário infantil. As personagens e os conflitos das histórias infantis ocupam um lugar no imaginário e desempenham um papel no equilíbrio emocional da criança. Além disso, a autora ressalta a importância de tornar o livro um brinquedo, algo agradável, assim como a importância de ter um educador consciente.

O livro infantil

O livro infantil é pensado, inventado, criado pelo adulto. Ao escrever, o adulto tem uma intenção a partir de sua visão de mundo, utilizando seus critérios, que considera úteis e adequados à formação das crianças.

Cecília Meireles (1979) enfatiza:

> Uma das complicações iniciais é saber-se o que há, de criança, no adulto, para poder comunicar-se com a infância, e o que há de adulto, na criança, para poder aceitar o que os adultos lhe oferecem. Saber-se, também, se os adultos sempre têm razão, se, às vezes, não estão servindo a preconceitos, mais que à moral; se não há uma rotina, até na Pedagogia; se a criança não é mais arguta e sobretudo mais poética do que geralmente se imagina... (p. 27).

Pergunta-se sempre se a finalidade da literatura infantil é instruir ou divertir; se ela está inserida no contexto da arte literária ou pedagógica. Isso parece gerar polêmica quando se fala de literatura infantil.

Na verdade, pertence, simultaneamente, tanto à arte como à Pedagogia. Enquanto emociona, dá prazer, diverte e modifica a consciência de mundo do leitor, é considerada arte. Mas é também um instrumento manipulado com uma intenção educativa e, por isso, pode-se dizer pedagógica (Coelho, 2000b).

A literatura infantil é formadora de mentes infantis. O livro infantil é entendido como uma "mensagem" (comunicação) entre um autor-adulto (o que possui a experiência do real) e um leitor-criança (o que deve adquirir tal experiência). Nessa situação, o ato de ler (ou de ouvir), pelo qual se completa o fenômeno literário, transforma-se em ato de aprendizagem (Coelho, 2000b).

Quando a criança está diante de livros, sua escolha não se dá apenas pelo conteúdo do livro que, muitas vezes, ainda nem conhece. O que vai chamar a atenção é o formato, a capa, o título, as imagens/ilustrações, o colorido, as letras (se pequenas ou grandes)... E, a partir disso, a criança adentra o universo de um conto de fadas, de uma história... (Almeida, 2006).

Sabiamente, Benjamin (2002) escreve:

> Não são as coisas que saltam das páginas em direção à criança que as vai imaginando – a própria criança penetra nas coisas durante o contemplar,

como nuvem que se impregna do esplendor colorido desse mundo pictórico. Diante de seu livro ilustrado, a criança coloca em prática a arte dos taoistas consumados: vence a parede ilusória da superfície e, esgueirando-se por entre tecidos e bastidores coloridos, adentra um palco onde vive o conto maravilhoso... Nesse mundo permeável, adornado de cores, em que a cada passo as coisas mudam de lugar, a criança é recebida como participante. Fantasiada com todas as cores que capta lendo e contemplando, a criança se vê em meio a uma mascarada e participa dela... Ao elaborar histórias, as crianças são cenógrafos que não se deixam censurar pelo 'sentido'... De repente as palavras vestem seus disfarces e num piscar de olhos estão envolvidas em batalhas, cenas de amor e pancadarias. Assim as crianças escrevem, mas assim elas também leem seus textos (p. 69-70).

É muito importante que se escolha bem o livro a ser oferecido para a criança, respeitando sua idade, seu desenvolvimento cognitivo e afetivo--emocional, além de seu nível social e cultural. O livro pode ser um recurso de grande riqueza para que a criança entre em seu universo, com prazer, mesmo que se depare com situações conflitantes que possam trazer-lhe certo desconforto. É no imaginário que a criança poderá refletir – a seu modo – sobre seu mundo real e encontrar na imaginação maneiras de enfrentá-lo e transformá-lo.

Bowden (1993) afirma que os adultos devem inicialmente analisar os livros infantis de maneira crítica para depois oferecê-los à criança.

Ler e ouvir histórias

A criança, em seu universo infantil, sai em busca de novidades, novas descobertas e compreensão do mundo. Busca informações e respostas para seus questionamentos a respeito do nascimento e da morte, crescimento e desenvolvimento, corpo e sexualidade, relacionamentos. Procura também saber mais sobre os sentimentos e as emoções – tristezas, dificuldades, conflitos... – conhecidos por meio de situações sabidas ou experiências vividas.

Nesse caminhar ao encontro de respostas para suas indagações, a criança pode procurar os pais e/ou professores (cuidadores) como também outros meios: os livros, por exemplo. Por meio da literatura, a criança se depara com informações e com situações que envolvem sentimentos e emoções que ela pode identificar como seus, como: relações familiares, separação, crescimento pessoal, morte,

2. Visitando alguns autores – o que eles dizem sobre

entre outros. Mas pode também entrar em contato com outros lugares, outros tempos, outras maneiras de ser e de agir, que a levam a novas descobertas.

A respeito de ler e ouvir histórias, Abramovich (1999) escreve:

> É também suscitar o imaginário, é ter a curiosidade respondida em relação a tantas perguntas, é encontrar outras ideias para solucionar questões (como as personagens fizeram...). É uma possibilidade de descobrir o mundo imenso dos conflitos, dos impasses, das soluções que todos vivemos e atravessamos – dum jeito ou de outro – através dos problemas que serão defrontados, enfrentados (ou não), resolvidos (ou não) pelas personagens de cada história (cada uma a seu modo)... E cada vez ir se identificando com outra personagem (cada qual no momento que corresponde àquele vivido pela criança), e assim esclarecer melhor as próprias dificuldades ou encontrar um caminho para a resolução delas... É ouvindo histórias que também se pode sentir emoções importantes, como tristeza, raiva, irritação, bem-estar, medo, alegria, pavor, insegurança, tranquilidade e tantas outras mais, e viver profundamente tudo o que as narrativas provocam em quem as ouve – com toda a amplitude, significância e verdade que cada uma delas fez (ou não) brotar... Pois é, ouvir, sentir e enxergar com os olhos do imaginário! (p. 17).

Pode ser um momento facilitador na relação entre educador e educando.

Contar histórias é um ato de amor, um momento de intimidade entre o adulto e a criança e, por isso, pode estabelecer melhor relacionamento entre eles. Quando um adulto começa a contar uma história à criança, aos poucos ela começa a escolher sua história preferida/predileta. Se houver entrosamento, o prazer da criança faz com que o adulto partilhe dessa experiência (Coelho, 1986; Bettelheim, 2002).

Como foi visto, a literatura infantil desenvolve a imaginação das crianças, permite que elas se coloquem como personagens das histórias e facilita a expressão das ideias. A leitura desenvolve a reflexão e o espírito crítico. Dessa maneira, o contato com as histórias e o manuseio de livros é um convite à fascinante viagem ao mundo da imaginação, que proporciona interesse e prazer à criança.

Cagneti e Zotz (1986) afirmam que "a leitura é fonte inesgotável de assuntos para melhor compreender a si e ao mundo" (p. 23).

Se a criança tiver um adulto (pais/educadores) sensível que saiba dimensionar a importância da literatura infantil, com certeza terá nos livros e nas histórias meios para encontrar prazer, além de novas descobertas e reflexões sobre si mesmo, sobre a vida e sobre o mundo.

Isso poderá proporcionar gosto e interesse pela leitura, dando sentido a seu envolvimento no processo de aprendizagem e preparando-a para enfrentar possíveis dificuldades.

Lendo sobre morte

Os livros de Rubem Alves, da coleção "Estórias para pequenos e grandes", costumam trazer uma mensagem destinada aos contadores de histórias:

> **Aos contadores de histórias**
>
> O mundo das crianças não é tão risonho quanto se pensa. Há medos confusos, difusos, as experiências das perdas, bichos, coisas, pessoas que vão e que não voltam... O escuro da noite: o mundo inteiro se ausentou. Voltará?
> Os grandes não gostam disto e inventam estórias de meninos e meninas que eram só risos. Talvez para convencerem a si mesmos de que sua própria infância foi gostosa...
> Escrevi as estórias da coleção 'Estórias para pequenos e grandes' em torno de temas dolorosos, que me foram dados por crianças. Não é possível fazer de conta que eles não existem. Os maus espíritos, a gente os espanta chamando-os por seu nome real... O objetivo da estória é dizer o nome, dar às crianças símbolos que lhes permitam falar sobre seus medos. E é sempre mais fácil falar sobre si mesmo fazendo de conta que se está falando sobre fl ores, sapos, elefantes, patos...
> Há estórias que podem ser ouvidas em disquinhos ou simplesmente lidas sozinhas... São as estórias engraçadas. Outras devem ser contadas por alguém.
> Quando se anda pelo escuro do medo, é sempre importante saber que há alguém amigo por perto. Alguém está contando a estória. Não estou sozinho... Nem o livro que se lê nem o disquinho que se ouve têm o poder de espantar o medo.
> É preciso que se ouça a voz de outro que diz:
> – Estou aqui, meu filho...

Corr (2003-2004a) afirma que não existe regra para utilizar o livro infantil e obter o resultado desejado. Para algumas crianças, podem ser lidos por elas próprias. Em outros casos, deverão contar com o apoio de um adulto para ler a história, explorá-la e discutir o livro junto com a criança, de forma individual ou grupal.

Bettelheim (2002) e Rubem Alves afirmam que, ao compartilhar uma história, o adulto e a criança tornam-se cúmplices.

A vida não é feita só de coisas boas, e as crianças sabem disso. Portanto, não devemos deixar de lado temas pesados e que fazem parte de um universo também da criança, como morte, preconceito, separação... (Lacerda, 2001).

Lacerda (2001) afirma:

> É preciso adentrar os mistérios da existência e, maior de todos, o mistério da não existência. Ao escritor cabe acatar com reverência os escuros e os claros da vida, recusando-se a simplificá-los com representações banais que só lhes reduzem a própria magnitude (p. 25).

Acrescenta, ainda:

> Será demais [...], esperar de um autor que construa com seu leitor a rede que, frente ao vazio da morte, proporcione o sentido da vida? Por que furtar à criança, ao jovem, a experiência essencial do vazio irrevogável que ilumina toda a vida? Por que oferecer apenas o falso amparo das alegorias confortáveis, e incapazes de varar a cortina da existência, turva e diáfana ao mesmo tempo? A morte deve se apresentar sempre em meio ao cortejo de anjos celestiais? É impossível a dignidade do passo firme no escuro? (*op. ci*t., p. 25).

Para completar esse pensamento:

> O infante não tem memória, e a literatura deve se ocupar da formulação desse conceito, não porque ele faça reconhecer algum destino, mas porque na memória se condensa a alegria dos momentos vividos e das experiências acontecidas. Que se possibilite ao pequeno leitor a clareza de que viver comporta ganhos e perdas e de que a linha da vida é trêmula e resistente me parecem [...] os melhores doadores de sentido para o ato de escrever (*op. cit.*, p. 22).

A morte é um tema ainda pouco explorado no cotidiano, porém está escancarada na vida: nos hospitais, na rua, na mídia... Estamos em contato com ela, mas dela não falamos. Não há espaços para que seja pensada e elaborada.

Parece que fugimos dela, fingindo que não existe, como se não fizesse parte da vida, evitando que a criança se defronte com tal tema. Entretanto, é possível pensar a morte a partir da concepção de vida, com suas contínuas mudanças.

O tema da morte, muitas vezes, aparece nos livros infantis, nas fábulas e nos contos de fadas universalmente conhecidos. Servem, portanto, como possíveis recursos para se trabalhar as várias mortes na formação da criança.

Bowden (1993) afirma que a literatura infantil fornece um mecanismo excelente para transmitir a realidade da experiência da morte. Alerta para a necessidade de as histórias infantis conterem a conscientização e reconhecimento de que a pessoa que morreu não voltará, mas que deixou lembranças que vão perdurar.

Segundo Corr (2003-2004a), nos últimos 25 anos, nos Estados Unidos, vários livros foram publicados com o objetivo de ajudar crianças (de forma construtiva) a enfrentar a morte e as perdas, especialmente aquelas que vivenciaram importantes perdas em suas vidas.

Embora haja uma estrutura crescente de literatura que foca o sofrimento da criança e do adolescente, pouca informação se direciona para a necessidade das comunidades escolares em relação à morte (Servaty-Seib, Peterson, Spang, 2003).

A função humanizadora da literatura infantil

As histórias existem desde sempre, quando ainda eram transmitidas oralmente. Contar e ouvir histórias faz parte da necessidade de comunicação humana. Assim, compartilhamos experiências, sentimentos e emoções.

Embora as histórias sejam importantes em todos os âmbitos da vida – sociedade, família, educação e saúde –, este trabalho enfatiza a importância das histórias infantis em sua função pedagógica e terapêutica.

As histórias estão presentes no cotidiano e, por meio delas, podemos abrir as portas da imaginação. Fazem parte da vida do ser humano desde a infância habitando, inclusive, o contexto escolar e permanecendo durante toda a vida. Por meio delas, podemos transitar por um universo mágico com prazer e alegria, descobrindo novos mundos.

Algumas escolas já priorizam a hora do conto como um momento especial no dia da criança, contribuindo para o desenvolvimento dos pequenos e lhes dando a alegria e o prazer de transitar por este universo mágico.

Esse espaço pode ser um momento que facilite o encontro entre educador e educando, tanto para favorecer o acolhimento à criança em seus conflitos emocionais como para reforçar o vínculo educador-criança e promover a aprendizagem.

Como constatamos, no campo emocional as histórias podem ajudar as crianças a elaborar e vencer dificuldades psicológicas bastante complexas, pois oferecem a possibilidade de se construir uma ponte entre seu mundo – às vezes de modo inconsciente – e a realidade externa.

Como a história alimenta a imaginação, além de agradar a todos – de qualquer idade, classe social e condições de vida –, pode também permitir a autoidentificação, favorecendo a aceitação de situações desagradáveis, ajudando a resolver conflitos e oferecendo esperança (Coelho, 1986).

Os livros infantis agradam não somente às crianças, mas às pessoas de qualquer idade, por sua "força, poesia, simplicidade complexa, imagens e força criadora de novas palavras para velhos sentimentos" (Brenman, 2005, p. 125).

Podemos ter na hora de contar histórias uma viagem, na qual adulto e criança compartilham um momento de intimidade, de cumplicidade, e, por isso, essa hora pode contribuir para o relacionamento, tornando-os mais próximos, fortalecendo o vínculo, favorecendo o relacionamento interpessoal, formando uma cumplicidade (Bettelheim, 2002; Brenman, 2005; Radino, 2003).

Ao compartilhar um conto e acolher a fantasia da criança, estamos acolhendo essa criança em sua integridade. Dessa forma, ela sentirá que não está só e que suas emoções não são tão assustadoras, fazem parte da natureza humana e podem ser controladas (Radino, 2003).

A criança, ao se ver fortalecida, sente-se reconfortada com os finais felizes, criando uma atitude positiva diante da vida.

Cashdan (2000) complementa, afirmando que:

> Por trás das cenas de perseguição e dos resgates no último minuto, há dramas sérios que refletem eventos que acontecem no mundo interior da criança. Embora o atrativo inicial de um conto de fadas possa estar em sua capacidade de encantar e entreter, seu valor duradouro reside no poder de ajudar as crianças a lidar com os conflitos internos que elas enfrentam no processo de crescimento (p. 25).

Brenman (2005) menciona a roda de conversa como um espaço de encontro entre o professor e o aluno. Nesse momento "a criança ouve atentamente as histórias e tira delas seu próprio aprendizado". Ainda alerta os professores que, mesmo que a criança possa não estar olhando para o leitor nesse momento, ela está "altamente atenta e escutando fantasticamente a tudo" (p. 123).

Magalhães (s.d.) relata um trabalho no qual entrevistou quatro professoras de uma escola municipal da periferia e quatro professoras de uma escola tradicional da rede particular, ambas em São Paulo-SP. Foram indagadas sobre a utilização de histórias infantis em sua rotina de trabalho. As professoras foram unânimes ao responder que percebiam a importância das histórias no desenvolvimento de seus alunos em vários aspectos: no desenvolvimento da linguagem, na expressão corporal, no ouvir, na oralidade, na espontaneidade, na facilidade futura na produção de textos, na organização do pensamento, na ampliação de vocabulário, na afetividade, nas relações com os colegas, na imaginação e concentração. Além disso, constatou-se que as crianças ficam mais calmas e concentradas e, quando gostam da história, brincam e comentam.

Isso confirma a importância das histórias infantis em sua função pedagógica, mas elas são também primordiais em sua função terapêutica.

Brenman (2005) cita o trabalho da Biblioteca Viva em Hospitais (2001) atribuindo a ela uma função humanizadora, uma vez que se constatou que as crianças, após ouvirem histórias, passam a falar mais de si mesmas. Apesar de não curar, as histórias têm efeitos positivos sobre aspectos emocionais das crianças, conferindo-lhes um aspecto terapêutico.

Comparando essa experiência nos hospitais com a escola, concordo com Brenman quando sugere que a leitura seja oferecida aos alunos de forma livre, com/por puro prazer. Pelo prazer e pelo acolhimento que a história proporciona, o aluno terá estímulos para aprender, enfrentar suas dificuldades e desenvolver o gosto pela leitura.

Rubem Alves compartilha da ideia de que o prazer oferece estímulo à leitura, favorecendo a aprendizagem.

Ele faz a distinção entre o significado da palavra "estórias" (extinta do dicionário) e da palavra "histórias".[3] Diz que as estórias são inventadas e, por isso, servem como alimento não do real, mas da imaginação. Afirma: "A história acontece no tempo que aconteceu e não acontece mais. A estória mora no tempo que não aconteceu para que aconteça sempre".

Em uma palestra sobre a educação[4], Rubem Alves distingue a sapiência e a ciência. Diz: "A sapiência é um saber saboroso. Faz parte de ver o

---

[3] Fonte: Livraria Cultura, disponível em <www.livrariacultura.com.br.> Acesso em 5/4/2007.

[4] Palestra proferida por Rubem Alves (2007) no II Simpósio de Educação – Paulus, na FAPCOM, em São Paulo, em 27/9/2007.

mundo como objeto de degustação. O sábio saboreia enquanto o cientista comprova. O sábio transmite sua sabedoria com gosto, alegria, enquanto o cientista não dá razões para viver. O sábio ensina coisas do amor, enquanto o cientista, do poder. Enquanto para ser cientista deve-se estudar muito, para ser sábio é necessário sentir, saborear o mundo".

Rubem Alves defende que a educação deveria ser pensada e ensinada com sabedoria, para que as crianças tivessem gosto e razões para aprender. Afirma que é preciso esquecer o que se sabe para voltar a saber o que já sabia. *Reinventar*!

Falando sobre a leitura, citou Roland Barthes, que diz:

> A pressa é fatal para o gozo da leitura. Deve-se ler com prazer, saboreando. A educação só pode acontecer no espaço do gozo, no espaço do prazer. A criança vai para a escola para aprender a entender a vida. Por isso, é necessário que haja o esquecimento para que possa haver a transformação – para dar lugar ao novo. Para ensinar e aprender é necessário fazer uma desarticulação e esquecer o que se sabe. Não se aprende os detalhes, somente a totalidade, a partir da experiência de saborear o mundo.

Rubem Alves defende a ideia de que a criança, desde a mais tenra idade, faz exercício intelectual, faz mapas virtuais para poder se virar em seu meio ambiente. Ela aprende em torno dos novos desafios e das diferenças que a vida lhe apresenta. Aprende a sobreviver!

Em relação à leitura, ele reforça a necessidade de se deixar a criança ler com prazer, por deleite e nunca por obrigação; para se deixar levar pela história e não para preencher fichas de leitura com aqueles exercícios de compreensão para verificar se ela entendeu ou não a história. Afirma que não há certo ou errado. Afinal, cada história fará um sentido diferente para cada um.

Em vez de generalizar, o educador deveria estimular a criança a penetrar em sua fantasia. Se quiser propor alguma tarefa, que esta seja, por exemplo... "desenhar livremente sobre a história, recontá-la a seu próprio modo, poder entrar na brincadeira do faz de conta..."

Rubem Alves, em seu texto,[5] escreve:

> Leitura prazerosa, em seu entender, é a que se faz de forma antropofágica, compartilhando vivências e sensações, comungando com o autor. Nada como o faro para reconhecer quando isso é possível. É preciso fazer como um cachorro. Um cachorro nunca abocanha um pedaço de carne de uma vez. Ele primeiro cheira, testa para ver se a coisa é boa... Se a comida é ruim, a gente deixa no prato. Depois – e digo isso em especial para professores – é preciso que se leia por pura vagabundagem, sem ter pela frente testes de compreensão a serem respondidos. Está no Manifesto Antropofágico: "A alegria é a prova dos nove". Essa é a marca da leitura!

A leitura vai ter para cada criança um sentido diferente, de acordo com sua vida e seu mundo.

Rubem Alves[6] afirma: "A literatura desenvolve nossa capacidade de imaginar e propicia experiências emocionais que não poderíamos ter no cotidiano. Sempre que nos identificamos com um personagem, sentimos o que ele sente: tristeza, saudade, esperança, raiva, amor". Observa ainda que "muitas pessoas encontram sentido para sua vida lendo um livro".

É a viagem por mundos desconhecidos que a leitura propicia que dá sentido ao mundo em que vivemos, pois possibilita vê-lo de outra forma.

Rubem Alves lembra: "A convivência com a literatura deve ser sempre prazerosa. Assim, do prazer vem o gosto, e do gosto, o hábito".

Ilan Brenman (2005) afirma:

> Dentro da sala de aula, a criança poderá desabrochar para o mundo dos significados ou ficar apenas na superfície plana das palavras. Grande parte desse processo dependerá de como o professor apresentará a leitura e a literatura a seus alunos. Caso a aprendizagem da leitura se vincule a processos prazerosos, relacionados com a vida real e imaginária do aluno, o esforço exigido em sua aprendizagem terá algum sentido, já que levará ao sujeito um canal inesgotável de informação, conhecimento, divertimento, crescimento etc. (p. 64).

O autor refere-se ao escritor Ziraldo, que, durante uma palestra, propôs que a 1ª série do Ensino Fundamental deveria ser apenas um encontro dos

---

[5] Fonte: Livraria Cultura, disponível em <www.livrariacultura.com.br>. Acesso em 05/4/2007.
[6] Idem.

2. Visitando alguns autores – o que eles dizem sobre

alunos com os diversos livros, mediado pelos educadores, que leriam em voz alta essa rica herança cultural chamada literatura.

Acrescenta, ainda: "A leitura em voz alta, feita de modo desejante, com histórias densas de significados, aproximam as crianças do mundo das letras, demonstrando maior disponibilidade para a aprendizagem da leitura". E comenta: "Muitas vezes, na sala de aula, as crianças veem-se frente a textos vazios de significação, muitas vezes objetivando apenas a decodificação e o reconhecimento das palavras" (Brenman, 2005).

Refere-se à Emília Ferreiro (2001), que defende uma concepção de aprendizagem da leitura ligada à magia.

> A criança descobre que pode se deliciar com essa característica do texto ao ouvir pela primeira vez uma história lida e experimentar prazer, medo, tristeza, alegria; poderá buscar novamente tais sensações; inicialmente, pedindo que contem novamente as mesmas histórias, e, posteriormente, descobrindo que, ao aprender a ler, poderá quantas vezes quiser buscar aquelas emoções solitariamente (Brenman, 2005, p. 69).

Concorda com Rubem Alves quando afirma: "O aprendizado é uma atividade trabalhosa, mas antes de tudo teria que ser saborosa" (op. cit., p. 68).

Em muitas escolas, não é raro observarmos o professor oferecer, como forma de castigo ao aluno indisciplinado, uma visita à biblioteca para que faça uma pesquisa ou que fique quieto, lendo. Brenman (2005) condena tal atitude justificando que, dessa maneira, acaba-se por distorcer todo o encanto e o prazer, além da magia que o aluno deveria/poderia encontrar na leitura.

A escola acaba "estrangulando"[7] as palavras, ao priorizar as regras ortográficas e gramaticais, além dos *fichamentos* das leituras. Observa-se, com isso, que o prazer contido na leitura de um texto/história acaba por não fazer parte da proposta pedagógica. O prazer da leitura não tem como ser avaliado, por ser subjetivo[8].

Machado (2004) enfatiza a importância de não burocratizar a contação de histórias. Alerta para o fato de evitar pedir para que a criança reconte a história depois de ouvi-la, fazer os fichamentos de leitura, encontrar a moral da história,

---

[7] Palavra utilizada por Brenman, 2005, p. 116.

[8] Essas ideias são comuns a Ziraldo (em palestra citada por Brenman (2005) e entrevista no Programa do Jô, na Rede Globo, em 24/05/2007); a Rubem Alves (2007) e a Brenman (2005).

encontrar o personagem principal... Essa autora reforça a necessidade de se deixar a criança sentir e digerir os sentimentos e emoções provocados pela história.

Apesar da questão da leitura ser pensada nos Parâmetros Curriculares Nacionais (1997) como algo que não é simplesmente decodificar e converter letras em sons, Zilberman (1999), citada por Brenman (2005), afirma que a escola tem interpretado essa tarefa de modo mecânico e estático.

Kollross (2003) sugere que:

> Exista, nas escolas, um projeto pedagógico de relevância que forneça condições concretas de trabalho, bons livros de literatura, biblioteca organizada, espaço para leitura em grupos, estímulo ao empréstimo de livros, obras teóricas que possam embasar a prática docente, formação continuada, participação dos professores em cursos voltados à literatura.

Afirma que o professor carece de formação para trabalhar a literatura infantil de forma prazerosa e não conteudística (*op. cit.*).

O professor poderia oferecer a oportunidade de descoberta do livro a seu aluno através da leitura de obras de literatura, em voz alta, porém, em total gratuidade (Brenman, 2005).

Esse autor reforça o valor da leitura em voz alta, explicando que essa forma favorece que o ouvinte entre na narrativa, proporcionando-lhe prazer.

O estímulo à leitura pode ocorrer a partir do contato com histórias desde a mais tenra idade, quando a criança encontra nelas uma maneira de viajar em aventuras fantásticas e viver em outro mundo, encontrando o prazer e associando-o aos livros. E isso permanece ao longo da vida.

Ouvir histórias e sentir prazer com elas também pode promover uma atitude positiva em relação à escuta, que vem sendo atropelada pela vida moderna.

Estamos condicionados a uma vida corrida que compromete inclusive a comunicação e o contato entre as pessoas. A comunicação eletrônica, atualmente utilizada em todas as idades, muitas vezes, ocupa o lugar da comunicação telefônica, o que se dirá, então, do contato pessoal, que parece ficar cada vez mais raro – com isso, passamos a observar a pouca disponibilidade para a escuta.

Brenman (2005) afirma que ouvir histórias estimula a capacidade de escutar. É um momento em que se para para entrar em outro mundo – o mundo da imaginação, que é atemporal.

No entanto, na escola, as escolhas dos livros se dão em função de temas relacionados ao trabalho pedagógico em sala de aula, como complemento de atividades ou projetos.

A literatura infantil pode ser um recurso positivo que motiva a criança a se abrir para a aprendizagem.

Radino (2003) estudou a utilização dos contos de fadas no processo de aprendizagem. Afirma que a aquisição do conhecimento será possível se a criança tiver a oportunidade de expressar suas angústias e integrá-las a seu mundo interno. E os contos, com seus enredos repletos de elementos mágicos, oferecem inúmeros estímulos à imaginação infantil, expondo a criança a todas as dificuldades fundamentais do ser humano. Enfatiza que o ato de ouvir histórias auxilia a criança em seu processo de alfabetização, pois aguça sua capacidade de imaginar a situação apresentada (o que evoca a palavra presente e presentificada), aprende a memorizar seu enredo, tornando-o um importante instrumento pedagógico, auxiliando em seu processo de alfabetização.

Radino (2003) afirma: "A criança poderá ler melhor quando tiver o hábito de imaginar o que lê" (p. 119).

Bettelheim (2002) aponta que a criança que gosta muito de ouvir histórias, que vivencia a fantasia como mágica e brincadeira, desejará aprender a ler para poder ter acesso a essa fantasia quando não tiver um adulto por perto. É o que Brenman (2003) observou ao contar histórias, deixando o livro na escola, dando acesso ao ouvinte para poder entrar em contato com as emoções vividas quando desejasse. Esse é um grande estímulo para a alfabetização.

Brenman (2003) e Bettelheim (2002) partilham da ideia de que a aquisição de habilidades, inclusive a de leitura, fica destituída de valor quando o que se lê não acrescenta nada de importante à vida.

Rubem Alves,[9] Radino (2003) e Brenman (2005) concordam com o fato de que, ao ouvir histórias pelo próprio prazer, as crianças concentram-se, aprendem a cultivar uma atitude de respeito.

Nas Escolas Waldorf, observa-se a prática de utilização sistemática dos contos de fadas. Nessas escolas, contar histórias para os alunos nas salas de aula "é uma práxis que tem como objetivo despertar a consci-

---

[9] Palestra já mencionada.

ência e possibilitar paradigmas de comportamento" (Passerini, 1998, p. 101).

Nessas escolas, as histórias diárias têm a finalidade de oferecer às crianças valores normativos. A narração de contos de fadas inicia-se aos três anos de idade e prossegue até os sete e nove anos (quando se iniciam, paralelamente aos contos de fadas, as narrativas mais longas e mais elaboradas). As narrativas têm como objetivo ensinar a criança, por meio da imaginação, de maneira lenta e progressiva, a representar imagens conceituais. O ambiente promove um momento único de comunicação e confiança, na relação professor-aluno (*op. cit.*).

O tema da morte aparece nos livros infantis: nas fábulas e nos contos de fadas universalmente conhecidos. Servem, portanto, como possíveis recursos para se trabalhar as várias mortes na formação da criança.

Gutfreind (2005) afirma que a literatura infantil circula pelos medos, o que pode ser uma maneira de enfrentá-los, e, ao dominar os medos, a criança fica desinibida, brinca, trabalha, imagina, vive, tornando-se mais livre para a vida e para o mundo.

Gutfreind (2004) afirma que os contos são instrumentos que ajudam a criança a pensar, a digerir suas manifestações mais arcaicas. Simbolizar é importante para o desenvolvimento psíquico da criança. Com os contos, a criança obtém benefícios em sua capacidade de verbalização, manifestada pela capacidade de contar e de contar-se além de perguntar.

Pode-se perceber com isso que os contos têm uma importante função terapêutica, calcada na dimensão lúdica, muito importante nos trabalhos tanto na área da saúde como da educação.

> Os contos de fadas nos falam da vida e da morte, de ciclos que se iniciam e se fecham, da dificuldade de ser criança ou jovem, de como temos que provar nossa capacidade a cada instante, para nos afirmarmos como pessoa – o que acontecerá quando nossa identidade for alcançada – após um período de buscas, que envolve sofrimentos até se encontrar, através de magias e encantamentos, a felicidade (Abramovich, 1999, p. 137).

Ler/ouvir sobre a morte pode trazer uma sensação de tristeza, de algo que dói e faz sofrer, de um universo, algumas vezes, desconhecido. No entanto, muitas vezes as crianças leem ou pedem para ouvir a mesma história repetidas vezes, na tentativa de enfrentar situações difíceis – e, até mesmo, superá-las (Bettelheim, 2002; Pavoni, 1989).

A literatura infantil também tem uma função humanizadora e terapêutica. Existem vários estudos internacionais que falam sobre a utilização de livros para crianças e adolescentes, tratando da morte, perdas e luto, sob vários aspectos, oferecendo orientação sobre como explicar a morte para as crianças levando-se em consideração as suas concepções sobre o tema. Esboçam um programa de educação para a morte que incorpora o desenvolvimento e os princípios teóricos acerca do processo de luto da criança (Aspinall, 1996; Corr, 2003-2004b).

Seibert e Drolet (1993) afirmam que a literatura infantil fornece uma ferramenta apropriada dirigida a conceitos sobre a educação relacionada à morte. Realizaram um estudo no qual examinaram como a morte está presente na literatura infantil direcionada à faixa etária compreendida entre três e oito anos, em 65 livros avaliados. Os resultados mostraram que o livro infantil é um importante instrumento para falar de morte com as crianças. No estudo, os temas relacionados à morte se apresentaram de maneira positiva e realística, mostrando-se pertinentes para um desenvolvimento saudável. Por isso, a literatura infantil é recomendada como uma ferramenta para a educação sobre a morte.

É importante ficar atento às reações das crianças quando se lida com histórias que tratam de temas difíceis, como é o caso da morte, das perdas... Elas podem apresentar reações verbais, não verbais e comportamentais.

Sunderland (2005) fez um estudo bastante interessante sobre *Histórias Terapêuticas*, no qual afirma: "Ajudar a criança a refletir sobre seus sentimentos problemáticos por meio da história é impedir que esses sentimentos se avolumem e se transformem numa terrível confusão interior" (pp. 11-12). Diz ainda que, quando a criança fala de seus sentimentos, ela se abre e se entrega e, por isso, torna-se vulnerável. É muito importante estar atento, não julgar e não tentar reprimir os sentimentos da criança, mudando de assunto. Essa atitude poderá torná-la resistente a compartilhar seus sentimentos em outras situações, fazendo com que fique numa posição defensiva e achando que a sinceridade e a coragem de ser vulnerável são um engano.

Essa mesma autora fala sobre a maneira particular que a criança possui de expressar seus sentimentos. Ela costuma fazê-lo de forma não verbal, não utilizando a linguagem cotidiana. Comunica-se através de imagens ou de metáforas, o que, muitas vezes, dificulta a compreensão do adulto – não habituado a esse tipo de linguagem. Dessa forma, muitas vezes, sente-se sozinha em suas angústias, pois não recebe a ajuda necessária.

Como já foi dito, a história é um ótimo recurso para a comunicação com a criança e para se trabalhar com conflitos emocionais. O *mundo mágico*, que os livros apresentam, trazendo esperança e mecanismos mais saudáveis e criativos para enfrentar o problema, oferece à criança outros modos de pensar sobre seus sentimentos difíceis, permitindo uma nova maneira de ver a situação, de conhecê-la ou de se relacionar. Sunderland (2005) sugere a utilização da história terapêutica esclarecendo que, dessa maneira, a criança pode entender e sentir com maior clareza, trazendo esperança. Além disso, oferece o tempo para que a criança reflita, servindo de apoio emocional para ela.

Sunderland (2005) afirma: "As crianças precisam desesperadamente de educação emocional e, até que isso seja formalizado de algum modo em todos os currículos escolares, esperamos que a história terapêutica possa, em parte, oferecer essa educação" (p. 32).

Como sugestão de trabalho com histórias terapêuticas, Sunderland (2005) esclarece os seguintes pontos:

– Devem-se oferecer histórias para as crianças quando ela estiver aberta e receptiva, não distraída ou com vontade de estar em outro lugar ou fazendo outras coisas. A hora de dormir é um bom momento.

– Na sala de aula deve-se ter um lugar especial só para contar histórias.

– É preciso ficar atento ao momento em que a criança quer demorar-se mais numa gravura ou parte da história. Quando ela quer que a história seja lida muitas vezes, é bom sinal: significa que está pensando na mensagem, apropriando-se da história, acrescentando significados relativos sua situação e à sua vida.

– Não se deve sair da metáfora depois de ler a história, a não ser que a criança o faça.

– É preciso escolher histórias que falem diretamente à criança sobre as questões emocionais que ela está enfrentando e também sobre a estratégia usada para enfrentá-las.

Sobre o ato de contar histórias, Machado (2004) diz que não somos nós que ensinamos algo à criança, é a própria história quem ensina. Somos apenas o veículo. Por isso, o segredo está na intenção de fazer da história uma verdade, ou seja, colocar-se por inteiro dentro dela. Sabendo o que se pretende ao contar uma história, essa intenção se transparecerá durante a ação narrativa. Para tanto, é necessário estar "inteiro" quando se propõe contar uma história. É necessário que haja empatia por esta tarefa. É preciso sentir e digerir os sentimentos que a história provoca.

Abramovich (1999) afirma que "cada elemento dos contos de fadas tem um papel significativo, importantíssimo e, se for retirado, suprimido ou atenuado, vai impedir que a criança compreenda integralmente o conto" (p. 121).

> Se o adulto não tiver condições emocionais para contar a história inteira, com todos os seus elementos, suas facetas de crueldade, de angústia (que fazem parte da vida, senão não fariam parte do repertório popular...) então é melhor dar outro livro para a criança ler... Ou esperar o momento em que ela queira ou necessite dele e que o adulto esteja preparado para contá-lo. De qualquer modo, ou se respeita a integridade, a inteireza, a totalidade da narrativa, ou se muda de história... (e isso vale, aliás, como conduta para qualquer obra literária, produzida em qualquer época, por qualquer autor... Mutilar a obra alheia, acho que é um dos poucos pecados indesculpáveis...) (*op. cit.*, p. 121).

Para melhor executar essa tarefa, contamos com a biblioterapia, que pode auxiliar-nos na utilização de livros infantis como modo de intervenção.

5. Biblioterapia

Embora se estude a morte, perdas e luto há mais tempo, as referências bibliográficas que tratam de como trabalhar essas questões com crianças por meio da literatura infantil, em geral, não são antigas.

Ao iniciar o doutorado, em 2003, encontrei pouca literatura específica sobre trabalhos relacionados à utilização de livros infantis em situações de morte e luto. Os trabalhos relativos à literatura infantil mais divulgados referiam-se aos contos de fadas, que não se configuravam no momento como meu objeto de estudo.

Em 2005-2006, voltando a pesquisar literatura a respeito da utilização de livros como recurso terapêutico, encontrei vários artigos em um periódico especializado nas questões sobre a morte e o morrer: *Omega – Journal of Death and Dying*. Esse periódico dedicou o volume 48, n. 4 (2003-2004), a esse tema. Nele encontrei o termo *Bibliotherapy*. A partir daí, comecei a procurar referências bibliográficas internacionais e nacionais a respeito.

Nos textos internacionais, a biblioterapia está associada a trabalhos com pessoas enlutadas, principalmente crianças. Algumas dessas referências traziam títulos de livros infantis que abordam o assunto morte, como, por exemplo, os livros *História de uma folha* (de L. Buscaglia) e *Tempos de vida* (de B. Mellonie e R. Ingpen), que são considerados clássicos no tema e foram traduzidos para o português em 1982 e 1997, respectivamente.

Nos artigos nacionais, encontrei pouco material sobre biblioterapia, desenvolvidos por profissionais de biblioteconomia.

Como considero a proposta da biblioterapia pertinente e semelhante em alguns aspectos àquilo que me proponho desenvolver, dediquei um capítulo ao tema.

Origem da palavra

Caldin (2001), Seitz (2000) e Walker (1986) afirmam que essa palavra se origina do grego:
Biblion: todo tipo de material bibliográfico ou de leitura.
Therapein: tratamento, cura ou restabelecimento.

Histórico

A biblioterapia existe desde a Antiguidade. Inicialmente, as histórias eram lidas para entreter crianças, jovens e adolescentes, procurando ocupar seu tempo ocioso, até que o uso foi identificado como um procedimento terapêutico, passando, então, a ser utilizado em prisões, hospitais e manicômios.

Em várias culturas e em épocas distintas a leitura tem sido instrumento de auxílio no cuidado à saúde.

Podem ser citados inúmeros exemplos:

– O uso da leitura com objetivo terapêutico existe desde o antigo Egito. No tempo do faraó Rammsés II, que colocou na frente de sua biblioteca a seguinte frase: *Remédios para alma,* as bibliotecas egípcias se localizavam em templos denominados *casas de vida* e eram identificadas como locais de conhecimento e espiritualidade.

– Entre gregos e romanos, na Idade Média, encontra-se a indicação de que a leitura era vista como atividade que possibilitava, além do desenvolvimento cultural e a formação do cidadão, desempenhar o papel terapêutico.

– No Oriente, na cultura muçulmana, mais particularmente no Hospital Al Mansur (1272), recomendava-se a leitura de trechos específicos do Alcorão como parte do tratamento médico.

A leitura foi indicada no tratamento para doentes mentais, em 1802, por Benjamin Rush (EUA). Em 1810, recomendou a biblioterapia como apoio à psicoterapia para pessoas portadoras de conflitos internos, depressão, medos ou fobias e também para idosos. Mas somente no século XX, a partir da década de 1930, a biblioterapia passou a ser vista como um campo de pesquisa, ser valorizada como ciência e não só como arte. Dessa maneira a biblioterapia ganhou mais status, sendo considerada campo de pesquisa e de atuação profissional, no âmbito clínico e educacional (Ferreira, 2003; Pardini, 2002; Ribeiro, 2006; Seitz, 2000; Witter, 2004).

A partir de 1904, a biblioterapia passou a ser considerada um ramo da biblioteconomia. Os bibliotecários a assumiram como atividade recreacional e ocupacional, o que antes era atividade terapêutica exercida por médicos americanos no tratamento de seus pacientes. Recebeu um grande impulso durante a Primeira Guerra Mundial e até hoje ainda se discute sua aplicação por bibliotecários (Pardini, 2002; Pereira, 1996; Seitz, 2000).

Como proposta terapêutica, profissionais de saúde mental têm confiado nas histórias para ajudar na promoção de pensamentos reflexivos dos pacientes (Heath; Sheen; Leavy; Young & Money, 2005).

Ratton (1975), citado por Seitz (2000), afirma que o livro é capaz de proporcionar uma série de benefícios, incluindo aumento da autoestima, desenvolvimento de atitudes sociais desejáveis, escolha de valores facilitados pela identificação com personagens adequados e estímulo para a criatividade.

O primeiro dicionário que mencionou o termo biblioterapia foi o *Dorland's Ilustred Medical Dictionary,* em 1941, definindo-o como o "emprego de livros e a leitura deles no tratamento de doença nervosa".

Nas décadas de 1940-1960 foram produzidos muitos estudos e publicações a respeito. Em 1961, o *Webster's Third International Dictionary* definiu a biblioterapia como "o uso de material de leitura selecionado, como adjuvante terapêutico em Medicina e Psicologia e guia na solução de problemas pessoais por meio da leitura dirigida" (Seitz, 2000).

Em 1949, em forma de tese de doutorado – "Biblioterapia: um estudo teórico e clínico" –, Caroline Shrodes lançou as bases atuais da biblioterapia. Por isso, é referenciada entre os autores que tratam do tema. Definiu biblioterapia como a prescrição de materiais de leitura que auxiliam o desenvolvimento da maturidade e que nutrem e mantêm a saúde mental. Incluiu na biblioterapia publicações como: romances, poesias, peças teatrais, filosofia, ética, religião, arte, história e livros científicos (Caldin, 2001; Seitz, 2000).

Na década de 1970, muitos avanços deram origem ao desenvolvimento da biblioterapia como um campo a ser explorado por médicos, psicólogos, bibliotecários, educadores e outros profissionais.

Witter (2004) informa que, inicialmente, encontrava-se o enfoque médico ao definir a biblioterapia como um tratamento para problemas de saúde física e mental. No dicionário Michaellis (1998) o termo biblioterapia aparece como termo médico e indica "o emprego de leituras selecionadas como adjuvantes terapêuticos no tratamento de doenças nervosas", ignorando o enfoque educacional destacado por Hynes (1987), que vê na biblioterapia a possibilidade de sua utilização no desenvolvimento pessoal. No dicionário Houaiss, Villar e Franco (2001) o termo é apresentado como oriundo da Psicologia e significa *o emprego de livros e de leituras no tratamento de distúrbios nervosos,* mantendo o enfoque clínico sem mencionar sua aplicabilidade para o desenvolvimento pessoal ou na educação.

Afirma: "Infelizmente, por falta de pessoal capacitado, ela (a biblioterapia) é ainda pouco difundida a despeito de seu alto potencial para prevenir e resolver problemas psicossociais, além de ser uma opção muito econômica" (Witter, 2004, p. 184).

Pereira (1987), citada por Seitz (2000), refere-se ao Dr. Karl C. Menninger como um dos primeiros médicos a citar os benefícios da biblioterapia. Segundo ele, a biblioterapia pode levar o leitor a:

– Identificar-se com o caráter e/ou experiência apresentados no livro, que poderá resultar numa ab-reação;
– Proporcionar alívio pelo reconhecimento de que outros têm problemas similares;
– Fazer projeção de suas características pessoais nos personagens.

Acrescenta ainda: "Quando um leitor é estimulado a comparar suas ideias e seus valores com os dos outros, poderá resultar em mudanças de atitude" (Seitz, 2000, p. 24).

A biblioterapia vem sendo pesquisada em presídios, hospitais, com idosos e com pessoas deficientes, mostrando-se eficiente para o aumento do equilíbrio psicológico de pessoas institucionalizadas (Seitz, 2000).

São várias as definições encontradas para biblioterapia, mas todas direcionadas ao aspecto emocional do indivíduo:

> A biblioterapia desenvolveu-se, principalmente, em ambientes hospitalares e clínicas de saúde mental. Sua aplicação se deu quase sempre de forma corretiva e voltada para aspectos clínicos de cura e recuperação de indivíduos com graves distúrbios emocionais e comportamentais (Seitz, 2000, p. 20).

Para Marcinko (1989), citado por Ferreira (2003), a biblioterapia pode ser aplicada num processo de desenvolvimento pessoal e também num processo clínico de cura. Tem como objetivo promover a integração de sentimentos e pensamentos a fim de promover autoafirmação, autoconhecimento ou reabilitação.

A biblioterapia consiste no compartilhamento de livros ou histórias com a intenção de ajudar um indivíduo ou grupo a obter um discernimento sobre problemas pessoais. Quando usada de maneira apropriada, pode-se obter cura e crescimento emocional (Heath et al., 2005).

A biblioterapia é vista como um processo interativo. É uma técnica que se utiliza da leitura e outras atividades lúdicas como coadjuvantes no tratamento de pessoas acometidas por doenças físicas ou mentais. É aplicada na educação, na saúde e na reabilitação de indivíduos em diversas faixas etárias. As histórias podem levar a mudanças, pois ajudam as crianças a enxergar outras perspectivas e a distinguir opções de pensamentos, sentimentos e comportamentos, dando oportunidades de discernimento e entendimento de novos caminhos saudáveis para enfrentar dificuldades (Caldin, 2001, 2002, 2004, 2005; Ferreira, 2003; Heath et al., 2005; Lucas, Caldin e Silva, 2006; Pardini, 2002; Ribeiro, 2006; Seitz, 2000; Witter, 2004).

Segundo Witter (2004), a biblioterapia pode ser aplicada em dois contextos distintos:

– Educacional ou de Desenvolvimento: ocorre por meio de um trabalho sistemático de leituras que visa a promover o desenvolvimento pessoal nos mais variados aspectos, como: o conhecimento de si mesmo, o desenvolvimento de competências e habilidades específicas (cidadania, cognição, memória, afetividade etc.). Apresenta, portanto, um caráter preventivo;
– Clínica: tem por meta usar técnicas associadas à leitura para resolver problemas biopsicossociais.

Ambas as aplicações são bastante antigas, mas só recentemente adquiriram o formato atual, com objetivo e tecnologias específicas (*op. cit.*).

Caldin (2001), baseando seus estudos na tese de Caroline Shrodes, definiu biblioterapia como "leitura dirigida e discussão em grupo que favorecem a interação entre as pessoas, levando-as a expressar seus sentimentos: receios, angústias e anseios". Dessa forma, o homem não está mais solitário para resolver seus problemas; ele os partilha com seus semelhantes em uma troca de experiências e valores.

A biblioterapia desenvolveu-se basicamente em hospitais, voltada para os aspectos clínicos de cura e restabelecimento de pessoas com profundos distúrbios emocionais e de comportamento. O caráter preventivo da biblioterapia foi descoberto mais tarde, com aplicabilidade em escolas, bibliotecas e centros comunitários, com crianças, adolescentes e jovens (Caldin, 2001, 2002, 2004, 2005; Ferreira, 2003; Heath et al., 2005; Pardini, 2002; Ribeiro, 2006; Seitz, 2000; Witter, 2004).

Objetivos e campos de atuação

Katz (1992), citado por Seitz (2000), aponta como objetivos da biblioterapia os seguintes itens:

– Ampliar a compreensão intelectual e conhecimento de um problema ou diagnóstico;
– Incrementar habilidades sociais e reforçar comportamento aceitável, além de corrigir ou eliminar comportamento nocivo ou confuso;
– Dar orientação espiritual ou inspirativa;
– Desenvolver senso de pertencimento, que pode ajudar o paciente a se sentir melhor emocionalmente;
– Explorar metas e valores pessoais;
– Proporcionar oportunidade para catarse e *abreaction* (descarga emocional intensa).

A biblioterapia, que no início era voltada para hospitais psiquiátricos, passou a ter aplicação em outros tipos de instituição. Apresenta diferentes campos de atuação: correcional, educativo, médico, psiquiátrico e com idosos.

A biblioterapia provoca diminuição da ansiedade, despertando novos interesses, canalizando a agressão para ações aceitas pela sociedade. Contribui para verbalização dos problemas, aumento da autoestima, sociabilização, diminuindo a solidão. Na saúde, pode ser utilizada com grupos de pessoas com problemas emocionais ou comportamentais, com o objetivo de alcançar mudança de comportamento. A leitura pode ser utilizada na profilaxia, reabilitação e terapia propriamente dita. Na educação, a biblioterapia pode ser utilizada no apoio em crises de adolescentes e crianças com problemas especiais, como morte, separação, conflitos entre amigos, crianças em creches e hospitais... (Seitz, 2000).

Walker (1986) afirma que ler é um caminho para intensificar emoções. Por meio da identificação com características dos personagens e situações contidas na história, os leitores diminuem o sentimento de solidão.

Alguns autores contemplam a biblioterapia como um processo no qual a literatura é utilizada para ajudar o enfrentamento de enlutados, com experiência de morte e outras perdas, tanto com crianças, adultos e/ou famílias (Berns, 2003-2004; Heath et al., 2005).

É importante destacar que as histórias promovem uma oportunidade de compreender habilidades de enfrentamento em um ambiente familiar e de cura. No entanto, não deve ser considerada ferramenta única de intervenção.

A biblioterapia pode ser aplicada em diversas áreas:

No contexto escolar: O psicólogo escolar criativo pode utilizar a biblioterapia em sua sessão de aconselhamento, ampliando, assim, sua influência para desenvolver habilidades de enfrentamento difícil e de resistência emocional para encarar dificuldades pessoais e ajudar na superação de necessidades emocionais.

No processo de hospitalização: A biblioterapia pode tornar a hospitalização menos agressiva e dolorosa, ajudando o paciente a verbalizar seus problemas, quando por medo, vergonha ou culpa, tem dificuldade de fazê-lo. Pode ser um elo com o mundo exterior, principalmente no caso de internações prolongadas (com a leitura de jornais e revistas atuais). A leitura proporciona tranquilidade e prazer, reduzindo o medo, a ansiedade, a monotonia, a angústia inerentes à hospitalização e ao processo de doença.

No processo de sociabilização: A biblioterapia auxilia no compartilhamento, com outras pessoas, de questões levantadas pela leitura, assim como na identificação de outras pessoas com problemas semelhantes (ou piores), contribuindo para o enfrentamento dos problemas, diminuindo o isolamento e a solidão. Entre outras coisas, a biblioterapia promove bem-estar (Seitz, 2000; Heath et al., 2005).

O processo de biblioterapia

Ferreira (2003) salienta que alguns aspectos da biblioterapia têm semelhança com os utilizados na Psicologia Clínica e Educacional, podendo ser utilizada nos dois contextos.

A biblioterapia é um processo que abrange quatro estágios. O primeiro estágio é o *envolvimento* com a trama e/ou com o personagem da história, promovendo a *identificação* (segundo estágio). Ao identificar-se, o leitor/ouvinte pode reconhecer e vivenciar de forma vicária seus sentimentos característicos. Os problemas resolvidos com sucesso farão com que o indivíduo realize uma tensão emocional associada a seus próprios problemas, atingindo a *catarse* (terceiro estágio). O quarto estágio é o *insight*, que leva o leitor/ouvinte a aplicar o que aconteceu na história a sua vida pessoal. A semelhança do problema leva à aproximação, ao torná-lo acessível, atingindo o estágio final do processo, a *universalidade*, quando se podem compreender outros problemas similares (Ferreira, 2003; Heath et al., 2005).

2. Visitando alguns autores – o que eles dizem sobre

Berns (2003-2004) afirma que há quatro aspectos essenciais no sucesso do processo de biblioterapia: a identificação do problema a ser tratado; a seleção criteriosa do material a ser utilizado; a apresentação e definição da duração do processo e dos materiais; o *follow-up*, isto é, o acompanhamento através da exploração emocional dos materiais, e o compartilhamento das experiências que validam todo o trabalho.

Sobre a eficácia do processo de biblioterapia, esse autor considera três etapas: identificação, catarse e *insight*, afirmando oferecer, com isso, a oportunidade de superação que advém de reviver, expressar e partilhar experiências no grupo.

Para a realização da biblioterapia, Witter (2004) sugere as seguintes etapas:

– Definição dos objetivos da biblioterapia;
– Caracterização do sujeito enquanto leitor (paciente, participante, aluno etc.);
– Caracterização do sujeito como alvo da biblioterapia;
– Definição do objetivo ou meta;
– Seleção de textos;
– Seleção de procedimentos e estratégias;
– Aplicação de estratégias;
– Avaliação;
– Redefinição de metas ou fechamento.

O trabalho interdisciplinar é uma recomendação no contexto da biblioterapia (Witter, 2004).

Ferreira (2003) aponta para uma questão muito importante que diz respeito às elaborações e reelaborações do texto lido/ouvido, ao ser assimilado, promovendo um novo conhecimento e percepção da realidade exterior, ao provocar modificações de valores, atitudes e comportamentos.

Ao ler um texto, a pessoa constrói outro paralelo, intimamente ligado às suas experiências e vivências pessoais, o que o torna diferente para cada leitor. Dessa maneira, conceitos podem ser transmitidos, mas significados são pessoais e intransferíveis.

Seitz (2000) afirma que:

Quando o paciente lê, cria um universo independente, como se mergulhasse em um mundo novo de aventuras e fantasias. Essa viagem provoca um desligamento dos problemas, das angústias, do medo e das incertezas, proporcionando um alívio das tensões emocionais, contribuindo para o bem-estar mental do paciente (p. 66-67).

Berns (2003-2004) define a biblioterapia como a utilização de qualquer tipo de leitura, por um adulto treinado, com o objetivo de aliviar, minimizar reações de sofrimento de uma criança, causadas por perda, para dar suporte no enfrentamento, reduzir sentimento de solidão e reforçar a criatividade e a capacidade de solucionar problemas. Afirma que, por meio da biblioterapia, a criança pode ser ajudada a ganhar distanciamento de sua própria dor e expressar seus sentimentos, ideias e pensamentos; identificar diferenças e semelhanças em relação aos personagens da história; ter percepção mais aguçada de sua própria situação de vida e desenvolver uma forma de pensar criativa e crítica; além de diminuir a sensação de ser o único a se sentir daquele modo, validando seus pensamentos e sentimentos e desenvolvendo empatia com outros quando a biblioterapia é aplicada de forma grupal.

Selecionando histórias

A biblioterapia é apropriada para construir habilidades de enfrentamento e oferecer esperança e suporte. Isso é importante para ser discutido com profissionais que lidam com o tema da morte.

Um bom livro é aquele que apresenta em seu enredo uma solução para os problemas e enfrentamento de desafios. Deve-se evitar histórias com vítimas e super-heróis, características estereotipadas, simplistas, soluções fáceis com finais "felizes para sempre", ou com situações de manipulação carregadas emocionalmente. Enfim, devem-se evitar livros não realistas, com características que não ofereçam um modelo apropriado (Heath et al., 2005).

Compartilhando a história

Heath et al. (2005) descrevem o processo de aplicação de um possível exercício de biblioterapia com um grupo de estudantes.

Reforçam a importância de se conhecer a história antes de oferecê-la ao grupo. Antes da leitura o psicólogo deve explorar a capa, questionar os estudantes e estimulá-los a prever o que acontecerá na história. Deve também introduzir as características do livro e discutir as experiências dos alunos relacionadas ao tema. Durante a leitura, o psicólogo lê a história com os alunos, permitindo pausas e tempo para reflexões quando necessário. Com o desenrolar da história, os alunos começam a identificar as características e entram no estágio da catarse. Quando a leitura é concluída, o psicólogo deve proporcionar mais tempo para a reflexão, passando, em seguida, à condução para um fechamento, para que os alunos possam elaborar a experiência. Durante o fechamento, é importante observar atentamente as reações dos estudantes para, caso seja necessário, estabilizar possíveis emoções desconfortáveis e intensas que podem atrapalhar os estudantes na hora de lidar sozinhos com as emoções após o término da sessão.

Dependendo da intensidade das respostas emotivas dos alunos, deve-se abrir um espaço para discussões e questionamentos para que possam trazer para o *aqui e agora*.

Deve-se considerar a fase seguinte à leitura. Essa fase inclui uma variedade de atividades que encorajam o processo do crescimento emocional. Um dos objetivos é auxiliar na compreensão da história. Um caminho efetivo para checar a compreensão seria envolvê-los na recontação e discussão das reações emocionais de envolvimento das características surgidas. Outro objetivo seria auxiliar os estudantes a transitarem pelos estágios, proporcionando um fechamento. A compreensão do processo é facilitada pelo psicólogo escolar, que ajuda os alunos a personalizar e a integrar a informação e as reações emocionais.

Para complementar a discussão do livro, os alunos devem ser engajados em atividades experimentais para fortalecer o processo de entendimento e compreensão. O processo de compreensão inclui desenhos, registro, escrita de um final diferente para a história, desenvolvimento de um plano de ação e escrita de uma história original com tema similar. Outras atividades como *role-play*, sátiras, terapia com areia e leituras dramáticas selecionadas da história também podem ser desenvolvidas. Como etapa final o psicólogo deve responder a algumas perguntas para avaliar a eficácia da atividade: A atividade ajudou os estudantes a se conectar com a história? A atividade ajudou os estudantes a construir conclusões alinhadas com a história? A atividade teve compreensão pessoal e relevância? A atividade promoveu crescimento emocional e cura? (Heath et al., 2005).

Resultados da biblioterapia

A literatura mostra que a biblioterapia pode ser muito efetiva e deve ser aplicada nos seguintes casos: trabalho com crianças cujas famílias estão enfrentando perdas e mudanças (divórcio, morte, desemprego), adaptação de crianças adotadas em suas novas famílias; facilitação da expressão emocional de crianças no enfrentamento de dificuldades familiares; autoconceito e redução de medo e ansiedade em crianças; trabalho com estudantes com desajustes emocionais ou com dificuldades em habilidades sociais; mudanças de atitudes; preconceito racial; desajustes físicos e mentais; diminuição do estresse e da ansiedade, entre outros.

A biblioterapia não deve ser vista como uma fórmula mágica ou como intervenção única para promoção de mudanças, mas sim como uma ferramenta terapêutica que faz parte de um processo. Para garantir a eficiência da biblioterapia, o agente terapeuta deve fazer cuidadosa seleção dos livros que abordam tópicos e eventos apropriados para as necessidades emocionais do sujeito (Heath et al., 2005).

Em casos de hospitalização, a biblioterapia tem sido de grande contribuição terapêutica para minimizar os sentimentos de angústia, isolamento, fragilidade física e emocional decorrentes da internação. Traz resultados positivos que refletem na qualidade de vida do indivíduo internado, do acompanhante e da equipe médica. Na condição de doente e por causa do tratamento, o paciente se afasta do lar, da escola e dos amigos, o que pode acarretar um comportamento de revolta e até de agressividade. A leitura dirigida pode aliviar esses sentimentos e representa uma oportunidade ímpar, pois, além de colaborar para o tratamento desse paciente, pode possibilitar a ampliação de seus horizontes e conhecimentos.

Essa modalidade terapêutica pode ajudar os pacientes a superar o medo, a angústia, a tristeza, o desalento e a ansiedade que acompanham uma doença, contribuindo para a promoção do bem-estar, facilitando a implementação do tratamento e a prevenção de outros males e minimizando os problemas pessoais. Colabora também com o autoconhecimento, no desenvolvimento emocional e na mudança de comportamento, provocados pela retomada do cuidado com o paciente, assim como potencializa a dimensão fraternal do cuidar, da preocupação, permitindo à criança se colocar no lugar da outra pessoa. Por meio de projetos que valorizam a humanização no atendimento de saúde e no cuidado a pacientes hospitalares, espera-se a realização de todas essas ações citadas (Caldin, 2001, 2002, 2004, 2005; Ferreira, 2003; Heath et al., 2005; Pardini, 2002; Ribeiro, 2006; Seitz, 2000; Witter, 2004).

Qualificação para usar a biblioterapia

Heath et al. (2005) afirmam que a biblioterapia envolve conhecimentos sólidos do desenvolvimento infantil, mudanças de maturação, psicopatologia e estressores, além de conhecimentos adequados de recursos de avaliação.

O componente que torna a biblioterapia uma técnica de aconselhamento é o biblioterapeuta, que deve estar bem treinado e preparado para exercer essa função, podendo abranger os seguintes profissionais: psicólogos, educadores, bibliotecários, assistentes sociais.

Esses profissionais prescreverão o material adequado a ser oferecido à pessoa para a solução de seu problema específico. O material deve ser cuidadosamente escolhido para atender às necessidades individuais, tendo como pontos importantes as seguintes qualificações:

– Entendimento profundo da natureza psicológica do problema que o indivíduo está enfrentando;
– Compreensão da problemática e da respectiva solução abordadas no livro;
– Habilidade de formular hipóteses sobre o possível impacto que esse material terá sobre a solução positiva do problema ou objetivo que se queira alcançar (Ferreira, 2003).

Biblioterapia no espaço escolar

A biblioterapia pode ajudar a criança em questões pessoais e emocionais a lidar com dificuldades em situações desafiadoras. Essas dificuldades podem estar no espaço escolar e se apresentar sob as formas de *bullying* e dificuldade em fazer amigos, por exemplo; ou em casa, manifestando-se na rivalidade entre irmãos, divórcio, conflito conjugal, abuso, negligência, dificuldades financeiras, doenças físicas e mentais ocultadas, entre outros.

Sabe-se que, quando estudantes enfrentam quaisquer tipos de dificuldades emocionais, carregam esses problemas para a escola com tristeza, pesar, confusão, medo e/ou raiva. Esses sentimentos interferem na concentração, no desempenho e na participação escolar. A partir de uma leitura apropriada, as crianças podem identificar nas histórias possíveis enfrentamentos para as situações, encontrando as soluções para problemas semelhantes aos seus.

Os professores podem utilizar histórias para cuidar dos estudantes de três maneiras diferentes:

1. Abordagem em grupo: para eliminar o *bullying,* para desenvolver habilidades e resolver problemas, para aperfeiçoar habilidades sociais e fazer amizades, para aprender a apreciar a diversidade multicultural e enfrentar dificuldades.

2. Abordagem individual: em casos de abuso sexual, estresse pós-traumático, ideação suicida, desordem e fixação reativa etc. Esses casos pressupõem, além do treino do professor, a intervenção de habilidades clínicas.

3. Apoio: em situações de crises, como morte, separação, conflitos entre amigos, crianças em creches e hospitais.

A intervenção deve conter histórias focais e específicas em conjunto com outras intervenções terapêuticas (Heath et.al., 2005).

Alguns professores fazem uso de livros não didáticos para desenvolver atitudes, preparando o aluno para enfrentar os problemas da vida moderna. Ratton (1975), citado por Seitz (2000), afirma que a leitura pode ser dirigida às crianças mesmo antes de sua alfabetização, o que poderá criar condições preparatórias para o desenvolvimento do hábito de leitura.

A biblioterapia como recurso para trabalhar com crianças enlutadas

Berns (2003-2004) aborda o processo no qual a literatura é utilizada, tanto com crianças quanto com adultos e/ou familiares, para ajudar o enfrentamento de enlutados, que vivenciaram a experiência de morte e outras perdas.

Essa mesma autora cita a biblioterapia como uma das opções utilizáveis no programa de suporte ao luto, para crianças e para adultos, no *Children's Bereavement Center* (CBC), em Miami.

A biblioterapia nos Estados Unidos

Segundo Johnson (2003-2004), a partir da Segunda Guerra Mundial, as crianças adquiriram uma visão concreta da realidade, e a morte começou a fazer parte dos estudos, deixando de ser vista como uma forma de punição, e passando a ser reconhecida como parte da vida.

A partir da década de 1960, com o movimento hippie, valorizaram-se os grupos, a liberdade e o sentimento; surgiram novos valores, enfatizando o amor livre, a vontade própria. Nessa época, passou-se a dar mais valor às crianças. Cada vez mais se escrevia sobre morte e sofrimento para adolescentes e crianças.

Na década de 1970, evidenciou-se Elisabeth Kübler-Ross, com seus estudos com pacientes moribundos, com a publicação do livro *On death and dying* (1969). Surgiu a *Associaton for Death Education and Counseling* (ADEC), que procurou tornar os estudos e a literatura mais profissionais. Nessa época surgiram mais livros infantis que tratavam dos temas relacionados à morte e ao sofrimento.

Grollman, com seus livros *Explaining Death to Children* (1967) e *Talking About Death: a Dialogue Between Parent and Child* (1971), criou um novo estilo de tratar a morte com crianças, servindo de guia para ajudar no ensinamento sobre morte e luto com crianças.

Nessa época, as pessoas começaram a tentar descrever seus próprios sentimentos e sofrimentos, escrevendo histórias para adultos e crianças. A partir disso, elas puderam identificar e nomear seus sentimentos. Aprenderam a expressar seus sentimentos e a dar acolhimento (Johnson, 2003-2004).

Assim, uma nova importância foi dada à palavra biblioterapia.

Em 1977, Corr, que foi um dos pioneiros na educação para a morte, realizou os primeiros planos de aula para a faculdade sobre o tema *Criança e Morte*, modificando a visão sobre o sofrimento infantil. Reforçou a utilização de livros infantis em diferentes locais/ambientes (hospitais, escolas, igrejas, funerais, hospícios...).

Nesse mesmo ano, Coerr escreveu *Sadako e os mil pássaros de papel*, que traz a história real de uma menina que morreu pelo efeito da radiação da bomba atômica lançada em Hiroshima.

Ainda na década de 1970, grupos de suporte começaram a surgir e a intensificar seus trabalhos: *Compassionate Friends* e *Share* – duas das várias organizações de suporte ao luto, oferecendo apoio a pais enlutados.

A partir da década de 1970, houve a proliferação dos livros sobre morte, perdas e luto destinados às crianças e muitos estudos científicos na área (Johnson, 2003-2004).

Especialmente durante as décadas de 1980 e 1990, houve uma explosão literária – publicações de jovens autores sobre questões relacionadas à morte, ao morrer e ao luto – dirigida a crianças da faixa etária compreendida entre estudantes da Educação Infantil e Ensino Fundamental I e II (Corr, 2003-2004b).

Segundo Johnson (2003-2004), Marge Heegaard iniciou um grupo de apoio para adultos e, a partir da necessidade de alguns participantes do grupo, começou a trazer mimos para as crianças (filhos dos participantes), juntamente com papel e giz de cera. Começou a pedir às crianças que desenhassem uma figura que pudesse representar a morte.

Baseada nessa experiência, Heegaard deu início aos seus primeiros *workbooks* (livros interativos) para crianças em situações de sofrimento: uma nova forma de literatura interativa para esse público. Elaborou uma coleção para crianças com o objetivo de aprenderem a lidar com situações traumáticas, com problemas na família (adição às drogas e ao álcool, perdas, mudanças, doenças e morte). São considerados "livros feitos por crianças, para crianças" (p. 301). Atualmente, há livros interativos para todas as idades.

Após o episódio de 11 de setembro de 2001, a *Centuring Corporation* teve a iniciativa de distribuir livros infantis em 15 pontos da costa leste dos Estados Unidos. Outros editores acabaram juntando-se para prover suporte às famílias enlutadas. Isso validou a importância da utilização desse tipo de literatura em situações de crise e emergência, morte e luto (Johnson, 2003-2004).

Biblioterapia no Brasil

Como podemos perceber, a biblioterapia não é uma novidade, uma vez que já era praticada em tempos remotos. Mas, até hoje, poucas pesquisas sobre o assunto foram realizadas e publicadas.

Ribeiro (2006), citando Almada (2003), diz que, no Brasil, a biblioterapia teve início na década de 1970 com alguns projetos de extensão, dos quais cito alguns: o *Carro-Biblioteca*, que levava livros de lazer e de auxílio às atividades escolares para a população; as *Caixas Estantes*, que emprestava livros de literatura infantil para escolas públicas e particulares; a *Hora do Conto*, um projeto de leitura de contos nos hospitais, asilos, creches e escolas; o *Livro de Cabeceira*, que realizava sessões de leitura de contos em hospitais, com empréstimos de livros para os pacientes; o *Biblioteca Viva em Hospitais*, entre outros.

No Brasil, a biblioterapia ainda está se desenvolvendo de maneira muito lenta, e poucos estudos foram publicados. Em minha pesquisa, encontrei apenas seis dissertações de mestrado realizadas por bibliotecárias e uma única em Psicologia. Cito a seguir as referências que encontrei:

Ana Maria Gonçalves dos Santos Pereira (1987) – pesquisou a prática de leitura para enfermos em um hospital psiquiátrico;

Maria do Socorro A. F. F. Vasquez (1989) – pesquisou a utilização da biblioterapia em uma instituição de idosos;

Marília Mesquita Guedes Pereira (1989) – verificou possibilidades de aplicação da biblioterapia em instituições de deficientes visuais;

Maria Aparecida L. da Cruz (1995) – propôs um programa de leitura e estudos para adolescentes de periferia;

Eva Seitz (2000) – propôs a prática biblioterapêutica com pacientes adultos internados em hospital;

Clarice Fortkamp Caldin (2001) – verificou a leitura como função terapêutica;

Alexandre Magno da Silva (2005) – pesquisou a produção documental de biblioterapia no Brasil.

Essas pesquisas mostram que a biblioterapia é eficaz quando utilizada para auxiliar a diminuição da ansiedade e depressão, contribuir para o aumento do equilíbrio psicológico e social de pessoas idosas, facilitar a aceitação psicológica no caso de deficiências que não podem ser mudadas (no caso de deficiência visual, por exemplo), desenvolver a esperança de sua realização individual e social, promover mudança de comportamento e autocorreção, além de despertar o gosto pela leitura e, mais particularmente, pela literatura infantil (Caldin, 2001; Seitz, 2000).

Critérios para aplicar a biblioterapia

Segundo Ferreira (2003) e Ribeiro (2006), é importante ter uma equipe preparada e qualificada para a escolha dos livros que vão compor o acervo. Os agentes terapêuticos deverão observar as seguintes recomendações:

– Verificar o local, horário e as acomodações para realização da leitura;
– Conhecer o público a que se destina;
– Ter o dom de contar histórias;
– Conhecer bem a história;
– Narrar com naturalidade, sem afetação, com voz clara e expressão viva;
– Sentir a história, sem deixar-se levar emocionalmente pela narrativa;
– Não perder o fio da meada quando estiver fazendo uso do livro ou de outro elemento ilustrativo;
– Chegar ao final da história sem forçar a moral ou propor lições;
– Estar aberto para comentários após a narrativa;
– Estar atento às necessidades dos pacientes para poder proporcionar uma assistência global não só a eles, mas também às pessoas interessadas, como membros da família e pessoas próximas aos pacientes, que desempenham papel fundamental como fonte de apoio e recurso;
– Aplicar/introduzir a biblioterapia como uma atividade optativa.

Ferreira (2003) sugere que, antes da atividade de leitura, deve-se:

– Escolher um local adequado para a realização das reuniões do grupo;
– Ter tido um treinamento adequado e estar capacitado para conduzir as discussões do grupo;
– Formar grupos homogêneos para a leitura e discussão de temas previamente escolhidos;
– Preparar listas de material bibliográfico adequadas às necessidades de cada grupo e escolher outros materiais (filmes, músicas), de acordo com a idade, necessidades e nível cultural e social dos participantes;
– Estabelecer uma situação de ajuda entre o bibliotecário e o usuário para, posteriormente, elaborar um programa estruturado;
– Usar, de preferência, materiais com os quais esteja familiarizado;

– Selecionar materiais que contenham situações com as quais os participantes do grupo estejam familiarizados, mas que não precisam necessariamente conter situações idênticas às vividas pelas pessoas envolvidas no processo;

– Selecionar materiais que traduzam, de forma precisa, os sentimentos e os pensamentos das pessoas envolvidas nos assuntos e temas abordados, devendo eliminar materiais que contenham uma conotação negativa do problema, como poesias sobre suicídios, por exemplo;

– Selecionar materiais que estejam adequados à idade cronológica e emocional da pessoa, sua capacidade individual de leitura e suas preferências culturais e individuais e selecionar material impresso e não impresso na mesma medida.

Para Caldin (2001):

> A linguagem em movimento, o diálogo, é o fundamento da biblioterapia. O pluralismo interpretativo, dos comentários aos textos deixa claro que cada um pode manifestar sua verdade e ter uma visão do mundo. Entre os parceiros do diálogo há o texto que funciona como objeto intermediário. No diálogo biblioterapêutico é o texto que abre espaço para os comentários e interpretações que propõem uma escolha de pensamento e de comportamento. Assim, as diversas interpretações permitem a existência da alteridade e a criação de novos sentidos. A biblioterapia não se confunde com a psicoterapia, posto que esta última é o encontro entre pacientes e terapeuta e a primeira se configura como o encontro entre ouvinte e leitor em que o texto desempenha papel de terapeuta. Além da literatura, os comentários, os gestos, os sorrisos, os encontros são também terapêuticos à medida que fornecem a garantia de que não estamos sozinhos. O texto une o grupo...

A biblioterapia constitui-se em uma atividade interdisciplinar, podendo ser desenvolvida em parceria com a Biblioteconomia, a Literatura, a Educação, a Medicina, a Psicologia e a Enfermagem. Essa interdisciplinaridade possui como objetivo a troca de informações entre essas áreas, visando à aplicação mais eficiente da biblioterapia. A terapia ocorre pelo próprio texto, sujeito a interpretações diferentes por pessoas diferentes (Caldin, 2001).

Assim, a biblioterapia constitui-se em um meio possível para se abordar temas existenciais, como a morte, com crianças tanto no contexto da saúde como da educação.

"Uma nuvem não sabe por que se move em tal direção e em tal velocidade.

Sente um impulso... é para este lugar que devo ir agora. Mas o céu sabe os motivos e desenhos por trás de todas as nuvens, e você também saberá, quando se erguer o suficiente para ver além dos horizontes."

Richard Bach

Ilustrações por Juliana Paiva Zapparoli

3
BATENDO À PORTA DAS ESCOLAS PARA FALAR SOBRE A MORTE

1. Apresentação da Pesquisa

O presente trabalho é baseado em meu percurso no doutorado, realizado no Programa de Pós-Graduação em Psicologia Escolar e do Desenvolvimento Humano do Instituto de Psicologia da Universidade de São Paulo, orientado pela Prof.ª Dr.ª Maria Júlia Kovács.

A tese foi defendida em 18 de abril de 2008 e cuidadosamente avaliada pelas integrantes da banca: Prof.ª Dr.ª Maria Júlia Paes da Silva, Prof.ª Dr.ª Nely A. Nucci, Prof.ª Dr.ª Ana Laura Schielman e Prof.ª Dr.ª Solange Aparecida Emílio.

A pesquisa teve como objetivo principal verificar como os educadores trabalham com o tema da morte no contexto escolar e discutir a viabilidade da utilização da literatura infantil sobre a morte como meio facilitador para abordar esse tema no contexto escolar.

Para isso, busquei verificar:

– Como os educadores observam a questão da morte no contexto escolar;
– Quais aspectos consideram relevantes para lidar com o tema da morte;
– Como trabalham a temática morte no contexto escolar;
– Como apreendem os livros infantis sobre o tema da morte;
– Se consideram o livro infantil um instrumento viável para trabalhar o tema da morte com seus alunos;
– Se promovem e como promovem, para seus alunos, espaços de reflexão e expressão dos sentimentos e emoções relacionados ao tema da morte;
– Como poderiam explorar os livros infantis sobre morte como recurso para abordar esse tema com os alunos.

Essa pesquisa teve como fundamento a abordagem qualitativa, cujo enfoque central é a compreensão e a interpretação da realidade que se apresenta, não se preocupando com uma busca de generalização nas repetições das ocorrências. A preocupação fundamental é compreender a realidade como ela se apresenta, e não a explicação dos fenômenos (Ludke & André, 1986; Martins & Bicudo, 1989).

Chizzotti (2001) aponta para o fato de que "a pesquisa qualitativa-objetiva, em geral, provoca o esclarecimento de uma situação para uma tomada de consciência pelos próprios pesquisados dos seus problemas e das condições que os geram, a fim de elaborar os meios e estratégias de resolvê-los" (p. 104).

Parti da premissa de que os participantes dessa pesquisa, ao pararem para olhar o livro infantil como um instrumento que também aborda, na linguagem própria da criança, temas difíceis de serem conversados, possam considerá-lo não só um recurso para se promover o diálogo sobre o assunto morte, mas também um meio para trabalhar os aspectos informativos e emocionais relativos ao tema.

Como pesquisadora qualitativista, além de coletar os dados durante os encontros, levantei questões pertinentes ao tema da morte para serem discutidas com os educadores. Em certos momentos, quando houve necessidade, promovi intervenções com o intuito de organizar as discussões para que não perdessem seu foco. No entanto, não eram intervenções de esclarecimento nem de ordem psicológica, pois esse não era o objetivo.

Essa pesquisa baseou-se em dois itens distintos: questões relativas à morte no contexto escolar e livros infantis que abordam a morte.

A compreensão dos dados observados pelos educadores sobre a morte no contexto escolar foi organizada em categorias a partir das questões levantadas nos encontros realizados.

A compreensão do conteúdo dos livros infantis sobre o tema da morte foi feita a partir das apreciações dos educadores sobre os mesmos.

2. Sobre os Livros

Nessa pesquisa, utilizei livros infantis que conheci durante meu percurso profissional (a partir da década de 1980). Foram incluídos livros de autores nacionais e estrangeiros (estes últimos, traduzidos para o português), que tratam do tema morte, indicados para crianças de até dez anos de idade (da Educação Infantil ao primeiro ciclo do Ensino Fundamental – 1ª à 4ª séries).

Optei por esse recorte devido à especificidade da faixa etária, levando em consideração o desenvolvimento infantil e a aquisição do conceito de morte como é proposto por Wilma Torres (1999) a partir de suas pesquisas sobre o tema.

Tais estudos mostram que, a partir dos nove anos, a criança já tem condições de compreender o conceito de morte, considerando-se os seus atributos essenciais: irreversibilidade, universalidade, não funcionalidade e causalidade.

Foram excluídos os livros que tratam das mortes simbólicas: as perdas do cotidiano, separações, mudanças, entre outros.

Para esse estudo, não me ocupei dos contos de fadas tradicionais, que já serviram de objeto de estudo, principalmente no campo da Psicanálise.

3. Sobre as Escolas

Foram escolhidas escolas que trabalham com Educação Infantil e/ou Ensino Fundamental I, das redes pública e privada. Essas escolhas foram ao acaso.

O contato com as escolas foi feito por meio de carta endereçada ao diretor e/ou responsável, acompanhada do projeto de pesquisa.

Fiz contato com 16 escolas, sendo 12 particulares (e, entre elas, três religiosas) e quatro públicas. Dessas, somente cinco aceitaram participar da pesquisa (três particulares e duas públicas – sendo uma municipal e uma estadual).

Das escolas participantes, quatro localizavam-se na zona oeste e uma na região centro-oeste (EE) da cidade de São Paulo. Nenhuma de periferia.

Entre as instituições particulares, duas são escolas que atendem um público que vai desde a Educação Infantil até o Ensino Médio (EP1 e EP2), e a outra é uma escola de Educação Infantil (EPI3). Todos demonstraram interesse na temática da morte, alegando ser um assunto necessário e difícil de se trabalhar quando ocorre algum caso na escola.

Nesse aspecto, a escola particular de Educação Infantil (EPI3) foi a única que afirmou não ter dificuldades para lidar com a questão da morte, justificando já terem participado de outros projetos sobre o tema e estarem preparados para lidar bem quando essas situações ocorrem. No entanto, percebi que o maior interesse estava em conhecer a literatura infantil que aborda o tema da morte. Esta, de fato, era desconhecida em todas as escolas.

4. Sobre os Participantes

Os participantes selecionados para tal estudo foram profissionais da área da educação (professores, coordenadores e diretores), de escolas de Educação Infantil e Ensino Fundamental I, públicas e privadas, que manifestaram o desejo de participar, voluntariamente, da pesquisa e assinaram o Termo de Consentimento Livre Esclarecido (TCLE).

5. Sobre os Encontros

Em cada escola, a coleta de dados foi efetuada a partir de três encontros com o grupo de educadores. Estabeleci o número de participantes entre cinco e dez elementos. Esse número foi considerado adequado para promover maior troca de experiências. Mas, em algumas escolas, esse critério foi alterado para acomodar a realização da pesquisa de acordo com as possibilidades de cada uma.

O motivo para a escolha da coleta de dados em grupo e não em entrevistas individuais foi justamente priorizar a dinâmica da reflexão grupal e a troca de experiências entre os participantes. Vale ressaltar que uma questão que considero importante na abordagem do tema morte é o compartilhamento, já que a morte pode mobilizar a dor da solidão.

Em princípio, cada encontro teria duas horas de duração e seria semanal, porém, em algumas escolas, esse critério teve que ser alterado para acomodar a realização da pesquisa de acordo com o cronograma de atividades das escolas. Os horários para esses encontros foram determinados pela coordenação das escolas, a partir de entendimento prévio com os participantes.

No *primeiro encontro*, solicitava-se aos professores que discutissem sobre a morte enquanto assunto pertinente à escola:

– Se constitui em tema para ser falado com crianças;
– Se já tiveram algum caso que envolvesse a morte no contexto escolar;
– De que forma podem falar sobre a morte com crianças na escola.

No *segundo encontro* ofereciam-se aos educadores livros infantis que abordam o tema da morte, para que eles escolhessem, lessem e fizessem uma apreciação sobre os mesmos.

No *terceiro encontro* pedia-se aos professores que continuassem a apreciação sobre os livros (se assim o desejassem) e discutissem a viabilidade e as possibilidades de trabalhar o tema morte com as crianças na escola.

Os encontros ocorreram semanalmente, para que não houvesse quebra no processo das reflexões e discussões propostas. No entanto, uma das escolas participantes optou pelo encontro mensal, pois era o único horário disponível.

No *quarto encontro* foi sugerida a realização da devolutiva após a análise dos dados. Esse encontro era opcional e deveria acontecer depois de, pelo menos, um mês. Esse encontro tinha dois objetivos:
– Verificar junto aos participantes da pesquisa se haviam feito novas reflexões a respeito do tema morte na escola sem a presença e estimulação da pesquisadora;
– Levar aos participantes da pesquisa os dados observados e coletados durante os encontros;
Inicialmente, o período de um mês foi considerado adequado para que eu tivesse o tempo necessário para organizar as observações e os dados coletados. Além disso, o intervalo de quatro semanas sem os encontros poderia ser tempo suficiente para que os participantes pudessem refletir se os encontros tinham sido bons ou não, se tinham mobilizado algum tipo de reflexão e/ou mudança em suas atitudes com relação à morte e como viam a possível aplicação desse trabalho na escola.

Durante os encontros, promovi o diálogo e a reflexão a respeito da temática morte, de acordo com a proposta sugerida para cada encontro. No entanto, num primeiro momento, não foram dadas respostas e/ou esclarecimentos que pudessem interferir na coleta de dados de encontros futuros. Esses questionamentos poderiam ser esclarecidos na devolutiva.

As intervenções realizadas tiveram o intuito de conduzir as reflexões e servir como disparadoras para reflexões e discussões.

Como foram realizadas dinâmicas de grupo com profissionais da área da educação abordando um tema pouco explorado, embora comum a todo e qualquer indivíduo por pressupor sentimentos de dor e sofrimento, enfatizei a importância de informar e esclarecer os procedimentos a serem realizados, garantindo-lhes liberdade de participação. Os participantes poderiam retirar-se da pesquisa a qualquer momento e tinham garantia de privacidade e sigilo. Ressaltei também que os dados seriam trabalhados sem possibilidade de identificação de cada um.

Os participantes foram esclarecidos sobre os objetivos da pesquisa, através de uma carta convite entregue pessoalmente.

O Termo de Consentimento Livre Esclarecido (TCLE) foi lido no início do primeiro encontro e as dúvidas foram esclarecidas. Aqueles que aceitaram participar assinaram esse termo.

Como a dinâmica em grupo poderia suscitar emoções, foi oferecido espaço de escuta para aqueles que pudessem vir a sentir essa necessidade.

Ao final de cada encontro, solicitei a cada educador que desse uma palavra que traduzisse como fora o encontro para ele, que resumisse o que estava sentindo ou como estava se sentindo no momento. Essas palavras foram denominadas palavras-chave ou *palavras mágicas*.

Embora eu relacione as palavras-chave escolhidas por cada educador, em cada escola, incluo um capítulo contemplando todas as palavras referidas nos encontros realizados.

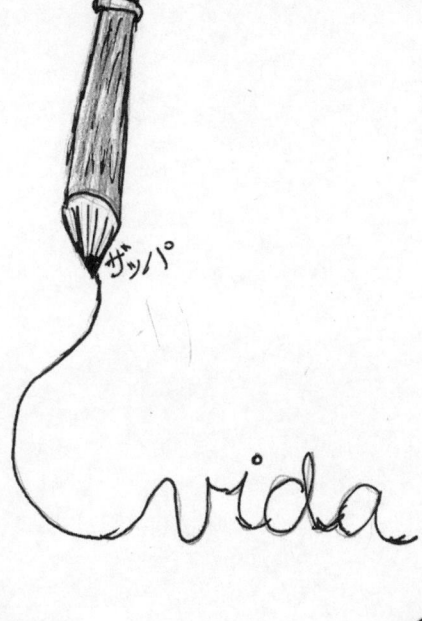

"A vida só é possível reinventada."

Cecília Meireles

Ilustração por Juliana Paiva Zappardi

4

IN LOCO / ACHADOS

1. As Escolas

Escola Particular 1 (EP1)

Essa escola funciona em cinco unidades instaladas em edifícios estruturados e organizados de acordo com os cursos oferecidos. Atende crianças de meses (berçário) até 18 anos (Ensino Médio). É uma escola inclusiva e trabalha com as diferenças.

Os encontros aconteceram na Unidade II, prédio onde funcionam a Educação Infantil e o Ensino Fundamental I. Foi utilizada uma sala de aula, com as carteiras dispostas em círculos. O ambiente era agradável, iluminado, com ventilação, e não havia interferência de barulho.

O grupo contou com nove participantes no primeiro encontro, entre eles: professoras (sete), auxiliar de sala (uma) e coordenadora pedagógica (uma), todas do sexo feminino, com idades que variavam de 20 a 42 anos, com formação em Pedagogia e/ou Magistério. Todas tinham experiência profissional com crianças de diferentes faixas etárias da Educação Infantil e do Ensino Fundamental I, com tempo de serviço na educação que variava de dois a 23 anos.

Esse grupo teve, de início, nove participantes no primeiro encontro, passando a sete, no segundo, e a apenas três no terceiro encontro.

Apesar do esvaziamento sem explicação, os participantes conseguiram chegar a conclusões relevantes e discutiram a possibilidade de elaborar algum tipo de trabalho com as crianças.

Os educadores afirmaram que os encontros tinham sido muito bons, interessantes e produtivos. Foram momentos de reflexão, quando pararam para pensar, falar e discutir sobre morte.

Percebi que as educadoras dessa escola demonstraram ter, entre elas, certa intimidade e liberdade ao relatar suas experiências profissionais. Apresentaram dificuldade para lidar com as questões relativas à morte, mesclando seus relatos com questões pessoais de fora do cotidiano da escola e com uma carga de emoção muito intensa.

A sensação transmitida é de que deve existir cuidado e acolhimento nessa escola. É difícil expor-se tanto se não houver um espaço acolhedor.

Apesar de os educadores trazerem questões pessoais, elas não foram trabalhadas, porque esse não era exatamente o espaço para se discutirem perdas pessoais, além de não fazer parte do objetivo da pesquisa.

Seria essa a explicação para a diminuição dos participantes? Isso me remeteu aos participantes que já não compareceram ao segundo encontro. Questionei se suas expectativas tinham sido frustradas. Talvez esperassem um curso para aprender a lidar com a morte, mas encontraram um espaço aberto para falar e refletir a respeito dela.

No segundo encontro, as professoras ainda pareciam muito incomodadas. Tive a sensação de que tudo o que viam nos livros era ruim. Pareceu-me que lançavam um olhar muito crítico e, ao mesmo tempo, apresentavam certo distanciamento para poder fazer uma crítica. Talvez estivessem tão envolvidas que tudo as assustava. No entanto, mostraram-se dispostas a participar da tarefa proposta e a explorar criticamente os livros sob o ponto de vista do educador, embora essa tarefa pudesse gerar desconforto ou até mesmo conflito.

Ao tratar do tema proposto, as educadoras aludiram, de forma recorrente e enfática, ao caráter religioso da morte, quando relatavam os casos de seus alunos e também quando se referiam a seus casos pessoais.

Durante os encontros ficaram evidentes as crenças e os valores pessoais de cada uma, aceitando a interpretação religiosa da morte como um porto-seguro, uma tábua de salvação a que tinham que se apegar. Nesse caso, a morte foi abordada como perda, e não como parte de um ciclo.

A partir das discussões, as educadoras constataram que é possível abordar o tema da morte nas suas disciplinas como fazendo parte de um ciclo de vida/ do processo de desenvolvimento. No entanto, a morte é automaticamente associada à ideia de perda e aos sentimentos de tristeza e dor. Pergunto por que é assim.

Primeiramente, as professoras não se sentem à vontade para tratar desse assunto porque suas próprias dores ainda estão presentes e latentes. Então, como falar com o outro sobre algo que ainda incomoda, causa desconforto e até assusta?

Durante os encontros, discutiu-se a importância da roda de conversa para a criança. Pergunto, então, como seria ter a roda de conversa com o professor. Ela poderia ser útil não só para se falar de perdas, mas também de quaisquer outros assuntos emergentes que necessitem de soluções. Um espaço de compartilhamento poderia funcionar como recurso altamente positivo para se tratar de dores e/ou dificuldades frente à morte.

O terceiro encontro pode ser considerado muito rico porque resultou em uma experiência de enfrentamento, acolhimento e fechamento de ciclo, dando lugar ao "novo".

Os livros sobre morte ou o tema da morte em si deixaram de ser o cerne das discussões, dando lugar à abordagem de outros problemas vivenciados pelas crianças, que também geram sofrimento e angústia e devem ser tratados com cautela.

O grupo chegou a fazer reflexões muito relevantes que podem ser consideradas como "quebra de barreira". Esse enfrentamento também se evidenciou no grupo como um todo, pois desenvolveu-se um processo de encorajamento para poder enfrentar, mesmo se fugindo do assunto, e se libertar dos medos. Deu-se, portanto, o fechamento integral do ciclo.

Apesar das ausências, esse grupo atuou como um todo, acomodando-se à nova forma, sem perder a qualidade.

Houve momentos de troca muito intensos e ricos, nos quais cada participante teve a oportunidade de fechar seu ciclo a seu tempo e a sua maneira, trabalhando as próprias emoções.

Eu me restringi a coletar dados, sem interferir diretamente, deixando que descobrissem seu caminho, aceitando percorrê-lo, apesar da dor e dos medos que pudessem surgir. Foi um grupo muito continente.

Na devolutiva, as participantes afirmaram ter consciência de que haviam "quebrado a barreira", fazendo com que o tema da morte pudesse ser visto de outra maneira, com tranquilidade e menos conflito. Salientaram que, nos encontros, passaram pelo processo que é observado na criança em construção.

Os resultados das dinâmicas foram além das minhas expectativas. A princípio, minha proposta era apenas discutir o assunto morte na escola e os livros que tratam do tema. De maneira gratificante, esses educadores fizeram sua construção própria que, depois, constituiu-se numa construção grupal, envolvendo movimentos individuais e movimentos no/do grupo, cada um enfrentando seus medos e suas barreiras.

No final, puderam perceber que a morte faz parte da vida e que, nas perdas, é natural existir a dor e o sofrimento. É possível falar da morte apesar da tristeza nela contida, quando se perde alguém de quem se gosta. Conscientizaram-se de que essa tristeza é necessária. Permitir que a criança sinta essa tristeza, acolhê-la e dar-lhe conforto pode ser mais uma tarefa do professor.

Conscientizaram-se, também, de que não são eles (os educadores) os responsáveis pela tristeza contida na perda, apresentada pela criança, mas podem ser os responsáveis por acolher e dar conforto a essa criança, minimizando o sofrimento contido nessa tristeza.

Concluíram que o importante é encontrar o acolhimento para essa tristeza. Defendo veementemente a ideia de que quem cuida precisa primeiro ser cuidado.

Assim como vários outros profissionais, o professor é um cuidador que também necessita de cuidado e acolhimento para poder cuidar e acolher seus alunos. Portanto, é imprescindível que haja nas escolas espaço para compartilhamento e reflexão sobre as perdas vivenciadas e a morte.

Escola Particular 2 (EP2)

Esse colégio está localizado na zona oeste da capital de São Paulo e é dirigido por religiosos. Oferece desde a Educação Infantil até o Ensino Médio.

Os encontros aconteceram em uma sala de aula (ampla) da Educação Infantil, na própria escola. O ambiente era agradável quanto à iluminação e ventilação, mas com acústica ruim.

As educadoras participantes sentaram-se em carteiras dispostas em círculo.

O grupo contava com oito participantes no primeiro encontro, entre eles professoras (sete) e coordenadora pedagógica (uma), todas do sexo feminino, com idades que variavam de 24 a 54 anos, com formação em Pedagogia, Psicopedagogia, Comunicação Social e Magistério. Todas tinham experiência profissional com diferentes faixas etárias da Educação Infantil, com tempo de serviço na educação que variava de cinco a 26 anos.

As professoras participantes são docentes de Educação Infantil, do maternal ao 1º ano (antigo pré-primário).

A coordenadora trabalha nessa escola há 26 anos, tendo iniciado como professora. Exerce a função de coordenadora de Educação Infantil há nove anos.

Esse grupo teve uma participação homogênea nos três encontros. Não houve desistência, apenas duas faltas por motivos pessoais.

As participantes desse grupo permaneceram atentas, discutiram as situações de morte na escola e os livros, mas não aprofundaram muito suas reflexões, embora tenham participado atentamente das tarefas propostas.

No primeiro encontro, contaram vários casos de morte ocorridos no ambiente escolar referentes à morte de alunos da escola e também à morte de parentes das crianças (pai, avós, bichinho de estimação). Conduziram a discussão de forma superficial, mantendo atitude de distanciamento. Falaram muito, mas pareciam não refletir na mesma intensidade.

Relataram dificuldades para abordar o tema, principalmente com as crianças, uma vez que a morte não é um assunto cotidiano, é difícil, mas foi considerado importante discuti-lo. Em nenhum dos encontros verificou-se impacto emocional que o assunto geralmente suscita.

Entre os tópicos relacionados ao tema da morte, a perda foi predominante. Contaram casos pessoais envolvendo perdas significativas, mas não como desabafos e nem se alongaram muito.

A questão religiosa esteve presente, e as educadoras mencionaram o termo "Foi para o céu!", utilizado em conversas sobre a morte com as crianças (essa é uma escola católica).

A morte no contexto escolar foi abordada pela coordenadora quando contou dois casos de mortes de crianças da escola que foram traumáticos (afogamento e acidente de carro). Disse que as crianças tentam entender o porquê da morte e questionam muito o "nunca mais". Reforçou a necessidade de se preparar as crianças para o futuro.

Quanto aos encontros, as educadoras disseram que tinham sido muito bons, interessantes e produtivos. Serviram como momentos de reflexão, quando pararam para pensar, falar e discutir sobre a morte.

O grupo era muito organizado, e os participantes não se atropelavam para falar. Respeitavam e ouviam os colegas e mantinham certa ordem.

O primeiro encontro foi considerado muito significativo por ter sido um momento de compartilhamento do tema morte e de situações relacionadas.

No segundo encontro, as educadoras estavam muito ansiosas para conhecer os livros infantis e exploraram o material atentamente, mostrando-se surpresas com a quantidade de títulos que abordam o tema da morte. Aderiram à tarefa e, muito compenetradas, pouco conversaram entre si.

Verificaram as diferentes abordagens em que o tema morte foi apresentado nos livros: a razão do existir, o ciclo da vida, perdas e morte como um fenômeno que ocorre na vida de qualquer um.

No terceiro encontro, continuaram explorando os livros com entusiasmo, embora em menos tempo. As professoras trocaram livros entre si e fizeram comentários com as colegas.

Comentaram que os livros eram muito interessantes e que foi possível começar a perceber coisas que eram mencionadas pelas crianças e que nem sempre eram compreendidas pelas professoras. A coordenadora avaliou que a morte é um tema necessário de ser explorado. Comentaram sobre uma situação complicada que estavam vivenciando com uma aluna de quatro anos que tem um tumor na cabeça e cujo irmão já morreu.

Quanto a abordar o tema morte na escola, a coordenadora acha que é assunto muito difícil de ser trabalhado, mas necessário, uma vez que aparece diariamente na mídia e também na escola. Suas afirmações pareciam ambíguas, pois, apesar de considerar o tema como importante, não vislumbrava a possibilidade de introduzi-lo no cotidiano escolar, justificando que "não dá para tirar a tristeza que a morte causa".

Entretanto, achou que os encontros foram válidos, pois elas tiveram a oportunidade de conhecer o material (os livros infantis) e refletir sobre a morte com as discussões, podendo então trabalhar quando algum caso surgisse na escola.

Apesar de reconhecer a importância de trabalhar esse assunto com os alunos, porque a escola é um agente de formação, a coordenadora reforçou a necessidade de haver empatia para se lidar com o tema.

As professoras julgaram os encontros muito produtivos, pois suscitaram reflexões, esclarecimentos de dúvidas, formas de comunicação, questionamentos e encorajamento, além de ser um espaço de troca que promoveu a aproximação, socialização e integração entre os colegas e o autoconhecimento.

Escola Particular de Educação Infantil 3 (EPI3)

Há 30 anos localizada em local nobre na zona oeste da capital de São Paulo, essa escola oferece ensino especializado e direcionado para crianças de um ano e seis meses a seis anos. Atende em meio período e período integral.

As turmas são divididas em grupos de acordo com a faixa etária, ou seja, com a etapa do desenvolvimento.

A escola atende crianças com necessidades especiais, que são incluídas nesses grupos, mas com acompanhamento individual.

Em sua proposta, apropria-se do referencial construtivista.

Os encontros aconteceram em uma sala de aula, com as carteiras dispostas em duas fileiras, uma de frente para a outra, formando uma grande mesa de reunião, que ocupava toda a extensão da sala.

A sala era relativamente pequena, um pouco apertada, sem muito espaço para circulação. Mas isso não representava problema, uma vez que estávamos sentados, como se estivéssemos à volta de uma grande mesa. No entanto, essa disposição pode ter provocado o distanciamento entre as pessoas, afinal o grupo contava com 15 participantes.

Não havia interferência de barulhos externos. Entretanto, por sua acústica, muitas vezes, era difícil ouvir o que as educadoras falavam, principalmente as que estavam sentadas mais distantes e falavam num tom mais baixo.

Na reunião de apresentação do projeto de pesquisa, a coordenadora solicitou que o grupo fosse ampliado de 10 para 15 participantes, pois todos estavam interessados no projeto. Por terem demonstrado interesse, resolvi abrir exceção quanto ao número de participantes, reforçando que seria importante que essa participação fosse voluntária e que o grupo não fosse alterado ao longo dos encontros.

O grupo contou com 13 participantes no primeiro encontro, entre eles: professores (dez), auxiliar (uma) e coordenadora/diretora pedagógica (duas), sendo 12 do sexo feminino e um do sexo masculino, com idades variando de 27 a 68 anos, com formação em Pedagogia, Psicologia, Magistério, Artes, Ed. Física. Todos tinham experiência profissional com Educação Infantil, com tempo de serviço na educação que variava de cinco a 30 anos.

No segundo encontro, houve uma alteração: havia 12 participantes, com uma professora nova no grupo. Duas integrantes faltaram por motivos particulares.

No terceiro encontro, o grupo tinha 15 participantes: os 13 do primeiro encontro, mais a professora que entrou no segundo encontro e mais uma nova. Apontei que isso estava totalmente fora do combinado, uma vez que havia sido acordado que a participação seria voluntária, que qualquer pessoa poderia sair do grupo a qualquer momento, no entanto, não seria possível a entrada de novos integrantes depois do grupo formado. A resposta foi que aquela era a equipe completa e que todos tinham imenso interesse na participação.

Senti-me incomodada com a situação, mas, sem encontrar alternativa naquele momento, prossegui com meu trabalho.

Nessa escola, em particular, a coordenadora solicitou que os encontros acontecessem mensalmente, com toda a equipe da escola, ocupando parte da reunião mensal que a equipe realiza normalmente (após esse horário, sem minha presença, a equipe prosseguia na reunião pedagógica).

No primeiro encontro tive a impressão de que o grupo formou-se a partir de uma imposição, uma vez que poucos foram os participantes ativos que colocaram suas ideias, discutiram e exploraram o assunto. Aparentemente, muitos se sentiam incomodados com a presença da coordenadora. Apesar de alguns professores não terem participado verbalmente da discussão, acredito que os encontros tenham sido produtivos porque, de alguma maneira, suscitaram reflexões e inquietações nos participantes (embora parecessem passivos, demonstravam estar ativos interiormente).

Foram relatados muitos casos durante a discussão sobre o tema morte.

No segundo encontro, o grupo mostrou-se mais participante devido à tarefa proposta: exploração dos livros e discussão. No entanto, notei que alguns professores, em vez de fazerem uma apreciação a respeito dos livros, apresentaram uma descrição dos mesmos.

As discussões continuaram acontecendo sempre entre cinco e seis pessoas, que pareciam ter mais intimidade, sendo que duas delas faziam parte da coordenação.

Por causa do modo como os encontros transcorreram, questionei-me se esses participantes estavam lá por livre e espontânea vontade ou se por imposição dos superiores. Ou, talvez, por serem politicamente corretos e cumprir com suas obrigações.

Essa dúvida surgiu porque, no primeiro encontro, a coordenadora tinha escolhido a palavra tranquila, como se falasse pelo grupo. Alguns concordaram e outros se mantiveram calados. Quando a reunião parecia fechada por unanimidade, uma professora colocou a palavra dúvida e outra, no final, quando estava fechando o encontro, quase que como num desabafo, falou que não tinha sido nada tranquilo, que isso a remetia às lembranças da morte do pai e não estava nada tranquilo. Essa mesma professora faltou ao segundo encontro e, no terceiro, depois de fazer seus comentários, retirou-se da sala, emocionada. Ficou nítido que, para essa professora em particular, os encontros suscitaram sentimentos difíceis de lidar. Falar de morte não é um assunto tranquilo nem tampouco fácil. Há dificuldades pessoais em lidar com sentimentos relacionados à perda.

Isso não significa que os encontros não tenham sido produtivos. Ao contrário. Para mim, ficou claro que o processo de descoberta e de crescimento ocorre quando existe um espaço de confiança e de troca, onde as pessoas podem compartilhar suas dúvidas, incertezas, dificuldades e progressos. Um lugar onde todos estão no mesmo patamar.

Questionei-me se os encontros com os participantes desse grupo não seriam mais produtivos para o crescimento e a construção conjunta se a coordenação não estivesse presente e se não conduzisse as discussões. Não consegui resposta para essa dúvida.

Fiquei surpresa ao ouvir as palavras-chave no último encontro, porque as pessoas que tinham permanecido em silêncio absoluto em todos os encontros trouxeram a palavra "difícil".

O que seria difícil: O tema? Trabalhar a questão da morte com as crianças? Alguma situação pessoal? Introduzir esse tema na escola?

Saí de lá com muitas dúvidas sem respostas e sem esclarecimentos, uma vez que as coordenadoras alegaram que o silêncio era o modo de ser de algumas pessoas e isso era respeitado por eles. Justificaram que, como se conhecem há muito tempo, eles têm liberdade suficiente para se colocarem se houver necessidade e também têm esse espaço de troca entre eles (nessas reuniões mensais). Reafirmaram que, na escola, são como uma família e dão suporte uns aos outros.

Durante os encontros, minha sensação era de que tudo era conduzido pela coordenação. A inibição, o receio dos professores em se expressar parecia não se dever ao fato de a coordenação estar presente, mas sim ao modo como a coordenação conduzia e administrava a manifestação dos professores.

Na devolutiva, quando perguntei se alguém havia pensado no que tínhamos discutido nos três encontros ou se tinha lidado com alguma situação de morte durante esses três meses, todos permaneceram em silêncio. Uma das coordenadoras rompeu o silêncio, dizendo que esses encontros serviram para pensar em como introduzir a morte nos temas transversais do currículo escolar, mas ainda estava com dúvidas em relação a isso.

Alegou que esse assunto seria discutido em janeiro, por ocasião do planejamento pedagógico e da capacitação dos educadores. A outra coordenadora, em seguida, falou da importância de se trabalhar com as pequenas perdas do dia a dia, e não exatamente com a morte em si. Reforçou a necessidade de se conhecer bem os livros infantis existentes sobre o assunto. Para isso, pediram a relação dos livros utilizados na pesquisa e de outros que eu conhecesse para que pudessem pensar, para o início do próximo ano, em uma capacitação dos professores.

Minha impressão sobre essa escola ao longo da pesquisa foi de que eles queriam ver os novos materiais sobre a questão da morte para se inteirar e adaptar algo para a escola, se fosse conveniente. Além disso, como pesquisadora de doutorado, eu poderia fornecer informações e indicações de literatura infantil que pudessem ser interessantes para eles.

Ainda na devolutiva, ao fazer meus comentários, enfatizei o fato de o silêncio ter predominado num grupo tão grande. O grupo parecia mais solto e relaxado, mesmo assim, saí de lá sem conhecer a voz de muitos.

Apesar disso, tinha certeza de que os participantes não estavam saindo da mesma forma como iniciaram as atividades. A minha impressão era de que alguma mudança estava se operando. Para alguns, o silêncio era produtivo, enquanto para outros, causava incômodo.

Apesar de ter-me colocado à disposição para quaisquer contatos, caso fosse necessário, ninguém me procurou. Eu já esperava que isso ocorresse pela dinâmica estabelecida no grupo.

Escola Estadual (EE)

Essa escola estadual pertence à diretoria de ensino da região centro de São Paulo. Está localizada na região centro-oeste da capital de São Paulo.

Funciona em dois turnos: manhã e tarde, oferecendo o Ensino Fundamental – ciclo I (1ª à 4ª séries) e ciclo II (5ª e 6ª séries). O objetivo é continuar ampliando.

O primeiro encontro foi realizado em uma sala de aula de primeiro ano do Ensino Fundamental I. A sala era grande, cheia de carteiras e com pouco espaço para se movimentar. Além disso, a acústica da sala era muito ruim, e o barulho vindo da avenida, muito alto (a escola localiza-se em uma das avenidas mais movimentadas da cidade, com o Corpo de Bombeiros bem próximo. Era comum ouvir-se sirene durante os encontros). Era uma sala muito abafada e com pouca ventilação. Sem ventilador e num final de tarde muito quente, as janelas precisavam ficar abertas, apesar de todo o barulho da avenida em horário de *rush*.

As carteiras foram organizadas para que o grupo se sentasse em círculo, para facilitar nossa comunicação.

O segundo e o terceiro encontros foram realizados na sala dos professores, que também tinha interferência de barulho externo. Felizmente, era mais ampla e mais ventilada. Entretanto, por ser a sala dos professores, no início da reunião, muitas vezes, fomos incomodados com o entra e sai de professores que vinham deixar material, mas não houve grandes problemas.

O grupo foi constituído inicialmente por sete participantes, sendo seis do sexo feminino e um masculino, todos professores. As idades dos participantes não foram mencionadas, mas eram pessoas que estavam entre o jovem adulto e a meia idade. O tempo de serviço era entre três e 29 anos, estando na rede pública de dois a 24 anos.

A formação desses professores era: Pedagogia, Psicologia, Psicopedagogia, Artes e Magistério.

Os professores pareciam não se conhecer bem e demonstraram ter pouca intimidade.

O grupo, em todos os encontros, demonstrou estar interessado e engajado nas propostas, trabalhando ativa e seriamente, contribuindo com reflexões muito ricas e profundas.

Os educadores que permaneceram até o final foram aqueles que participaram mais ativamente desde o início, discutindo e levantando questões.

Esse grupo restringiu a discussão aos casos que ocorreram no contexto escolar. Não trouxeram relatos de mortes no âmbito pessoal (somente uma professora, no final do primeiro encontro, mencionou que havia sofrido a perda do pai há três meses e, no último encontro, outra professora referiu-se, sem detalhes e sem se alongar, à perda da irmã há nove meses).

A partir dessa experiência de pesquisa, perceberam a importância de se ter uma roda de conversa, não somente para as crianças, mas para eles também.

Embora não tivessem o hábito de fazer a roda de conversa com seus alunos (exceto um professor que a realizava a cada 15 dias), admitiram ser um meio adequado para criar um espaço de acolhimento dos alunos.

Em suas reflexões, os professores foram organizando suas ideias, com um olhar de descoberta para o "novo" e procurando um "olhar de aplicação", vislumbrando a possibilidade de se elaborar algum tipo de trabalho com as crianças.

Perceberam que é possível abordar o tema da morte na escola não como perda, mas como parte do ciclo de vida. Enfatizaram a importância de oferecer alguma forma de acolhimento aos alunos.

Durante a realização da pesquisa, após o segundo encontro, uma das professoras decidiu abordar o tema do medo com seus alunos, explorando-o não só por meio da conversa, mas também por meio da produção de textos e desenhos (essa experiência é detalhada no capítulo "Grandes Descobertas").

Os educadores se conscientizaram de que, mesmo não sendo possível solucionar problemas de ordem social e/ou familiar, poderiam escutar, dividir e fazer o possível para ajudar um aluno. Embora, em muitas ocasiões, a única possibilidade seja ouvir ou acolher, isso pode significar muito para a criança. Dividir pode minimizar o sofrimento e a solidão.

Ao discutirem estratégias para abordar o tema morte acharam adequado apresentá-lo como um fenômeno que faz parte da vida de todos nós. Consideraram o livro *O dia em que a morte quase morreu* (Branco, 2006) pertinente para o trabalho.

O livro *Quando os dinossauros morrem* (Brown e Brown, 1998) também foi mencionado por ser completo, abordar todos os aspectos relativos à morte e, sobretudo, por ser didático e pedagógico.

O grupo como um todo apresentou reflexões ricas e cresceu muito ao longo dos encontros.

Os educadores que demonstraram mais dificuldades com o tema morte conseguiram enfrentá-las de maneira surpreendente. Ao final, fizeram considerações sobre os encontros, descrevendo-os como momentos interessantes e produtivos que serviram como oportunidade para parar, pensar e falar sobre a morte.

Somente duas professoras desistiram logo no primeiro encontro. Juliana deixou claro, em sua apresentação, que não queria aprender a lidar com a situação de morte, não demonstrando interesse na discussão. Acredito que essa tenha sido a razão de sua desistência. Giovanna mencionou a perda recente do pai, o que pode ter motivado sua saída.

Pedro não compareceu somente no terceiro encontro. Justificou que precisava atender um paciente no consultório.

Escola Municipal de Educação Infantil (EMEI)

Essa escola, denominada inicialmente de Parque Infantil, tinha a finalidade de atender a crianças pobres da capital. Está localizada na zona oeste da capital de São Paulo, num bairro antigo, onde predominam moradores mais idosos.

A clientela que frequenta a escola é diversificada, proveniente em grande parte de outros bairros (mais carentes, inclusive). São crianças que saem muito cedo para chegar à escola no horário. São filhos de trabalhadores que exercem diferentes atividades profissionais que, por não terem com quem deixar seus filhos durante o período de trabalho, deixam-nos na escola. Por isso, a escola tem procurado desenvolver várias atividades para melhorar o ensino-aprendizagem, buscando uma expansão para garantir a demanda e a permanência da criança na escola. Funciona em três turnos, que vão das 07h20 às 19h20. Conta com 205 crianças em período integral e 200 no parcial.

A escola preserva o patrimônio com as características do Parque Infantil e conta com área verde abundante, árvores centenárias, praça e jardim, o que deixa o espaço muito bonito e agradável. No entanto, conta com apenas dois banheiros para as crianças (um feminino e um masculino). Cada um desses banheiros tem três boxes, o que representa um número pequeno de instalações sanitárias para o grande número de crianças ainda muito pequenas (de três a seis anos). Segundo a coordenadora, isso não pode ser alterado por fazer parte do patrimônio da prefeitura, assim como a grande área verde.

Essa EMEI tem sua proposta pedagógica calcada na concepção de educação humanista. A abordagem educacional está pautada na Pedagogia da Infância, no sócio-construtivismo interacionista.

Os encontros aconteceram na sala dos professores e os participantes sentaram-se à volta de uma mesa de reuniões.

A sala era ampla e bem arejada, mas um pouco desconfortável devido à interferência de sons e barulhos provenientes do pátio, onde sempre tinha algum grupo de crianças brincando nos momentos em que havia reunião.

Nessa EMEI, os educadores foram divididos em três grupos, de acordo com o Horário de Trabalho Pedagógico Coletivo (HTPC). Os encontros foram marcados no horário dessas reuniões, distintos para cada um dos três grupos, variando de acordo com a jornada de trabalho (os encontros aconteceram para os três grupos, nos mesmos dias).

A coordenadora participou dos encontros dos três grupos. De início, isso chegou a me incomodar, mas depois percebi que sua presença não era prejudicial, pois não exercia a função de policiamento nem intimidava os participante. Tinha como objetivo aproveitar ao máximo os encontros.

Grupo 1

O Grupo 1 era formado por oito participantes, sendo sete professoras e a coordenadora, todas do sexo feminino, com idades variando de 39 a 63 anos, com mais de 20 anos de trabalho em educação e com tempo de serviço público variando de 16 a 25 anos.

Uma das professoras que participou deste grupo não exerce atividades em sala de aula, está na administração, pois voltou de um afastamento por estresse.

Nesse grupo, duas professoras participaram apenas do primeiro encontro. Lígia, por motivo de licença médica (cirurgia), e Rafaela, por dificuldade em lidar com o tema morte, por ter vivenciado situação de perda recente.

O grupo foi muito rico, participante, ficou bem centrado na discussão do tema da morte no contexto escolar, embora as participantes trouxessem algumas situações de perdas pessoais, sem tirar o foco da discussão.

Esse grupo, em particular, também abordou a situação de dor causada pela perda pessoal dentro do contexto escolar, quando relataram a morte de uma das professoras da escola. Essa professora, que havia trabalhado muito tempo na EMEI, era muito amiga e querida por muitas delas.

Falaram muito desse caso, enfatizando a reação da direção da escola, o luto das professoras, a comunicação e acolhimento às crianças.

Foi um grupo que teve muita participação, mas houve certa desorganização ao longo dos encontros, devido a conversas paralelas e brincadeiras. Esses foram os meios que encontraram para diminuir um pouco o peso de estar ali. Foram encontros muito difíceis para a maioria, mas todas permaneceram ativas, com reflexões importantes.

Posso dizer que, apesar das reuniões um pouco tumultuadas, as participantes estavam muito comprometidas e as discussões foram ricas e pertinentes.

A devolutiva foi um encontro produtivo. Apesar de ter ocorrido quatro meses depois e de as professoras confessarem ter esquecido o assunto durante esse período, estavam ansiosas, naquele momento, para ouvir minha avaliação.

Fiz uma apresentação clara e objetiva de minhas conclusões, sem omitir nenhuma observação sobre cada participante e sobre o grupo como um todo.

Ao retomar as palavras-chave que cada uma escolheu para melhor traduzir os encontros, observei atentamente suas fisionomias e pude constatar que pareciam aliviadas por não estarem sendo avaliadas ou criticadas, como algumas esperavam anteriormente. Pareceu-me que se sentiram compreendidas e acolhidas, podendo dar vazão aos sentimentos.

Foi criado um vínculo de confiança e, a partir daquele momento, senti que passei a fazer parte do grupo.[10] Isso ficou nítido, para mim, quando uma das professoras – curiosamente a que mais apresentou dificuldades durante os três encontros – quis discutir com o grupo, como se estivesse em uma supervisão, o caso de um dos seus alunos que havia ficado órfão quatro dias antes.

Depois disso, essa mesma professora enviou-me uma mensagem eletrônica e também deixou um recado no celular, agradecendo. Parecia estar em paz consigo mesma. Para mim, foi um presente! (Ela só não sabia que, no dia em que deixou seu recado, era meu aniversário).

---

[10] Isso me foi confirmado em outubro de 2007, quando fiz um trabalho na escola posterior à pesquisa. Algumas educadoras me disseram que sentiam falta de nossas reuniões, que, apesar de difíceis, eram muito produtivas. Ouvi também que já tinham se acostumado com minha presença. A coordenadora solicitou-me que, para 2008, elaborasse um trabalho que desse continuidade ao que foi iniciado durante a pesquisa.

Grupo 2

O Grupo 2 era formado por cinco participantes, sendo quatro professoras e a coordenadora, todas do sexo feminino, com idades variando de 27 a 49 anos, com tempo de serviço na educação que variava entre 8 e 27 anos, sendo de 8 a 21 anos no serviço público.

Uma das professoras desse grupo voltou a exercer atividades em sala de aula; antes estava na parte administrativa.

As professoras desse grupo trabalham há vários anos nessa EMEI.

Esse grupo teve uma participação um pouco diferente. As quatro professoras do grupo atuam há muitos anos nessa escola e parecem ter uma relação de amizade, intimidade e cumplicidade que caracteriza um grupo unido e forte. Como se sentiam à vontade naquele ambiente, agiam como se fossem as responsáveis pela condução dos trabalhos escolares e a seleção e adição do material pedagógico.

Pareceram-me pessoas distantes e fechadas ao novo, adotando uma postura crítica e de distanciamento. Foram categóricas ao afirmar que o tema da morte só seria abordado em caso de perda por parte de alguma criança de suas turmas e "SE" a criança trouxesse a questão. Afirmaram que a morte é um acontecimento natural, que faz parte do ciclo vital, mas ficou evidente que, para elas, a morte não deve ser um tema tão enfatizado quanto o nascimento e o desenvolvimento.

No segundo encontro, na exploração dos livros, sentaram-se à mesa, em grupo, ao lado oposto da pesquisadora, mantendo relativa distância que, aparentemente, caracterizava uma espécie de recusa de participação.

Sentia-me, literalmente, uma estranha. Em nenhum momento me senti integrada ao grupo. Era uma estranha que veio coletar dados para uma pesquisa.

As educadoras pareciam estar ali para ver o que estariam inventando desta vez. Adotaram uma postura mais distanciada, com um olhar crítico para o tema e para os livros. Apesar dessa aparente postura de distanciamento, tiveram uma participação ativa durante as discussões e contribuíram com comentários interessantes. A postura mais fechada e distante desse grupo provavelmente refletiu a necessidade de preservar e defender suas ideias pré--concebidas e até cristalizadas. Se a composição do grupo tivesse sido mais heterogênea, a dinâmica poderia ter sido diferente.

Na devolutiva, disseram que estavam ali para analisar não só a possibilidade de introdução do tema morte para as crianças, mas também a aplicabilidade do material sobre o assunto na escola. Durante todo o encontro, as professoras permaneceram relutantes, afirmando sempre que esse tema só seria abordado se houvesse algum caso de morte vivenciado por alguma criança e se os próprios alunos o introduzissem na sala de aula ou o trouxessem individualmente para a professora.

Apesar desse distanciamento, argumentavam que a morte faz parte do ciclo de vida e que ela já é abordada naturalmente. No entanto, na devolutiva, enfatizei que, apesar de a morte fazer parte do ciclo vital, como ressaltaram, elas me haviam passado a impressão de que o nascimento e o crescimento eram etapas que mereciam maior atenção, enquanto a morte poderia ser comentada apenas superficialmente.

Ainda nesse encontro, após eu ter apresentado minhas observações, uma das professoras disse que havia adotado uma postura mais distanciada porque não gostava de entrar em confronto com assuntos que envolvem valores pessoais e, segundo ela, a morte envolve diretamente questões religiosas. Continuou sua exposição, dizendo que procurou respeitar os valores e a religião dos outros e não admitiria que alguém tentasse mudar suas próprias crenças e valores.

Além disso, justificou que os dois lados envolvidos na pesquisa demonstravam uma postura de avaliação. Enquanto eu, como psicóloga-pesquisadora, estava ali coletando dados para uma pesquisa, elas estavam avaliando um instrumento – os livros.

Outra participante acrescentou que tal distanciamento estava relacionado a uma tentativa de preservação, dando a entender autopreservação. No final da devolutiva, sugeri que refletisse se o que ela designava como preservação não poderia ser aprisionamento. Durante os encontros, havia percebido nela um choro contido, que provavelmente era suscitado pela lembrança de uma figura de afeto. Ela se emocionou e começou a falar de dificuldades pessoais, referentes à perda do pai. Essa exposição levou o grupo a discutir as necessidades dela, o que foi bastante ilustrativo. Apesar do envolvimento e da participação de todas nessa discussão (de caráter pessoal) trazida por ela, ainda não foi o suficiente para quebrar a atitude resistente do grupo.

Grupo 3

No primeiro encontro do Grupo 3, uma das professoras desistiu da participação logo após a exposição sobre a pesquisa e quando leu o Termo de Consentimento Pós-Informado. Soube, posteriormente, que essa professora estava passando por dificuldades pessoais em sua vida.

O Grupo 3 era formado por quatro participantes, sendo três professoras e a coordenadora, todas do sexo feminino, com idades variando de 38 a 60 anos, com aproximadamente 20 anos de trabalho em educação, sendo de 13 a 19 anos no serviço público.

As professoras do grupo também trabalham há vários anos nessa EMEI.

Quanto à formação acadêmica das professoras: a grande maioria tinha Magistério com Especialização em Pré-Escola e Pedagogia.

Apesar do número reduzido de participantes nesse grupo, as professoras se envolveram muito com o tema. A participação foi efetiva, com discussões muito ricas e reflexões relevantes. Demonstravam ser um grupo mais aberto ao novo, com uma forte interação com o tema e com os livros.

Considerações sobre as escolas

Não identifiquei diferenças significativas entre as escolas no que se refere ao tema da morte no contexto escolar e nem no olhar que foi lançado ao livro infantil que aborda esse assunto.

Posso falar de diferenças entre os professores e entre os grupos, mas não notei nada que pudesse caracterizar-se como diferenças entre escolas públicas e privadas, grandes e pequenas, de Educação Infantil, Ensino Fundamental ou daquela que vai até o Ensino Médio.

Percebi dificuldades em todos os grupos, de todas as escolas. O desconhecimento da literatura infantil sobre o tema morte apareceu em todos os grupos, de todas as escolas. A forma de enfrentamento do problema mostrou-se individual, mas acredito que a dinâmica do grupo possa ter influenciado as reflexões e discussões sobre o assunto. Acredito que o acolhimento e compartilhamento foram fatores que auxiliaram nesse aspecto.

Foi interessante observar que os professores têm expectativa da aprendizagem do novo como algo que acontece de fora para dentro, com alguém que vem ensinar.

Mostraram-se surpresos ao se depararem com o potencial/recurso próprio de cada um, com as descobertas realizadas.

Vários educadores demonstraram espanto com os resultados alcançados a partir de reflexões, experimentações e discussões, em um espaço de compartilhamento.

Soou como novidade para eles, como algo que tivessem alcançado por meio de mágica. Pareciam desabrochar para o novo.

Esse espaço de compartilhamento foi muito valorizado pelos professores, no último encontro, como um espaço necessário para olhar o novo, dividir saberes, dificuldades e experiências. Fizeram a comparação com a roda de conversa com os alunos.

2. Os Livros Infantis

Apresentação

Apresento os livros infantis que utilizei com os educadores das escolas participantes deste estudo.

Foram utilizados 36 livros infantis que abordam o tema morte em seu conteúdo das seguintes formas:

– Falando sobre a morte;
– Abordando a morte como uma etapa do ciclo vital;
– Abordando a morte no enredo de uma história (morte de avós, de bicho de estimação, de mãe, de irmãos...);
– De forma interativa (com atividades a serem trabalhadas com as crianças).

Para cada livro selecionado, apresento uma sinopse.

Pretendia incluir a capa e algumas ilustrações na apresentação dos livros. São elementos importantes do processo de comunicação do livro, pois atraem o leitor para a escolha do livro e, muitas vezes, atingem mais o leitor do que a própria palavra escrita. Como a reprodução parcial ou total de grande parte desses livros é proibida, padronizei a apresentação garantindo os direitos autorais.

"Não faço análise dos livros. Farei alguns comentários sobre eles no tópico Análise das apreciações feitas pelos educadores a respeito dos livros infantis".

Espero que este trabalho possa também servir como uma espécie de guia não só para os leitores que desejam conhecer livros infantis que tratam o tema da morte, mas também para educadores que desejam entrar em contato com livros paradidáticos que não tenham apenas objetivos pedagógicos.

Não fiz um estudo de varredura com o objetivo de encontrar todos os livros já publicados. Incluí aqui alguns dos livros com os quais entrei em contato ao longo de minha vida profissional. Não utilizei livros que tratam de doenças ou outros tipos de perdas (mortes simbólicas) e sentimentos relacionados à morte. Neste trabalho só utilizei livros que tratam da morte concreta, recomendados para crianças na faixa etária de até dez anos.

Existem outros livros muito interessantes indicados para crianças mais velhas.

Utilizei livros que são facilmente encontrados em livrarias, com exceção de dois:

1. *A revelação do segredo* (Kübler-Ross, 1982), que está esgotado. Como estava incluído no material a ser oferecido aos educadores e por ser muito interessante como objeto de reflexão – uma vez que trata o assunto de forma fantástica e pouco realista –, eu o mantive na relação dos livros escolhidos. Esse livro traz certa polêmica porque sua autora é uma pioneira no trabalho com pacientes terminais ao ouvi-los em suas necessidades psicológicas e pode ser considerada referência por seu pioneirismo. Essa autora, ao longo de seu trabalho, foi buscando uma abordagem mais espiritualista do assunto, portanto conduzindo a uma determinada forma de ver a morte.

2. *O medo da sementinha* (Oliveira, 2003), editado pela Cultur, com apenas 45 mil exemplares, que foram destinados à distribuição gratuita entre estudantes da rede pública de ensino de vários Estados. Dos livros utilizados nesta pesquisa, esse é o único que não é encontrado em livrarias.

Conheci esse livro pela própria autora, que, ao saber de meu trabalho, entrou em contato, enviando-me um exemplar. Tomei a iniciativa de incluí-lo na lista pela qualidade com que explora o tema morte e para verificar qual seria a apreciação por parte dos educadores.

Para facilitar a leitura desse trabalho, apresento os 36 livros agrupados em categorias:

4. In loco /achados

- morte na velhice (1)
- morte de animais de estimação (5)
- morte de avós (8)
- morte do pai (1)
- morte da mãe (3)
- morte de crianças / irmãos (1)
- morte como ciclo da vida (6)
- explicações sobre a morte (3)
- livros interativos (2)
- abordagens fantásticas (3)
- outros (3)

Inicialmente, eu havia listado uma categoria "morte de pais". Entretanto, dentre os 36 livros que utilizei para esta pesquisa, quatro se encaixavam nessa categoria e apenas um abordava a morte do pai e, ainda assim, é um livro que pode ser incluído, também, na categoria "velhice".

Resolvi, então, separar em duas categorias: "morte de pai" e "morte de mãe", pois acredito que, possivelmente, a morte da mãe tenha um significado diferente e, talvez, uma relevância diferente.

Categorias	Quantidade	Nacional ou traduzido	Títulos
Velhice	1	Nacional: 0 Traduzido: 1	• O teatro de sombras de Ofélia
Animal de estimação	5	Nacionais: 3 Traduzidos: 2	• Os porquês do coração • No céu • A mulher que matou os peixes • Quando seu animal de estimação morre • O dia em que o passarinho não cantou

Avós	8	Nacionais: 4 Traduzidos: 4	• Histórias da boca • Cadê meu avô? • Vó Nana • Vovô foi viajar • Por que vovó morreu? • Menina Nina • O anjo da guarda do vovô • Quando seus avós morrem
Pai	1	Nacional: 1 Traduzido: 0	• A montanha encantada dos gansos selvagens
Mãe	3	Nacionais: 2 Traduzido: 1	• Eu vi mamãe nascer • Não é fácil, pequeno esquilo • A história de Pedro e Lia
Criança / irmãos	1	Nacional: 1 Traduzido: 0	• Emmanuela
Ciclo de vida	6	Nacionais: 3 Traduzidos: 3	• Tempos de vida • Caindo morto • O dia em que a morte quase morreu • O medo da sementinha • A sementinha medrosa • A história de uma folha
Explicativos	3	Nacional: 0 Traduzidos: 3	• Morte: O que está acontecendo? • Ficar triste não é ruim • Quando os dinossauros morrem
Interativos	2	Nacional: 1 Traduzido: 1	• Quando alguém muito especial morre • Conversando sobre a morte

| Fantásticos | 3 | Nacionais: 2
Traduzido: 1 | • A revelação do segredo
• Pingo de Luz
• Pingo de Luz – De volta à casa do Pai |
| Outros | 3 | Nacionais: 3
Traduzido: 0 | • O decreto da alegria
• A felicidade dos pais
• Um dente de leite, um saco de ossinhos |

Tabela 1: Livros infantis que abordam o tema da morte, organizados por categorias

Velhice

O teatro de sombras de Ofélia[11]

Autor: Michael Ende
Ilustrações: Friedrich Hechelmann
Tradução: Luciano Vieira Machado
Edição: 12ª
Local: São Paulo
Editora: Ática
Ano: 2005
Páginas: 28

Ofélia era uma velhinha que vivia só em uma cidadezinha pequena e antiga. Trabalhava no teatro local. Apesar de ter uma voz muito fraca, soprava as falas para os atores, de dentro de uma pequena caixa. Era muito feliz com seu trabalho. Mas, com o passar dos anos, o teatro da pequena cidade fechou. Os atores foram embora e Ofélia foi despedida.

Depois da última apresentação do teatro, Ofélia continuou sentada em sua caixa, relembrando os velhos tempos. De repente, ela viu uma sombra balançando: a Sombra Marota.

Como Ofélia vivia sozinha e a sombra não pertencia a ninguém, Ofélia ficou com a sombra.

Certo dia, na igreja, outra sombra apareceu e Ofélia acolheu a Negra Angústia.

Desde então, várias sombras vieram procurar Ofélia: Morte Solitária, Noite Enferma, Nunca Mais, Peso Oco... Todas moravam no pequeno quarto de Ofélia e, muitas vezes, acabavam brigando. Ofélia, então, começou a ensinar-lhes as grandes comédias e tragédias do mundo.

Certo dia, Ofélia foi despejada do quartinho onde morava. Colocou tudo (que não era muito) em uma mala e foi-se embora. Saiu pelo mundo, sem saber aonde ia. Em uma mão carregava a mala e, na outra, a bolsa com suas sombras.

---

[11] Esse livro recebeu o Prêmio Monteiro Lobato de melhor livro traduzido para crianças, FNLIJ, 1992.

Sem ter para onde ir, foi andando, andando e chegou ao mar. Sentou-se para descansar e adormeceu.

Enquanto isso, as sombras se reuniram para pensar como poderiam ajudar a velhinha.

Decidiram, então, ir de aldeia em aldeia; tiravam o lençol branco da mala e representavam para as pessoas daquele lugar. Assim, Ofélia ficou conhecida, e as pessoas a aplaudiam e ainda pagavam um dinheirinho pelo espetáculo.

Juntando seu dinheirinho, Ofélia comprou um carro e andou pelo mundo, acompanhada de suas sombras.

Certo dia, durante uma tempestade de neve, outra sombra lhe apareceu: a Morte.

Subitamente, Ofélia, de olhos novos, estava à porta do céu, cercada por figuras muito bonitas – as suas sombras.

A porta do céu se abriu e se encaminharam para um maravilhoso teatro: o teatro de luz de Ofélia.

MORTE DE ANIMAIS DE ESTIMAÇÃO

Os porquês do coração

Autor: Conceil Corrêa da Silva; Nye Ribeiro Silva
Ilustrações: Semíramis Paterno
Local: São Paulo
Editora: Editora do Brasil
Ano: 1995
Coleção: Viagens do Coração
Páginas: 42

O livro conta a história de uma menina chamada Mabel que, para tudo, pergunta: *Por quê?*

Em seu aniversário, ganhou um aquário com um peixinho. Deu-lhe o nome de Igor.

Diariamente, Mabel cuidava de Igor e ficava conversando com ele, lançando seus questionamentos e, com isso, estreitando a amizade entre eles.

Certo dia, ao voltar de um passeio, Mabel encontrou Igor morto. Mais uma vez, fez a pergunta: *Por quê?* (p. 27). Mas, dessa vez, lembrou-se de que seu pai, um dia, havia lhe dito que nem todas as perguntas tinham respostas.

Mabel e seus amigos, que também gostavam de Igor, fizeram o enterro de seu peixinho no quintal, cobrindo o túmulo com flores.

Mabel ficou triste e chorava muito, até que "suas lágrimas foram inundando seu coração" (p. 30). Sentia saudade de seu amiguinho e lembrava dos bons momentos que passaram juntos.

Certo dia, Mabel estava tão triste que foi para seu quarto e gritou, desesperadamente, por Igor. Qual foi sua surpresa, quando percebeu que Igor nadava em seu coração.

A partir de então, Mabel descobriu que em seu coração existiam três cavernas: a da saudade, que ficava ao lado da caverna dos sonhos, bem pertinho da caverna das lembranças, que chegava à caverna das boas recordações.

Dessa forma, pôde voltar à vida encontrando novamente a alegria de viver.

No céu

Autor: Nicholas Allan
Tradução: Fernando Nuno. Revisado por Vadim V. Nikitin
Local: São Paulo
Editora: Martins Fontes
Ano: 1996
Páginas: 28

O livro conta a história de uma menina chamada Lily e seu cachorrinho, Dill.

Lilly encontra Dill fazendo as malas, pois ele foi chamado, pelos anjos, para ir para o céu. Lily quer ir junto, mas não pode, pois não foi chamada.

Enquanto conversam, imaginam como será o céu e começam a discutir, pois imaginam coisas completamente diferentes.

Em meio à raiva, Lily diz que Dill poderá ir "para baixo", referindo-se ao inferno. Lily começa a lembrar das coisas erradas que Dill fez em sua vida, mas ele justifica que tentou ser bom.

Lily, muito triste, despede-se de Dill.

No dia seguinte, ao acordar, Lily desce as escadas correndo, mas depara-se com a cestinha de Dill vazia. Lily, muito triste, vê cada objeto que lembra Dill: sua coleira, seu pratinho, sua bolinha, até mesmo os arranhões que ele fez na porta. Vai para a praça sozinha e fica pensando que as coisas não serão mais como antes.

Certo dia, Lily encontra um cachorrinho perdido e o leva para casa. E, junto com ele, Lily faz tudo o que antes fazia com Dill.

Na última página do livro, Dill, lá do céu, diz: "Ele deve estar achando que já chegou ao céu". Ou seja, o céu está aqui na Terra. Essa é a mensagem trazida na contracapa.

A mulher que matou os peixes

Autor: Clarice Lispector
Ilustrações: Flor Opazo
Local: Rio de Janeiro
Editora: Rocco
Ano: 1999
Páginas: 32

Narrado pela própria autora, inicia com um diálogo com o leitor de maneira informal e bem-humorada. Começa confessando o "crime" que cometeu sem querer: matou dois peixinhos "vermelhinhos", como eram chamados.

Na verdade, os peixinhos morreram de fome porque ela havia se esquecido de dar-lhes comida.

Parecendo querer explicar-se, conta as histórias de todos os bichos com os quais convivera ao longo de sua vida, não só os que tinha escolhido, como também aqueles que surgiram por acaso e foram ficando.

Ela se coloca como uma pessoa que sempre gostou muito de animais, de crianças e de gente grande também. Todos os bichos apresentados em seu livro fizeram, em algum momento, parte de sua vida. E, por isso, conta simplesmente o que aconteceu com cada um deles.

A autora fala de todos os animais que temos em casa, "que não são exatamente de estimação", como baratas, lagartixas, moscas, mosquitos... Conta que teve uma gata que, em cada ninhada, tinha um monte de gatinhos... Teve amigos coelhos, patos, pintinhos, cachorros... até mesmo macacos. Conta também a história de dois cachorros muito amigos, Bruno e Max, que acabaram mortos por um mal-entendido.

Ao terminar de contar essa história, a autora recomenda ao leitor:

> Todas as vezes que vocês se sentirem solitários, isto é, sozinhos, procurem uma pessoa para conversar. Escolham uma pessoa grande que seja muito boa para crianças e que entenda que às vezes um menino ou uma menina estão sofrendo. Às vezes de pura saudade...

Finaliza a história contando como matou os peixinhos, jurando não ser culpada. Garante ser de confiança, mas admite ser uma pessoa muito ocupada, principalmente com o ofício de escrever também para gente grande.

Conta que seu filho tinha viajado por um mês e deixou os peixinhos para que ela cuidasse: teria que trocar a água do aquário e dar comida. Mas, entre uma coisa e outra, acabou se esquecendo e não alimentou os peixinhos por três dias. Como os peixes são mudos, não têm voz para reclamar e chamá-la, morreram... de fome.

O dia em que o passarinho não cantou[12]

Autor: Luciana Mazorra e Valéria Tinoco
Ilustrações: Luciana Baseggio Mazzocco
Local: Campinas
Editora: Livro Pleno
Ano: 2003
Páginas: 24

O enredo dessa história fala de uma menina (Cacá) e seu amigo passarinho (Lico). Os dois brincavam muito e estavam sempre juntos.

---

[12] Esse livro traz, no prefácio, uma mensagem aos pais, educadores e psicoterapeutas, em que as autoras falam sobre o processo de luto.

Certo dia, Lico adoece, o médico não dá nenhuma esperança, e ele morre.

Num primeiro momento, Cacá custou a acreditar que Lico estava morto e não poderia mais brincar com ela, mas sua mãe a acolheu e lhe explicou que nada mais poderia ser feito por ele.

E Cacá, junto com sua mãe, enterraram Lico no jardim; começou, então, todo o processo de luto pela perda do amigo. Cacá chorou muito, isolou-se, não conseguia prestar atenção na aula... Só pensava no que havia acontecido.

Sua mãe e uma amiga ficaram muito próximas da menina, que conseguiu compartilhar a tristeza que estava sentindo por ter perdido seu amiguinho. Sentiu-se melhor com isso!

Quando seu animal de estimação morre
Manual de ajuda para crianças [13]

Autor: Victoria Ryan
Ilustrações: R. W. Alley
Tradução: Alexandre da Silva Carvalho
Local: São Paulo
Editora: Paulus
Ano: 2004
Coleção: Terapia Infantil
Páginas: 32

A autora começa o livro falando sobre os motivos que podem levar a criança a ficar sem seu bichinho de estimação: morte (por velhice, doença ou atropelamento) ou fuga. Ou, até mesmo, quando o animal tem que ser dado para alguém, por diversas razões. Aborda o significado de morrer.

Faz referência à importância de se despedir de seu animalzinho, dando dicas de como isso pode ser realizado. Sugere preparar um funeral, como uma "cerimônia em homenagem" a seu amiguinho.

---

[13] Os livros da Coleção Terapia Infantil trazem, antes do texto, uma mensagem dirigida a pais, educadores e outros interessados em ajudar. Essa mensagem está repleta de informações importantes que orientam o adulto sobre o tema que será abordado.

Reforça a importância de expressar e compartilhar seus sentimentos. Alerta para o fato de que podem surgir sentimentos estranhos, com os quais a criança não estava acostumada: muita vontade de chorar, dificuldade para dormir ou para prestar atenção na escola, falta de apetite ou de vontade de brincar, sonhos com o bichinho que morreu, medo de que outros morram, sentimento de raiva ou até mesmo culpa (ou culpar o veterinário ou mesmo os pais) por não ter evitado a morte...

Enfatiza a importância de pedir ajuda para superar a tristeza, compartilhar os sentimentos e lembranças com os pais ou pessoas próximas.

Assegura que essa tristeza tem um tempo de duração, mas que isso passará. Mostra para a criança a importância de lembrar-se de sua convivência com o amiguinho, além de tentar conscientizá-la do valor de tudo o que aprendeu com seu bichinho de estimação: amar, cuidar, ser feliz...

Estimula a fazer novos amigos e a cuidar de outros (pessoas, animais, natureza).

Esse livro também fala de um "céu", mesmo que tratando da morte de um animal de estimação.

MORTE DE AVÓS

Histórias da boca / Cadê meu avô? (reedição de 2004)

Autor: Lidia Izecson de Carvalho
Ilustrações: Alex Cerveny
Local: São Paulo
Editora: Loyola / Biruta (reedição)
Ano: 1988 / 2004 (reedição)
Páginas: 24

Esse livro trata da história de um menino chamado Renato, cujo avô morre. Seu avô era seu melhor amigo, com quem brincava e quem lhe contava histórias.

Certo dia, Renato, inconformado com tal perda, encontrou o Papai Noel e pediu para trazer seu vovô de volta.

Papai Noel perguntou ao menino onde seu avô estava.

Renato, junto com Zeca (sua pulga de estimação), ficou muito pensativo.

Renato, como não sabia responder para onde vão as pessoas quando morrem, saiu em busca de explicações. Nessa maratona, acabou encontrando respostas muito diferentes:

A empregada respondeu que seu avô deveria estar no céu, como um anjo daqueles que tocam "violinha".

Sua mãe disse que seu avô havia sido enterrado no cemitério e seu corpo já deveria ter desmanchado e virado pó, mas sua alma (um brilho que ninguém vê, que todos temos e que fica no fundo do peito) deve ter se soltado e ter flutuado para ficar morando para sempre no céu.

Quando Renato perguntou a seu pai, ele se sentou no sofá, abraçou-o e começou a chorar baixinho. Renato também ficou triste e, abraçado com seu pai, chorou.

Com o desejo de não ver seu filho sofrer, o pai de Renato resolveu deixar esse assunto para outro dia.

Renato foi para o quintal e conversou com Zeca, que lhe deu a ideia de procurar sua avó, que sempre cuidara de seu avô. Renato então correu para a casa da avó e foi logo perguntando para onde seu avô tinha ido.

Bem devagar, sua avó lhe respondeu que o Vovô Mimi ainda morava com ela, bem dentro de seu coração.

Pensativo, pouco dormiu. E, no dia seguinte, quase não conseguiu prestar atenção à aula. Quando o sinal tocou, correu em disparada rumo à loja de brinquedos para falar com Papai Noel.

Chegando lá, Papai Noel o reconheceu e perguntou se havia descoberto o paradeiro de seu avô.

Renato respondeu que isso não importava mais. Ele não sabia se o avô tinha virado anjo, pó, brilho ou se estava no coração de sua avó. Mas ele havia descoberto que quem morre não volta nunca mais. Fica para sempre em um lugar que ele não sabe onde é.

Então, Renato resolve pedir um carrinho de rolimã para o Papai Noel, pois descobriu que quando sentisse saudade de seu avô, era só lembrar das histórias que ele contava.

Por que vovó morreu?

Autor: Trudy Madler
Ilustrações: Gwen Connelly
Tradução: Fernanda Lopes de Almeida
Edição: 4ª
Local: São Paulo
Editora: Ática
Ano: 1996
Páginas: 32

O livro narra a história de uma família em que a avó tem uma participação direta (cuidadora) na vida dos netos (Heidi e Bob) enquanto seus pais trabalham.

Certo dia, essa avó passa mal e tem que ir às pressas para o hospital.

Heidi e Bob ficam com a vizinha (dona Rose), enquanto sua mãe acompanha a avó na ambulância.

No dia seguinte, sua mãe chega com uma notícia triste: sua avó havia morrido.

Heidi participa dos rituais de despedida (funeral) junto com seus familiares.

Com o passar do tempo, Heidi sente muita falta da avó, principalmente porque era ela quem cuidava dela e de seu irmão, e, agora, seria dona Rose quem assumiria tal tarefa.

Heidi fica um pouco arredia com dona Rose. Desejava continuar sendo cuidada por sua avó.

Seu pai a convida a dar um passeio pelo parque e lá conversam sobre a morte, sobre os sentimentos, a saudade e as lembranças.

Heidi começa a entender o que está acontecendo com ela, podendo ressignificar a vida e as relações (principalmente com dona Rose, sua nova cuidadora).

Observações:

Esse livro traz, na primeira página, uma nota dirigida a pais e educadores. Ao mesmo tempo em que enfatiza o significado da figura da avó (segurança, afeto, aconchego, "segunda mãe"), aborda a realidade da morte, rituais, sentimentos e formas de expressão.

Na contracapa, declara que a narrativa se dá de forma "modelar", o que pode não corresponder exatamente às reações do leitor, ressaltando que isso favorecerá "o enriquecimento de sua vivência individual e insubstituível", promovendo reflexões. Sugere que a leitura pode ser mais produtiva se realizada em conjunto pelo adulto e a criança, beneficiando a troca de ideias.

Vovô foi viajar

Autor: Maurício Veneza
Ilustrações: Maurício Veneza
Edição: 2ª
Local: Belo Horizonte
Editora: Compor
Ano: 1999
Páginas: 24

O livro narra a história de uma menina que sente falta de seu avô, pois nunca mais apareceu na casa dela.

Começa indagando a mãe, que finge não ouvir, até que lhe responde que o avô foi fazer uma viagem muito longa. A menina enfatiza que a mãe "falou isso assim de um jeito meio diferente, sem olhar para mim, olho no olho" (p. 5).

A menina pergunta à tia sobre a viagem do avô, que lhe responde que foi de trem e não volta mais, mas também não lhe dá um motivo... Pergunta ao pai, que pigarreia, diz que o avô foi viajar num avião muito grande e demonstra tristeza... A prima da mãe, sem ser questionada, demonstra pena e diz que o avô foi para o céu, um lugar muito bonito que fica além das nuvens...

O desfecho da história se dá com a menina, num momento de saudade do avô, depois de pensar nas respostas recebidas, criando coragem para ir dizer a verdade a todos: "Levantei da rede, suspirei, tomei coragem. Entrei na sala e fui explicar a eles que, de verdade mesmo, meu avô tinha morrido" (p. 23).

O livro aborda a dificuldade de contar que o avô não voltará mais. Em certo momento, a menina associa a partida do avô à viagem de seu amigo da escola, que foi morar em outro país. Entretanto enfatiza que o amigo se despediu dela, mas o avô, não.

A história mostra as lembranças que a menina guarda do avô, os passeios, as brincadeiras... a saudade!

Vó Nana

Autor: Margaret Wild
Ilustrações: Ron Brooks
Tradução: Gilda de Aquino
Local: São Paulo
Editora: Brinque-Book
Ano: 2000
Páginas: 28

O enredo dessa história é o último passeio de Vó Nana (uma porca velha, que já se sentia cansada) com sua neta, apreciando, escutando, sentindo cheiros e sabores (despedida). A avó convida a neta para um passeio, durante o qual ela quer "se fartar" da natureza; isto é, valorizar a beleza da vida...

O livro fala da morte: de como a avó organiza o final de sua vida, da despedida e de como retoma sua história, fechando um ciclo.

Aborda a difícil despedida entre seres que se amam e os sentimentos de dor, tristeza e medo que surgem nessa situação.

É uma história de ternura e amor, de dar e receber (troca), de vida e morte.

Menina Nina – Duas razões para não chorar

Autor: Ziraldo Alves Pinto
Ilustrações: Ziraldo Alves Pinto
Local: São Paulo
Editora: Melhoramentos
Ano: 2002
Páginas: 40

O narrador conta uma história cheia de detalhes. Fala do nascimento de Nina, assistido e comemorado pela Vó Vivi; o encantamento de descobrir-se avó: mãe duas vezes. Traz em seu enredo a felicidade da vida compartilhada entre avó e neta.

Traz uma frase muito reflexiva: "Viver é inventar a vida" (p. 22).

A morte é contextualizada no relacionamento entre as duas personagens (Nina e sua avó). A história fecha o ciclo da vida dentro do ciclo do dia e da noite. Mostra Nina apreciando a Lua, que marca o fim de um ciclo. Em seguida, conta que vó Vivi não acordou no dia seguinte. "Vovó dormia para sempre" (p. 27).

Aborda a falta da despedida, do inesperado. Fala da aflição daquilo que não se pode mais... Fala da tristeza na morte. Inicialmente diz: "Não chore, Nina, não chore" (p. 31). Em seguida, traz uma forma poética para validar a expressão desse sofrimento: "Ou melhor: chore bastante. A gente afoga nas lágrimas a dor que não entendemos" (p. 31).

O livro aborda a dor da despedida e as "duas seguras razões para não chorar" (p. 33), focando valores e crenças diferentes de se encarar a morte.

Aponta duas possibilidades, o tipo de educação e o modo de encarar os mistérios da vida, do pós-morte. Se tudo se acaba completamente com a morte, com certeza, vovó estará em paz, não estará sofrendo, e Nina poderá dormir em paz e ter bons sonhos. Se, porém, existe uma vida num outro mundo, feito de luz e de estrelas, vovó estará vendo sua netinha de onde estiver.

O anjo da guarda do vovô

Autor: Jutta Bauer
Ilustrações: Jutta Bauer
Tradução: Christine Röhrig
Local: São Paulo
Editora: Cosac & Naify
Ano: 2003
Páginas: 48

O livro mostra o encontro de um avô doente, já no leito do hospital, com seu neto, quando rememora toda a história de sua vida. Sempre teve consigo um anjo da guarda que o acompanhava – isso só fica claro pelas ilustrações.

Ao final desse encontro, o avô "ficou cansado e fechou os olhos e o neto saiu sem fazer barulho". As ilustrações mostram o neto fora do hospital, brincando e admirando o "dia lindo".

Quando seus avós morrem – Um guia infantil para o pesar[14]

Autor: Victoria Ryan
Ilustrações: R. W. Alley
Tradução: Edileuza Fernandes Durval
Local: São Paulo
Editora: Paulus
Ano: 2004
Coleção: Terapia Infantil
Páginas: 32

Esse livro trata da morte do avô (ou avó) de uma criança.

O livro está organizado em tópicos, que dão explicações e dicas para enfrentar algumas situações difíceis.

Começa falando da tristeza causada pela doença de um dos avós (figuras afetivas). Mostra que tudo pode mudar ao redor da criança, tanto em relação às pessoas como ao ambiente e alerta para as mudanças que seu avô (ou avó) pode sofrer.

A autora incentiva a criança a despedir-se de seu avô (avó), demonstrar carinho e falar com ele(a), mesmo que ele(a) não possa responder.

Assegura que, quando se está triste, não é errado chorar. Chorar é permitido, tanto para o menino como para a menina, pois é uma forma de liberar a tristeza, embora existam diferentes maneiras para isso (mesmo que não pareçam): correr, fazer muito barulho, querer ficar sozinho...

Aborda também o significado da morte: todos os seres vivos morrerão e, quando isso acontecer, o corpo daquele que morreu para de funcionar (e não pode ser consertado).

Além disso, fala do "espírito", explicando que esta é a parte "que faz você ser VOCÊ". Aqui sugere que o espírito permanece "vivo, no paraíso, com Deus".

---

[14] Esse livro também pertence à Coleção Terapia Infantil e traz a mensagem inicial dirigida a pais, professores e outros adultos interessados em ajudar, que antecede o texto. A mensagem é rica em informações importantes que orientam o adulto sobre o tema que será abordado.

Ressalta os sentimentos confusos que a criança pode experimentar quando perde uma pessoa muito querida, inclusive a culpa, enfatizando que a criança não é culpada pela morte de ninguém. Mostra, também, a possibilidade de sentir medos.

A importância de expressar os sentimentos e poder compartilhá-los com um adulto é bastante reforçada.

O livro explica também os rituais, como o enterro, e diz que, depois disso, a vida seguirá como antes, embora a criança possa sentir-se triste por um tempo, ficar mais desatenta, lembrar mais de seu avô (avó).

Morte do pai

A montanha encantada dos gansos selvagens[15]

Autor: Rubem Alves
Ilustrações: Márcia Franco
Edição: 12ª
Local: São Paulo
Editora: Paulus
Ano: 1999
Coleção: Estórias para pequenos e grandes
Páginas: 20

Esse livro narra a história de gansos que não tinham dono, eram livres. Por isso, eram selvagens.

Os gansos selvagens tinham que enfrentar o frio e o calor, os caçadores e a fome. Mas, apesar dos momentos difíceis, tinham muitas alegrias, como o nascimento de um gansinho, chamado Cheiro de Jasmim.

Cheiro de Jasmim gostava muito das histórias contadas pelos velhos gansos à beira do lago. Um dia ouviu a história sobre a Montanha Mágica, onde a vida era bela, mas só iriam para lá os velhos, pois esses eram mais leves (por não terem mais tantos medos) e podiam voar até lá.

---

[15] Esse livro também se encaixaria na categoria Velhice.

Com o passar do tempo, seu pai, que ele tanto amava, foi ficando leve, até que chegou sua hora de partir. Cheiro de Jasmim ficou muito triste, mas sabia que seu pai estava contente porque iria para um lugar muito belo. Disse ao filho que era "necessário partir para continuar a viver" (p. 14).

Cheiro de Jasmim despediu-se do pai. Abraçou-o e perguntou se, quando partisse, sentiria saudades. E o pai respondeu: "Não chore! Eu vou abraçar você..." (p. 16).

E ficaram assim, juntos, muito tempo, pensando na vida boa e bonita que viveram juntos.

Veio, então, o vento, bem de mansinho, e o velho ganso partiu para a montanha encantada.

Depois que o velho ganso partiu, todos se reuniram, choraram e falaram da saudade. E, assim, a vida continuou.

MORTE DA MÃE

A história de Pedro e Lia

Autor: Ieda Adorno
Capa: Osny Marino
Ilustrações: Pierre Trabbold
Local: Campinas
Editora: Editorial Psy
Ano: 1994
Páginas: 32

O livro apresenta a família de Pedro e Lia, uma família como qualquer outra.

Pedro e Lia brigavam como todos os irmãos. Tinham tristezas, alegrias, medos e raivas. Quando estavam com muita raiva, como qualquer pessoa, desejavam o pior para aqueles que os perturbavam.

Certo dia, a mãe das crianças foi ao médico e chorou ao telefone quando conversou seriamente com o marido.

Nesse dia, Pedro e Lia perceberam a tensão no ar e resolveram não dizer nada e respeitar o momento de seus pais.

4. In loco / achados

Depois de muitas idas a médicos e muitos exames, o pai chamou Pedro e Lia para pedir que não dessem trabalho à mãe, pois ela estava muito doente.

Um dia, Lia viu sua mãe chorando ao telefone, enquanto falava com uma amiga e perguntou-lhe o motivo de seu choro. A mãe, então, chamou Pedro e Lia e teve uma conversa séria com eles. Contou que um tumor maligno aparecera no corpo dela.

As crianças ficaram tristes, mas entenderam o que estava acontecendo.

Mudaram de cidade para ficar mais perto de outras pessoas da família.

Viam que a mãe fazia de tudo para combater a doença e voltar à vida de sempre, mas ficava cada dia pior, apesar dos tratamentos.

Pedro e Lia sentiram-se culpados por já terem desejado o pior para a mãe em um daqueles momentos de raiva.

Sentiam raiva e tristeza por ver que a mãe já não conseguia mais cuidar de si e muito menos deles e acabava por ocupar os adultos para seus cuidados, não sobrando espaço para eles.

Certo dia, o pai chamou Pedro e Lia para irem tomar sorvete juntos e conversou com eles sobre o quadro grave e irreversível da doença da mãe. Todos ficaram muito tristes.

A tia também conversou sobre o estado da mãe, dizendo: "Talvez mamãe venha a morrer" (p. 26).

As crianças ficaram muito tristes e choraram muito. Perguntaram à tia se eram eles os culpados. A tia os tranquilizou, afirmando que a mãe ficara doente por causa da doença, e não por causa de alguém.

Certo dia, o pai chegou à casa da tia e avisou Pedro e Lia que a mãe havia morrido. Todos choraram. "A perda doía muito" (p. 27).

O pai perguntou se eles gostariam de ver a mãe morta, explicando que não parecia nada com a mãe que eles conheceram, mas seria uma decisão deles. Eles decidiram ir ao velório e enterro da mãe.

Pedro e Lia ficaram muito tristes e sentiam muita saudade da mãe. Mas isso foi diminuindo com o tempo, foram retornando à vida normal, junto com o pai – e as tias –, com lembranças da mãe.

Eu vi mamãe nascer

Autor: Luiz Fernando Emediato
Capa e Ilustrações: Thaís Linhares
Edição: 7ª
Local: São Paulo
Editora: Geração Editorial
Ano: 2001
Páginas: 34

"Mamãe morreu ontem" (p. 7). Essa é a primeira frase de uma história narrada por um menino de dez anos, cuja mãe morreu.

Ao mesmo tempo em que ele conta sobre a morte de sua mãe, fala dela, relembrando o tempo em que viveram juntos.

Ele fala de uma mãe muito presente, que contava histórias antigas, de fadas, passadas de geração em geração, na hora de dormir.

O menino fala também da morte de sua avó (mãe da mãe), quando ele tinha cinco anos. Diz que teve medo, pois seu pai nunca havia falado sobre isso com ele.

> Quando a mãe de mamãe morreu, eu tinha cinco anos. Agora eu tenho dez. Naquele tempo, papai ainda não tinha me falado sobre a morte, e por isso eu tive muito medo quando fiquei sabendo que aquela mulher estendida na mesa, vovó morta, nunca mais ia se levantar dali para brincar conosco. Porque depois puseram ela num caixão e enfiaram num buraco feito na terra, de onde ela nunca mais saiu.
> Naquele tempo papai ainda não conversava comigo sobre essas coisas e por isso eu tive medo. Hoje eu não tenho mais, mas mesmo assim eu gostaria que mamãe estivesse viva. Porque ela morreu ontem e hoje eu já sinto saudades dela (p. 10).

O menino dá a entender que, após a morte da avó, seu pai começou a conversar com ele sobre a morte: "tudo o que nasce um dia tem que morrer" (p. 12).

Ao saber da morte da mãe, quis vê-la, morta, ainda na cama. A cama onde dormia com seu pai.

4. In loco /achados

O menino relembra a mãe junto de pai, chegando a dizer: "Acho que foram felizes" (p. 13). Pensa como o pai viverá agora sem a mãe.

O menino decidiu ir ao velório. Queria ficar o máximo de tempo possível se despedindo de sua mãe.

Conta que via seu pai chorando baixinho, mas ele só chorava por dentro, ao lembrar que sua mãe, depois de enterrada, não estaria mais junto deles.

Menciona o momento e ocasião em que, antes da morte de sua mãe, seu pai o chamou para uma conversa sobre a vida e a morte, utilizando uma plantinha para que entendesse a mensagem. Sua mãe já havia falado de como nascem os animais. O menino só não sabia que seu pai já o estava preparando para a morte de sua mãe.

O menino nunca havia imaginado que seus pais morreriam antes dele.

Na verdade, diz o menino, não imaginava a morte como fim da vida, e sim como o fim de um caminho, porque, ao final desse caminho, "tudo começa de novo de outra forma" (p. 18).

A história traz a ideia de transformação: tudo o que está vivo tem em si o que restou de outras coisas vivas. O que acontece depois da morte? Fala sobre a transformação em outras coisas (adubo, plantas etc.).

O narrador dá a ideia de que o pai e mãe já vinham preparando o filho para a morte da mãe. Eles conversavam sobre a morte, mas não se dava nome nem se contavam os fatos. Apenas falavam a respeito. No entanto, a criança já havia ouvido conversas anteriores.

O livro aborda o tempo e a possibilidade de se voltar a ser feliz.

O menino diz:

> Porque a morte não existe [...] e agora eu sei disso. Vai ser duro viver sem mamãe, mas pior seria viver com a lembrança dela para o resto da vida, como se também nós tivéssemos morrido com ela.
> É verdade que um pouco de nós morreu com ela, mas também é verdade que ela deixou um pouquinho dela na gente. E esse pouco de nós que ela levou vai renascer depressa, eu sei (p. 29).

Não é fácil, pequeno esquilo

Autor: Elisa Ramon
Ilustrações: Rosa Osuna
Tradução: Thais Rimkus
Local: São Paulo
Editora: Callis
Ano: 2006
Páginas: 40

O livro conta a história de um esquilo vermelho que estava muito triste por causa da morte de sua mãe. O pai acariciava-lhe o peito e tentava consolá-lo dizendo: "Mamãe sempre estará conosco... Aqui!".

O pequeno esquilo, além da tristeza, sentiu-se abandonado pela mãe e passou a reagir com raiva, quebrando os brinquedos e isolando-se. Por um tempo, não via graça em nada, só sentia tristeza e não tinha vontade de estar com ninguém.

Mas, com o amor de seu pai e o aconchego de sua amiga coruja, conseguiu superar tudo isso.

O livro retrata as angústias vividas pelo esquilo e o processo para superar sua dor.

A história explica que a mãe do esquilo foi morar em uma estrela no céu e, quando o esquilo contempla a estrela, sente que sua mãe está sempre com ele e nunca o abandonará.

A história traz um tempo implícito em seu enredo. É o tempo necessário para o luto.

MORTE DE CRIANÇAS/IRMÃOS

Emmanuela

Autor: Ieda de Oliveira
Ilustrações: Marilda Castanha
Edição: 5ª

Local: São Paulo
Editora: Saraiva
Ano: 2003
Coleção: Jabuti
Páginas: 32

A história é narrada por Rafael (oito anos), que conta que sua família (pai, mãe, ele e João, seu irmão de cinco anos) está muito feliz com a chegada de Emmanuela (sua irmãzinha).

Sobre seus pais, Rafael conta que sua mãe trabalha em um hospital e o pai fica em casa pintando quadros e cuidando de tudo. A vida é um pouco difícil, mas parece que tudo toma outra forma com a notícia da chegada da menina.

Entretanto, certa noite, Rafael se levanta e vê a mãe na cozinha, lendo um papel e chorando. Era o resultado de um exame médico que acusava um problema no coração de Emmanuela. A menina precisa de uma cirurgia, mas não resiste e morre.

A mãe responde às perguntas feitas pelos meninos, explicando sobre a morte e seus rituais. Diz que Emmanuela será plantada na terra para nascer de novo, "só que no jardim do Papai do Céu" (p. 22), e que poderão matar a saudade dela quando olharem para o céu, virem o Sol, estiverem no jardim com as flores... Virou luz!

MORTE COMO CICLO DA VIDA

A história de uma folha – Uma fábula para todas as idades

Autor: Leo Buscaglia
Fotografias: Anthony Frizano, Greg Ludwig, Ken Noack, Bobbie Probstein e Misty Todd-Slack
Tradução: A. B. Pinheiro de Lemos
Edição: 9ª
Local: Rio de Janeiro
Editora: Record
Ano: 1982
Páginas: 32

A folha (Fred) tem um amigo, Daniel, a maior folha no galho, que parecia existir lá antes de qualquer outra.

Daniel explica para Fred as coisas da vida, a razão da existência.

O livro aborda as transformações das folhas devido à mudança da estação.

Por meio de uma comparação entre a vida humana e a vida curta de uma folha, faz uma reflexão sobre o processo da existência dos seres vivos.

Daniel trata das diferenças e mudanças ocorridas durante o ciclo da vida até o momento de morrer.

Quando Fred, o galho mais novo, confessa seu medo de morrer, Daniel, o narrador, tenta acalmá-lo, dizendo que a morte faz parte de um processo natural. Lembra que a folha não tivera medo de passagens anteriores. Por que teria medo dessa – a estação da morte?

Fred, a folha, pergunta: "A árvore também morre?".

E Daniel sabiamente responde:

"Algum dia vai morrer. Mas há uma coisa que é mais forte do que a árvore. É a vida. Dura eternamente e somos todos parte da vida".

Daniel também explica porque vale a pena viver: "Pelos tempos felizes que passamos juntos...".

Ao falar da morte de uma folha, descreve-a como algo suave, reconfortante, calmo, sem sofrimento, entretanto fria.

Ao tratar da morte, o livro aborda a transformação na morte como um novo ciclo, num âmbito maior de ciclo de vida, "o começo" de um novo ciclo.

Caindo morto

Autor: Babette Cole
Tradução: Lenice Bueno da Silva
Local: São Paulo
Editora: Ática
Ano: 1996
Páginas: 40

Caindo morto é um livro que fala das etapas do desenvolvimento humano, apresentando a morte como parte do ciclo vital.

Aborda o assunto por meio de uma conversa bem humorada de dois avós com os netinhos sobre vida e morte. Explicam como o ser humano se transforma de um careca enrugadinho de um ano de idade em um careca enrugadinho de 80 (essa é a nota da contracapa).

Logo de início, vemos vovó e vovô conversando com seus netos.

Quanto ao conteúdo, enfoca o processo de desenvolvimento desde o nascimento até a morte, passando por todas as fases e transformações ao longo do ciclo da vida.

Ilustra cada uma das fases: nascimento, crescimento na infância, início de vida escolar, a adolescência, a ida para a universidade, os namoros até o casamento, a chegada dos filhos, a transformação de pais em avós, o envelhecimento, até a chegada da morte.

Aponta ainda que, após a morte, um novo ciclo se inicia.

É um livro que aborda o ciclo da vida de maneira cômica.

Tempos de vida – Uma bela maneira de explicar a vida e a morte às crianças

Autores: Bryan Mellonie e Robert Ingpen
Ilustrações: Robert Ingpen
Tradução: José Paulo Paes
Local: São Paulo
Editora: Global
Ano: 1997
Páginas: 48

Trata de ciclos – começos e fins –, entremeados com tempos de vida.

Fala como a vida e a morte "funcionam" (para cada tipo de ser vivo), mostrando que a morte pode acontecer em qualquer idade. Fala, também, que "pode ser triste, mas é assim com todas as coisas, com tudo o que está vivo. [...] Cada um tem seu próprio tempo de vida".

Aborda a saúde e mostra que se pode morrer por doença ou por ficar machucado, e isso não depende da idade.

Fala do ciclo de vida da natureza: de árvores, animais, flores e verduras, borboletas, aves, peixes e pessoas.

Aponta para a diferença no tempo de vida: árvores duram 100 anos; coelhos, dois anos; e as plantas duram de acordo com o clima.

Os tempos de vida seguem o mesmo ciclo, só que alguns são mais curtos, e outros, mais longos.

O livro chama a atenção para o tempo de cada um.

Observação:

A contracapa apresenta o livro com uma mensagem que pode despertar a curiosidade:

> Há um começo e um fim para tudo o que é vivo. No meio há um tempo de vida. O mesmo acontece para pessoas, plantas, animais e até para o mais pequenino inseto. [...] Tempo de vida é importante para todos nós porque nos ajuda a lembrar, a estudar e a explicar que morrer é tão parte da vida como nascer.

Sementinha medrosa[16]

Autor: Márcia Oliveira
Capa e Ilustrações: Têre Zagonel
Edição: Especial
Local: Curitiba
Editora: Cultur
Ano: 2003
Páginas: 20

A história começa com o nascimento de uma sementinha que está bastante assustada por não saber o que está acontecendo com ela. A árvore, por sua vez, tenta acalmá-la e explica-lhe o ciclo da natureza: a vida e a morte.

A árvore fala para a sementinha sobre o nascer, o crescer, a Terra, as plantas, a água, os animais, o homem... Fala sobre a dinâmica vital existente entre o homem, os animais e as plantas; e fala também sobre o morrer.

---

[16] Esse livro foi editado com apenas 45 mil exemplares, que foram destinados à distribuição gratuita para crianças menos privilegiadas, estudantes da rede pública de ensino de vários Estados. Conheci o livro por meio da própria autora, que, sabendo de meu interesse pelo tema, entrou em contato comigo.

A sementinha diz à arvore que não quer crescer, não quer romper a superfície da terra, pois se ficar sob a terra, não correrá o risco de ser pisada e nem comida.

A árvore explica à sementinha que não há necessidade de sentir medo. O importante é viver uma vida plena, com qualidade. Explica:

> Morrer é tão natural quanto nascer. É o ciclo da natureza: os seres nascem, crescem e morrem. Isso acontece com todos nós: nascemos, crescemos, vivemos e um dia vamos morrer. Mas se você não sair daqui debaixo não vai viver, não vai conhecer o mundo lindo que existe lá fora (p. 15).

Sobre a morte, a árvore fala:

> Ela é o mais lindo mistério que existe. O que acontece depois, só teremos mesmo certeza quando lá chegarmos. Mas, sabe sementinha, alguns homens, considerados sábios, acham que ela nem existe! Acham que a vida apenas se modifica e continua para sempre, cada vez mais bela e mais perfeita. Por isso, coragem! Vá em frente. Construa uma vida bem bonita para você. Isso é o que importa (p. 16).

O desfecho da história é a sementinha nascendo (perto de um majestoso flamboaiã) e transformando-se em um lindo pé de laranja.

O medo da sementinha

Autor: Rubem Alves
Capa e Ilustrações: Márcia Franco
Edição: 15ª
Local: São Paulo
Editora: Paulus
Ano: 2005
Coleção: Estórias para pequenos e grandes
Páginas: 20

Antes de iniciar a história, Rubem Alves faz uma introdução sobre a morte, explicando por que utilizou o símbolo da semente: vida e morte fazendo parte da vida. Aponta para uma questão importantíssima: "Quem não fala sobre a morte acaba por se esquecer da vida. Morre antes, sem perceber..." (p. 5).[17]

A história tem como enredo a vida de uma sementinha, do momento em que nasce até virar uma bela árvore. Fala do ciclo da vida.

Aborda medos, inseguranças e preocupações com o desconhecido que surgem ao longo do percurso. Apesar de ser uma trajetória individual, a mãe acompanha a sementinha acolhendo-a em seus sentimentos, procurando confortá-la e, com suas explicações, tenta tornar esses momentos mais fáceis.

O livro mostra a inevitabilidade de a sementinha ter que morrer para que pudesse nascer uma linda árvore. Desse modo, fala da morte como fazendo parte da vida.

A história aborda questões da vida: crescer e, necessariamente, mudar, focando os momentos de despedidas. Fala da necessidade de se separar dos pais para poder crescer.

O dia em que a morte quase morreu

Autor: Sandra Branco
Ilustrações: Elma
Local: São Paulo
Editora: Salesiana
Ano: 2006
Páginas: 24

Vida e Morte são irmãs gêmeas. Mas a Vida sempre traz alegria, enquanto a Morte, somente tristeza. Por isso, todos gostavam da Vida e ignoravam a Morte. Fingiam até que ela não existia.

Certo dia, Vida e Morte brigaram e se afastaram.

Depois de muitos anos, o Tempo (velho amigo das duas) conseguiu uni-las novamente e, quando ficaram bem velhinhas, compreenderam a importância de cada uma: "a Vida ajudaria cada um a nascer, crescer e se desenvolver"

---

[17] Em edições anteriores, esse comentário era feito na contracapa do livro.

(p. 20). Já "a Morte zelaria pelo descanso de cada um e os acompanharia no caminho de volta ao Pai, Criador do mundo" (p. 21).

Nesse livro, a vida e a morte fazem parte de um mesmo contexto, o ciclo da existência.

EXPLICAÇÕES SOBRE A MORTE

Morte – O que está acontecendo?

Autor: Karen Bryant-Mole
Fotografias: Chris Fairclough, Jeff Greenberg, Zul Mukhida/Chapel Studios, Tony Stone Worldwide cover (Jo Browne/Mick Smee, Dan Bosler, Topham Picture Library e Wayland Picture Library
Tradução: Rosicler Martins Rodrigues
Local: São Paulo
Editora: Moderna
Ano: 1997
Páginas: 32

Esse livro explica, de forma didática, a morte e tudo que a envolve.

Logo no início apresenta um sumário, com o conteúdo abordado no livro. Traz, no final, uma mensagem para pais e professores com orientações a respeito do processo de luto e a importância de validar e expressar os sentimentos e emoções.

Contém, também, um índice remissivo.

O livro aborda temas como a morte, sentimentos decorrentes da morte (tristeza, medo, culpa, raiva, confusão), o funeral, a segurança e o acolhimento à criança, datas comemorativas e formas de manifestar emoções (desenhos e brincadeiras).

Quando os dinossauros morrem – Um guia para entender a morte

Autores: Laurie K. Brown e Marc Brown
Ilustrações: Marc Brown
Tradução: Luciana Sandroni

Local: Rio de Janeiro
Editora: Salamandra
Ano: 1998
Páginas: 32

O tema morte é abordado em todos os aspectos. Apresenta como personagens uma família de dinossauros que, através de seus diálogos, abordam o tema de maneira pertinente em cada capítulo.

A primeira página do livro – que contém o título – já introduz sentimentos relacionados à morte. Mostra um dinossaurinho conversando com seu cachorro, dizendo: "Todo esse papo de morte me deixa triste, preocupado e com medo" (p. 1).

A seguir, apresenta um sumário, que também deixa muito claro o conteúdo do livro, escrito em capítulos, que reforça o subtítulo: "um guia para entender a morte" (p. 3).

Esse livro explica as etapas pelas quais passam os seres vivos – ciclo da vida. Apresenta-se em forma de capítulos, que abordam o que significa estar vivo, estar morto, de que podemos morrer, sentimentos advindos da morte, as várias formas de despedidas, costumes, o pós-morte, como encarar o mundo e voltar à rotina... Aborda, também, a possibilidade de doação de órgãos.

O livro menciona diversos tipos de morte, inclusive por violência, por abuso de drogas e por suicídio. Mostra que a morte existe para todos, em qualquer idade – de recém-nascidos a velhos.

Trata da morte na questão da não funcionalidade do corpo.

Menciona os sentimentos advindos da morte: tristeza, solidão, saudade, medos (de mudanças, da morte de outro e da própria morte), raiva. Descreve as diversas reações que se pode ter diante da perda: pesadelos, dificuldades para dormir, falta de apetite...

Quanto à perda, valoriza a presença da família e dos amigos para elaborar bem o luto, ressaltando que as emoções são naturais e benéficas. Incentiva a exprimir e dividir os sentimentos com alguém (Falar é bom! Chorar é bom!).

Mostra diferentes rituais de adeus: formas de enterro, costumes e religiões.

Faz referências a diferentes valores culturais a respeito de crenças do pós--morte. Fala da importância de cultivar a memória – as lembranças deixadas pela pessoa que morreu.

Na última página, apresenta um glossário com termos específicos, o que auxilia na compreensão de conceitos.

Observação:
A contracapa apresenta uma nota referente ao assunto:

O livro trata de uma situação difícil: a morte de uma pessoa querida ou de um animal de estimação. Falando dos sentimentos provocados pela perda, respondendo às perguntas que sempre são feitas nesse momento, dissolvendo o mistério que cerca a morte, os amigos dinossauros vão consolar as crianças e dar importante apoio para seus pais.

Ficar triste não é ruim – Como uma criança pode enfrentar uma situação de perda[18]

Autor: Michaelene Mundy
Ilustrações: R. W. Alley
Tradução: Euclides Luiz Calloni
Edição: 2ª
Local: São Paulo
Editora: Paulus
Ano: 2002
Coleção: Terapia Infantil
Páginas: 32

Ficar triste não é ruim aborda o tema de como enfrentar a morte de alguém importante. Fala da tristeza provocada pela morte de um ente e afirma que o choro é uma forma de expressar essa tristeza.

Aborda o tema de forma clara e direta, dando exemplos de realidade para que a criança entenda o que está acontecendo e os sentimentos que a invadem.

---

[18] Esse livro, como os outros da Coleção Terapia Infantil, traz a mensagem dirigida a pais e educadores a respeito do conteúdo do livro. Nesse caso, aborda a morte e o luto, a dor e o sofrimento que a criança pode experimentar ao perder alguém.

Fala exatamente dos sentimentos relacionados à perda: tristeza, irritabilidade, medos, solidão, culpa, raiva...

Em contrapartida, a vida é feita de alegrias e tristezas, e a autora também apresenta a possibilidade de, em meio às lágrimas, encontrar espaço para os risos. Mesmo no momento de tristeza, podem-se vivenciar situações engraçadas ou que tragam alegrias.

A autora chama a atenção para a possibilidade de sinais de desconforto e dor física, como dor de estômago, dor de cabeça e dificuldade para dormir; procura dar orientações para a busca de soluções práticas.

Encoraja a criança a sempre procurar uma pessoa adulta, de sua confiança, para perguntar, tirar dúvidas, pedir ajuda e compartilhar sentimentos, assegurando que sempre terá alguém para cuidar dela.

Sobre o medo da morte (sua e do outro), o livro mostra que existem formas de se cuidar e que ficar doente não significa necessariamente morrer. Ressalta que a vida pode continuar a ser vivida como sempre foi, inclusive vivendo momentos de alegria, apesar da perda.

A autora afirma que a criança nunca mais verá a pessoa que morreu. Complementa dizendo que o primeiro ano pós-morte, principalmente, é muito difícil pela falta dessa pessoa nas datas e lugares habituais.

Sugere formas de amenizar essa falta, como falar e lembrar da pessoa falecida. Fala do tempo necessário para se acostumar com a falta, assegurando que a angústia vai passar, "um dia, talvez não muito distante".

O livro enfatiza a existência de Deus, uma vida no céu, uma vida espiritual pós-morte, mas deixa claro que não será mais possível encontrar a pessoa morta a não ser em suas lembranças e orações.

ABORDAGEM FANTÁSTICA

A revelação do segredo[19]

Autor: Elisabeth Kübler-Ross
Ilustrações: Heather Preston
Tradução: Eugênia Câmara Loureiro Pinto
Local: Rio de Janeiro
Editora: Record
Data: 1982
Páginas: 32

Esse livro narra a amizade de duas crianças, Peter e Suzy, que passavam seus dias brincando e conversavam com dois "amigos muito especiais" e invisíveis, Theresa e Willy. Eles "lhes contavam muitas coisas que os adultos aparentavam desconhecer ou não compreender ou, quem sabe, tinham esquecido" (p. 6).

Certa noite, Peter saiu flutuando, podendo ver seu corpo dormindo em cima de sua cama. Uma viagem para fora de seu corpo. "Ele nunca se sentira tão feliz, tão leve, tão completamente livre e sem medo" (p. 12).

Peter pensou em Suzy, que, naquele momento, se encontrava triste em seu quarto e, de repente, lá estava ele junto a ela. Juntos, saíram para uma linda viagem, para um lugar encantador onde não existia agressividade.

Lá, encontraram uma linda cachoeira, onde Peter, Suzy, Theresa e Willy nadaram livres e sem roupas. "Nesse lugar ninguém achava estranho que eles estivessem sem suas roupas" (p. 15).

Enfim, todos voaram para as estrelas, nadaram em cachoeiras, falaram da criação do Divino, conectados a um mundo de fantasia e alegria.

Ao final, Peter e Suzy voltaram para suas camas. Foram avisados de que, ao acordarem, se sentiriam tranquilos e felizes. Pensariam nisso como um sonho. Esse seria um "segredo" (p. 22). Despediram-se.

Certo dia, Peter adoeceu e foi levado ao hospital.

---

[19] Esse é um livro escrito por uma autora muito conhecida e admirada por muitos adultos, principalmente por aqueles que têm interesse no tema morte. É uma autora reconhecida por seus livros na área. É um livro que Küber-Ross escreveu para falar da morte com crianças (edição esgotada).

Suzy foi avisada, em sonhos, que em breve ele estaria com Thereza e Willy.
Quando Peter saiu do hospital, a mãe de Suzy levou-a para visitá-lo. Ele estava com um aspecto estranho e diferente. Suzy entendeu que seu amigo morreria.

Nesse encontro, Peter lhe perguntou: "Lembra do segredo?" (p. 26).

Na semana seguinte, a mãe de Suzy levou-a ao enterro de Peter. Apesar de vê-lo no caixão, ela sabia que Peter estava com Theresa e Willy, seus anjos da guarda. Isso não permitiu que Suzy ficasse triste por perder seu amigo e com medo de não vê-lo mais, pois sabia que ele viria visitá-la a qualquer momento.

Pingo de Luz

Autor: Gislaine Maria D'Assumpção
Capa e Ilustrações: Suely Castro Peixoto
Edição: 16ª
Local: Petrópolis
Editora: Vozes
Ano: 1994
Páginas: 44

O livro conta a história de Pingo de Luz, um "menino" que veio do universo, da casa do Pai (uma luz muito forte). Lá, ele vivia feliz, brincando. Pingo tinha muitos irmãos que iam à escola (à Terra), mas depois de certo tempo, voltavam. Cada um tinha um tempo diferente... e voltavam muito mais brilhantes.

Pingo de Luz também queria muito ir à escola para ser uma luz muito forte e ajudar o Pai. Certo dia, chegou a vez de Pingo de Luz ir à Terra. Nasceu e recebeu o nome de Luiz.

O livro retrata os desconfortos da hora do nascimento: menciona que o lugar vai ficando apertado, fica desconfortável, até o bebê ser expulso... uma situação difícil e dolorosa.

Aos sete anos, Pingo de Luz chega em casa e vê muita gente, todos tristes e chorando. Então, sua mãe conta que seu irmão tinha ido fazer uma viagem muito longa e que ele não iria mais vê-lo. Tinha ido para o céu.

Ouviu, entretanto, alguém dizer a palavra morte e perguntou o que isso significava. A isso responderam: seu irmão foi descansar (mas ele não estava cansado); foi viajar (mas, para onde?); Papai do Céu o chamou porque era muito bonzinho...

Ficou pensando, sem compreender, pois os adultos, para explicar o que era a morte, faziam com que Pingo de Luz só encontrasse a vida. Então, começou a perguntar sobre a morte e sobre a vida.

Pingo de Luz começou a observar a natureza e a descobrir os mistérios que envolvem a vida e a morte: desde que a semente é plantada na terra até o momento em que vira árvore. Essa árvore dá flores, que morrem ao se transformarem em frutos. Depois, o fruto cai, apodrece, morre, e uma nova sementinha vive para dar início a uma nova árvore.

Dessa forma, Pingo de Luz concluiu que o mesmo havia acontecido com seu irmão e com outras pessoas quando morrem. Seu irmão veio do universo, ficou na Terra por um tempo e depois voltou para casa. Diz: "E deve ser esta volta para casa que gente grande chama de 'morte'" (p. 30).

Pingo de Luz cresceu e se casou.

Certo dia, sentiu uma dor forte na barriga. Foi ficando triste. O médico disse-lhe que era uma doença muito grave. Pingo de Luz custou a acreditar, pois não queria morrer. Foi a vários médicos em busca de novas opiniões, mas todos diziam a mesma coisa.

Pingo de Luz ficou com raiva, barganhou com Deus, foi ficando cada dia mais triste... Até que, certo dia, compreendeu e começou a aceitar sua finitude.

De repente, para sua surpresa, Pingo de Luz deparou-se com um túnel de luz e não teve medo. Sentiu alegria!

Atravessou o túnel, muito disposto, e se encontrou em um lugar muito maior e mais luminoso, onde havia muita gente para recebê-lo, inclusive seu irmão, além de parentes e amigos que haviam viajado.

PINGO DE LUZ ACABAVA DE MORRER! (p. 36)[20]

Dessa forma, deixou de ser Pingo de Luz e se transformou em uma luz muito forte e brilhante, que ajuda seus irmãozinhos a se transformarem em outras luzes também fortes e brilhantes.

---

[20] A autora destacou essa frase em letras maiúsculas no texto.

A autora termina:

E todos os Pingos de Luz, unidos ao Pai, que é uma luz muito grande, vão iluminar todos os caminhos do universo.

Aí então não precisaremos mais frequentar a escola. Como o próprio Pingo de Luz descobriu, tudo no universo se movimenta e se transforma. A escola Terra vai também se transformar, tornando-se um lugar maravilhoso, cheio de paz, alegria, amor e harmonia. Onde a verdade e a justiça brilharão com todas as cores do arco-íris! (p. 38).

Pingo de Luz – De volta à casa do Pai
Autor: Gislaine Maria d'Assumpção
Ilustrações: Suely de Castro Peixoto
Edição: 10ª
Local: Petrópolis
Editora: Vozes
Data: 1997
Páginas: 44

Essa história é uma continuação do volume 1. Começa a partir da passagem pelo túnel de luz.

Após passar pelo túnel, Pingo de Luz chega do outro lado e encontra muitas pessoas que o recebem com carinho: seu irmãozinho é uma delas.

A história descreve uma vida pós-morte, repleta de plenitude, onde Pingo de Luz não apresenta mais doença física alguma, encontra-se imerso no puro amor, envolvido por luzes coloridas, experimentando diversas sensações despertadas pelas cores. Quando se sente mais descansado e habituado a sua nova realidade, assiste ao filme de sua vida.

Percebe que pensamentos de paz, amor e caridade emitem vibrações positivas e luz, o que ajuda muito as pessoas.

O livro fala sobre a compreensão da morte: "Viu que a morte não existe, que tudo é vida; pois sempre que pensava ter encontrado a morte – por exemplo: no fruto que apodrece e cai – achava a sementinha que era uma nova vida!" (p. 18).

O tempo não existe. Tudo é eterno!

Aborda o corpo físico e o corpo espiritual... o corpo emocional... o corpo mental... além da entidade de luz: o anjo da guarda.

É um livro que faz alusão a uma vida pós-morte, e essa abordagem dependerá de crenças e valores religiosos.

LIVROS INTERATIVOS

Quando alguém muito especial morre – As crianças podem aprender a lidar com a tristeza

Autor: Marge Heegaard
Capa: Tatiana Lorentz Sperhacke
Ilustrações: Para ser ilustrado pela criança
Tradução: Maria Adriana Veríssimo Veronese
Local: Porto Alegre
Editora: ArtMed
Ano: 1998
Páginas: 44

É um livro interativo que oferece conceitos básicos de morte, reações e sentimentos. Traz esses conceitos de forma clara e simples; dá dicas de como lidar com os sentimentos, além de convidar a criança a expressá-los.

Faz com que a criança relacione seus amigos e familiares, reforçando uma rede social com quem poderá contar em situações difíceis.

De forma simples e prática vai auxiliando a criança a entrar em contato consigo mesma, identificando suas emoções e lidando com elas. Além disso, leva a criança a perceber que existem pessoas significativas em sua vida e que ela mesma é uma pessoa importante e, mais que tudo, pode ter uma vida feliz apesar das perdas.

Observações:
1. Logo no início do livro está a mensagem: "Como os adultos podem ajudar as crianças a lidar com a morte e a tristeza" (p. 7-8). Essa mensagem apresenta, de maneira simples e clara, algumas orientações básicas para os adultos que estão cuidando da criança enlutada. Uma das orientações relevantes é a de que as crianças precisam de uma explicação adequada, evitando-se o uso de termos vagos na tentativa de protegê-las. Enfatiza o uso dos termos

morte e morrer, mesmo com crianças pequenas (vale lembrar que esse livro foi planejado para crianças de 6 a 12 anos).

Essa mensagem alerta, também, para a importância de ajudar a criança a reconhecer, nomear, aceitar e expressar os sentimentos.

2. Em outra mensagem esse livro (p. 9-10) recomenda que não sejam dadas sugestões para as crianças na hora em que elas fazem seus desenhos. É importante, nesse momento, que um adulto afetivo esteja com a criança. Ela terá a oportunidade de falar de si através de expressões não verbais, que devem ser acolhidas.

O livro traz seis unidades:

a) A mudança faz parte da vida (p. 13-18).
b) A morte é o final da vida (p. 19-23).
c) Viver significa sentir (p. 24-30).
d) Sentindo-se melhor (p. 31-34).
e) Compartilhando memórias (p. 35-39).
f) Eu também sou especial (p. 40-44).

Orienta para que seja utilizado em sessões de uma hora e meia, uma vez por semana. Sugere a utilização de giz de cera (oito cores básicas), pois "são mais efetivos para expressar vários sentimentos" (p. 9).

Essa mesma mensagem traz um alerta muito importante: "Não tente proteger as crianças de sentimentos difíceis. Ajude-as a compreender e expressar seus sentimentos para que possam desenvolver habilidades de manejo para as dificuldades naturais da vida" (p. 10).

3. Esse livro envia também uma mensagem às crianças enlutadas (p. 11), na qual afirma que "ninguém pode levar embora a perda e a dor" (p. 11), porém pode-se ajudar a passar por um momento difícil e descobrir que falar sobre a dor é muito bom.

Alerta para a não necessidade de beleza nos desenhos, pois não é um livro de desenhos. É um livro que visa não só a contar um pouco da história pessoal da criança, como também a levá-la a refletir e conversar sobre o que foi feito.

Conversando sobre a morte – Para colorir e aprender [21]

Autor: Carla Luciano Codani Hisatugo
Local: São Paulo
Editora: Casa do Psicólogo
Data: 2000
Páginas: 42

Logo no início a criança recebe o convite para conversar sobre a morte.

O livro começa explicando sobre o corpo, como funciona e como devemos cuidar dele.

Segue mostrando que nem sempre ele funciona direitinho: podemos ficar doentes e podemos necessitar de cuidados médicos. Dessa forma, podemos nos curar ou não. Daí podemos morrer.

É um livro que explica a morte.

Aborda o que acontece com o corpo morto: coloca-se em um caixão, enfeita-se com flores para enterrar ou cremar.

Menciona os sentimentos que podem surgir com a morte de alguém muito querido: culpa por termos sentido raiva e até mesmo ter desejado a morte dele, tristeza, solidão, vontade de não fazer nada e nem ver ninguém...

Aborda o processo de luto: ficar com vontade de chorar ou, até mesmo, furioso e de mau humor. Mas explica que isso, quando acontece, é uma forma de demonstrar o sofrimento.

Ainda sobre o processo de luto: realça tristeza, nervosismo, raiva... calar-se como uma forma de entender o que está acontecendo. Menciona, também, o tempo de sofrimento pela morte de alguém (um ano ou mais) e explica que o primeiro ano é mais difícil mesmo.

O livro também fala sobre o pós-morte: explica sobre alma ou espírito. Refere-se a isso como uma questão de crença: há os que acreditam que a alma

---

[21] Esse livro é direcionado a crianças que passaram por situações de perdas e/ou demonstrem curiosidade a respeito da morte. Vem acompanhado de um manual para os pais: *Conversando com o adulto*, também da mesma autora, com 29 páginas.

vai para o céu, e há os que dizem que vira fantasma. Há, também, os que acreditam na reencarnação.

No luto, surge o vazio por causa da falta que a pessoa que morreu faz: a saudade. O livro mostra maneira de lidar com isso: a memória (lembranças de coisas boas e ruins). Mas explica, novamente, que o tempo ajuda a superar.

Ele termina com duas páginas em branco, sem sugestões: um convite para que a criança possa expressar seus sentimentos.

OUTROS

Um dente de leite, um saco de ossinhos

Autor: Nilma Gonçalves Lacerda
Ilustrações: Christiane Mello
Local: Rio de Janeiro
Editora: Nova Fronteira
Data: 2004
Páginas: 32

Nessa história, a autora mostra que o medo da morte faz parte dos medos infantis, convidando o leitor a enfrentá-los.

Anita é uma menina muito especial: nem grande demais e nem pequena de menos, tem várias tias velhas com muitas comadres também velhas. É nesse mundo que Anita vive: ouvindo as conversas e palpites das tias, tomando café com bolinhos.

Anita tem muitos sonhos e medos esquisitos. São sonhos em que sempre há algo triste acontecendo e gente morrendo... Morrendo de todas as formas. As imagens de seus sonhos permanecem e a perseguem durante o dia inteiro.

Anita tem medo da morte! Ou tem medo de morrer?

Uma de suas tias lhe dá uma ideia, e Giardino, o jardineiro, ajuda a colocá-la em ação.

Anita convida a morte para batizar uma de suas bonecas: assim se tornariam comadres e tomariam café com bolinho juntas.

No final desse encontro, a morte dá um presente à Anita: um punhado de ossinhos. Anita, para retribuir, dá-lhe seu dente de leite (guardado no bolso de seu vestido). E assim as comadres tornaram-se amigas e começaram a se visitar. Até que, um dia, a morte se desmanchou todinha... bem na frente de Anita. A morte era feita de conchas.

Anita pegou uma concha e a guardou como recordação. Depois foi passear. Viu as pessoas, conversou e voltou para casa, satisfeita com o passeio. Na hora de dormir, sonhou com outras coisas: com coisas da infância... e sonhou com os anjos, a noite inteira.

O Decreto da alegria

Autor: Rubem Alves
Ilustrações: Luiz Maia
Edição: 3ª
Local: São Paulo
Editora: Paulus
Ano: 2006
Coleção: Estórias para Pequenos e Grandes
Páginas: 24

Esse livro conta a história de um rei tolo, mas de bom coração, que acreditava que poderia proibir a tristeza em seu reino e decretaria que a alegria fosse obrigatória.

Chamou, então, os ministros para que regulamentassem o novo decreto. Começaram a pensar em músicas, poesias, obras de arte, fotografias... enfim, tudo que os faziam chorar, inclusive o pôr do sol e os cantos dos sabiás. Um dos ministros pensou nos velórios. Não se poderia proibir as pessoas de morrerem. Um desses ministros lembrou de Guimarães Rosa, que disse que, no sertão, velório é festa. Assim, os velórios com carpideiras, choros e lamentações seriam proibidos, passando a ser uma alegre reunião de amigos. Um ministro lembrou das punições e ficou decidido que os tristes seriam submetidos a sessões de cócegas e piadas.

Mas no Reino da Alegria morava uma menina que tinha algumas tristezas que lhe eram muito queridas. Uma delas era a lembrança de uma cachorrinha que havia morrido. Ela não queria esquecer de sua amiguinha. A outra tristeza querida era a música que sua mãe cantarolava para ela dormir. Outra tristeza, ainda, eram os cabelos brancos de seu pai, que mostravam que ele estava envelhecendo e, um dia, morreria. A menina não queria abandonar essa tristeza, que a enchia de ternura pelo pai. Ficando sem suas tristezas, viu-se obrigada a sair de casa e ir atrás delas, afinal eram elas que lhe traziam as suas alegrias.

Enquanto procurava suas tristezas, foi ficando alegre com tudo o que foi encontrando: o silêncio, o canto dos sabiás, o pôr do sol, a melodia de sua mãe...

De repente, um mascarado vestido de negro apareceu, pediu silêncio e leu uma poesia: "E agora, José?".

Isso sacudiu a cidade inteira num choro convulsivo. Perceberam, então, a tolice do rei ao tornar a alegria obrigatória e as tristezas proibidas. Afinal, a vida é feita de alegrias e tristezas. E, "sem as tristezas, as alegrias são máscaras vazias, e sem as alegrias, as tristezas são abismos escuros. É por isso que os olhos, lugar dos sorrisos, são regados por uma fonte de lágrimas. São as lágrimas que fazem florescer a alegria" (p. 23).

A felicidade dos pais

Autor: Rubem Alves
Ilustrações: André Ianni
Local: São Paulo
Editora: Paulus
Ano: 2006
Coleção: Estórias para pequenos e grandes
Sem paginação

Esse livro conta a história de um imperador que tinha muitos filhos e muitos netos. Ele os amava muito e tinha muito medo de que morressem. Isso o deixava ansioso, e ele não dormia à noite. Só pensava em como poderia burlar a morte. Para tentar combater a morte, tinha de tudo, mas sabia que nada bastava. Afinal, "a morte é muito astuta. Ela ataca no momento em que não se espera, de uma forma não prevista".

O imperador mandou chamar sacerdotes, gurus, mágicos, profetas, feiticeiros, videntes a fim de encontrar formas que garantissem vida longa a seus filhos e netos, o que lhe traria a felicidade.

Veio de longe um velho sábio que disse não ter fórmulas nem magias para impedir que a morte chegasse. Entretanto, explicou ao imperador que era possível desejar que a morte viesse em uma ordem, que chamou de ordem certa: "Os avós morrem. Os pais morrem. Os filhos morrem". Essa seria a ordem da felicidade.

Livros comentados pelos educadores no segundo encontro

Apresento agora os vários comentários feitos pelos educadores a respeito dos livros que eles exploraram durante o segundo encontro e, em algumas escolas, durante o terceiro encontro também.

Cabe ressaltar que nem todos os livros foram examinados. Os educadores tiveram a liberdade de escolher quantos e quais livros seriam cultivados.

Alguns fizeram leituras compenetradas, outros apenas os folhearam. Todos os livros tiveram, pelo menos, uma apreciação. O mais curioso é que determinados livros, embora desconhecidos para os educadores, nas cinco escolas participantes dessa pesquisa, foram os mais explorados.

Em alguns casos ocorreram diferentes "olhares" lançados para o mesmo livro. Trata-se de uma experiência singular. A apreciação de um texto, de uma história, de um livro por parte do leitor está diretamente relacionada a seu envolvimento com o material a ser estudado.

Comentários dos educadores

Quando os educadores exploraram os livros infantis, ficaram surpresos com a quantidade apresentada. A maioria não conhecia os livros oferecidos, embora alguns já tivessem sido vistos e/ou lidos por um ou outro educador.

Descrevo abaixo alguns comentários.

Em relação à escolha dos livros

Os educadores alegaram/mencionaram escolher os livros a partir dos seguintes critérios:

– Por abordarem o assunto morte de maneira menos direta, mais leve e/ou mais velada.

– Por indicação anterior ou por sugestões de colegas do grupo, no momento da exploração dos livros.

– Por conhecer o autor (por exemplo: Babette Cole, Rubem Alves, Ziraldo, Clarice Lispector).

– Pela capa (tanto por ser atraente como por suscitar algum tipo de reação).

Em relação aos livros já conhecidos anteriormente pelos educadores

Entre os 36 livros oferecidos aos educadores, apenas sete livros foram relacionados como já conhecidos por algum educador, antes da realização da pesquisa:

– *Os porquês do coração* (Silva e Silva, 1995);
– *Vó Nana* (Wild, 2000);
– *A mulher que matou os peixes* (Lispector, 1999);
– *A história de uma folha* (Buscaglia, 1982);
– *Cadê meu avô?* (Carvalho, 2004);
– *Menina Nina* (Ziraldo, 2002);
– *Caindo morto* (Cole, 1996).

Alguns educadores disseram saber da existência da coleção Terapia Infantil (Paulus), embora não conhecessem os títulos apresentados.

Em relação à utilização de filmes no lugar de livros

Uma professora (EP2) disse preferir mostrar filmes a ler histórias em classe. Considera que os filmes passam mais emoção. Alegou ter dificuldade em ler livro para as crianças, pois elas se dispersam. Prefere contar uma história inventada por ela.

Em relação a Rubem Alves

A maioria dos educadores afirmou conhecer o autor por suas publicações na área da educação, embora desconhecessem o fato de ser um grande escritor para o público infantil.

Análise das apreciações feitas pelos educadores a respeito dos livros infantis

Como pude observar na dinâmica dos educadores, cada participante lançou um olhar diferente para o mesmo livro e, não é raro, o mesmo participante, ao ler o mesmo livro várias vezes, pôde ater-se a certos detalhes em momentos diferentes.

Isso faz parte da identificação e/ou da projeção que a leitura favorece. E é importante considerar a leitura como um processo no qual o indivíduo, além de decifrar sinais, pode compreendê-los.

Seitz (2000) diz que:

> A leitura é uma procura incessante de significados e, quanto mais o indivíduo ler, mais preparado estará para interpretar o mundo, passando a dominar o saber.
> O propósito básico da leitura é a apreensão dos significados mediatizados ou fixados pelo discurso escrito. Portanto, toda leitura de um texto é individual. Um texto é plurissignificativo: cada pessoa, dependendo de sua vivência pessoal, atribui um determinado significado (p. 38).

Eu mesma já fiz inúmeras leituras dos livros utilizados nesta pesquisa e, em alguns casos, fui percebendo novos detalhes ao longo das diversas oportunidades.

Apresento minhas impressões sobre os livros comparando-as com as dos educadores. No entanto, quero ressaltar que essa comparação não contém caráter de avaliação. Minha intenção é ressaltar alguns detalhes observados pelos educadores. Saliento, ainda, que eu tive a oportunidade de ler e reler esse material de várias formas. Inicialmente busquei uma leitura flutuante (sem um compromisso de análise), percebendo o que o livro despertava e suscitava em mim (envolvimento, emoções), deixando-me levar pela leitura e percebendo o que emergia a partir daí. Depois, realizei leituras mais rigorosas, nas quais procurei identificar os aspectos mais relevantes que os livros abordavam em seus conteúdos.

Em contrapartida, os educadores tiveram apenas alguns minutos, em um ou dois encontros, para explorar diversos livros que, como comentaram, não conheciam.

Para fins de ordenação, dividi os assuntos iniciando pelos comentários feitos pelos educadores. Em seguida, organizei os livros por temática.

Em relação à utilização de filmes no lugar de livros

A professora Maria – EP2 disse que prefere mostrar filmes a ler histórias em classe, pois considera que os filmes passam mais emoção. Alegou ter dificuldade em ler livros para as crianças, porque elas se dispersam com mais facilidade. Prefere contar histórias inventadas.

É importante refletir a respeito das histórias, lidas ou ouvidas.

Por meio da história é possível descobrir outros lugares, outros tempos, outras maneiras de ser e de agir.

Bortolin (2006) salienta a importância de gostar de contar histórias e ter empatia para tal tarefa. Concordando com Rubem Alves, essa autora afirma que os adultos, em geral, não têm a devida noção da importância do texto para as crianças, do envolvimento afetivo que existe na troca vivenciada no momento da leitura, da cumplicidade criada entre aquele que conta (ou lê) e aquele que ouve a história. Reforça, ainda, a importância de atender às reivindicações da criança quando pede para que se leia a mesma história mais de uma vez, podendo-se perceber o valor do texto para cada leitor.

Os autores que falam sobre a tarefa de contar histórias são unânimes ao ressaltar a importância do estar junto, no olhar, gestos e toque... Estar em sintonia afetiva com o outro.

Retomando a questão levantada pela educadora sobre a dispersão dos alunos, considero importante relembrar o que Brenman (2005) afirma sobre a atenção da criança no momento da leitura em voz alta. Diz que não há necessidade de a criança estar olhando para o adulto. "A atenção às histórias passa pelo ouvido e não pelos olhos. [...] A voz lida das histórias percorre 360 graus. Entra pelos ouvidos e pode alcançar distâncias que, às vezes, nem desconfiamos" (p. 123).

Gutfreind (2004) fala sobre um estudo realizado com crianças de um bairro pobre de Porto Alegre-RS para verificar o efeito do conto em crianças com transtornos de aprendizagem. Mostrou que as crianças tornaram-se mais atentas, menos hiperativas e mais abertas aos processos de aprendizagem. Afirma, ainda, que as histórias representaram uma importante contribuição para a estrutura da vida emocional de crianças e adultos. E complementa dizendo que, por meio das histórias, a criança pode brincar – usando a imaginação – com temas próprios de sua realidade psíquica, como amor, rivalidade, separação, abandono, medo e morte.

Portanto, acredito que caiba repensar essa questão.

Em relação a Rubem Alves

Meu primeiro contato com Rubem Alves foi na década de 1980, com seus livros para criança. Somente depois conheci seus livros que abordam questões relacionadas à filosofia, educação e saúde.

No entanto, a maioria dos educadores participantes desta pesquisa declarou não conhecer os livros infantis desse autor.

Rubem Alves escreveu livros infantis que fazem parte da coleção Estórias para pequenos e grandes, que tratam de temas difíceis e dolorosos, como a morte, que, segundo ele, foram-lhe influenciados/sugeridos pelo contato com crianças.

Embora já tenha sido mencionado anteriormente, reforço a distinção que Rubem Alves faz entre *Estória* e *História*.

Para Alves, as estórias são inventadas e, dessa forma, servem como alimento daquilo que não existe, constituindo-se pura imaginação. E afirma que a história já aconteceu e não acontece mais, enquanto a estória é livre para que possa acontecer sempre.

Os livros dessa coleção, geralmente, trazem em sua primeira página uma mensagem aos contadores das estórias:[22] explicam que o mundo da criança também carrega tristezas, medos, perdas, bichos, morte, o escuro... O autor sugere que adultos leiam as histórias para as crianças. Afirma:

> Quando se anda pelo escuro do medo é sempre importante saber que há alguém amigo por perto. Alguém está contando a estória. Não estou sozinho... Nem o livro que se lê e nem o disquinho que se ouve têm o poder de espantar o medo. É preciso que se ouça a voz de outro e que diz: "Estou aqui, meu filho..."

---

[22] Essa mensagem já foi citada anteriormente, em *Lendo sobre a morte*.

Os livros do autor utilizados nesta pesquisa são comentados a seguir, em suas respectivas categorias:
– *A montanha encantada dos gansos selvagens* (Alves, 2005): Morte de Pai;
– *O medo da sementinha* (Alves, 2005): Morte como ciclo da vida;
– *A felicidade dos pais* (Alves, 2006): Outros;
– *O decreto da alegria* (Alves, 2006): Outros.

Em relação aos livros da coleção Terapia Infantil, da editora Paulus

Neste trabalho, utilizei alguns livros da coleção *Terapia infantil*, da Editora Paulus. Já conhecia alguns títulos. Outros me foram gentilmente apresentados pela divulgadora da editora.

Essa coleção é formada por títulos – traduzidos para o português – que exploram temas difíceis de serem abordados com crianças, como adoecimento, separação de pais, morte (de avós, do bichinho de estimação...), tristeza, raiva, medo, estresse, abuso sexual, entre outros.

Os livros apresentam características comuns, como:

1. *Título:*
Os livros trazem um título que chama a atenção, pois são diretos e traduzem o que vão abordar.

2. *Ilustrações/capa:*
A capa e as ilustrações que complementam o texto trazem pequenos elfos, muito expressivos, que parecem estar em sintonia, sensibilizando o leitor para o tema abordado.

3. *Orientação:*
Há uma mensagem dirigida aos pais, professores e educadores em geral, encontrada nas páginas iniciais do livro. Nela, procura-se orientar os educadores para os cuidados e necessidades essenciais das crianças para o tema em questão. Traz informações interessantes para que o adulto possa reconhecer e identificar comportamentos e sentimentos das crianças que passam pela situação abordada, orientando-o sobre como lidar com essas situações (para cada título, as mensagens são específicas).

4. *Busca de apoio dos adultos:*

Os diversos autores dos livros encorajam as crianças a procurarem os pais ou um adulto para perguntar, tirar dúvidas, pedir ajuda, compartilhar sentimentos. Mas ressaltam que esse adulto deve ser atencioso e a criança deve confiar nele. Isso é importante para estimular a criança a não guardar os sentimentos só para si (o que pode reforçar o sentimento de abandono e solidão nas vivências de pesar profundo), e a buscar apoio numa pessoa em quem possa confiar, sem ser obrigatoriamente a mãe ou o pai. Cabe ressaltar aqui que, em casos de morte, muitas vezes os pais estão tão envolvidos com a própria dor da perda que nem sempre conseguem estar com a criança para dar-lhe o suporte necessário. Outra situação difícil é quando a criança está vivenciando a perda de um ou ambos os pais. Portanto, ter um adulto que seja referência afetiva e de segurança para a criança é muito importante no momento de perda. É fundamental expressar e compartilhar os sentimentos nessa situação, envolvendo os adultos e a criança.

5. *Caráter irreversível da morte:*

As autoras Victoria Ryan e Michaelene Mundy abordam, em seus livros dessa coleção, a irreversibilidade da morte, conscientizando a criança de que ela nunca mais encontrará a pessoa morta. Alertam para o fato de que o primeiro ano pós-morte é muito difícil pela falta dessa pessoa nas datas e lugares habituais. Entretanto, oferece a esperança de que, um dia, isso será amenizado. Falar e lembrar da pessoa falecida é uma das várias formas sugeridas para suavizar a dor.

6. *Retomada da vida:*

Essas autoras asseguram que, apesar da tristeza, a vida pode continuar a ser vivida como sempre foi, inclusive nos momentos de alegria. Afirmam que há um tempo necessário para se acostumar com a falta.

Há uma ênfase na existência de um Deus, mas sem fazer prevalecer uma religião em particular. Embora mencionem uma vida espiritual pós-morte, no céu ou no paraíso, deixam claro que a criança não vai mais encontrar a pessoa morta a não ser em suas lembranças e orações. Isso pode ser visto como uma forma de trazer alento, força interior, esperança e fé para a criança. Talvez seja uma forma de assegurar-lhe que não está sozinha, mesmo quando se sente só e abandonada, quando a angústia cala fundo, quando parece que a dor nunca vai ter fim. Acreditar numa força maior pode auxiliar na superação da dor. No entanto, gostaria de reforçar que crenças e valores religiosos são muito pessoais.

Nesta pesquisa foram utilizados três títulos dessa coleção, que são comentados a seguir, nas respectivas categorias:

– *Ficar triste não é ruim* (Mundy, 2002): Explicações sobre a morte;
– *Quando seu animal de estimação morre* (Ryan, 2004): Morte de animal de estimação;
– *Quando seus avós morrem* (Ryan, 2004): Morte de avós.

A partir deste ponto, passo a fazer uma análise das apreciações feitas pelos educadores a respeito dos livros infantis de acordo com suas categorias.

Livros que abordam a morte na velhice

Os livros *A montanha encantada dos gansos selvagens* (Alves, 2005) e *Caindo morto* (Cole, 1996) poderiam encaixar-se nessa categoria também.

O teatro de sombras de Ofélia (Ende, 2005)

Foi apreciado por uma única professora (EP1), que considerou o "visual" muito assustador!

Esse livro recebeu o Prêmio Monteiro Lobato de melhor livro traduzido para crianças, pela Fundação Nacional do Livro Infantojuvenil, em 1992.

Narra a história de Ofélia, que acaba esquecendo a velhice e a solidão quando encontra uma série de sombras que lhe pedem abrigo: a Sombra Marota, a Negra Angústia, a Morte Solitária, a Noite Enferma, a Nunca Mais, a Peso Oco... até que, um dia, encontrou outra sombra – a Morte.

Nesse dia, subitamente, Ofélia, de olhos novos, estava à porta do céu, cercada por figuras muito bonitas: as suas sombras. Quando a porta do céu se abre, ela e suas sombras se encaminharam para um maravilhoso teatro: *O teatro de luz de Ofélia*.

4. *In loco* / achados

Livros que abordam a morte de animal de estimação

Os porquês do coração (Silva e Silva, 1995)

Várias educadoras exploraram esse livro, sendo considerado muito bom e interessante por ter como personagem um peixe (um bichinho de estimação). Aborda a dor da saudade, mostrando que a criança grita chamando pelo peixinho que já morreu, como se estivesse querendo trazê-lo de volta. Trata da situação do luto de forma que a criança consegue entender bem o processo. Aponta as etapas: a caverna da saudade, a caverna dos sonhos, a caverna das lembranças e, depois, a caverna das boas recordações.

Uma professora da EMEI considerou o livro positivo porque, ao trabalhar a morte por meio do peixinho, ela parece estar distante de nossa realidade. A professora mencionou que, quando utilizou o livro com seus alunos, nenhum deles associou a perda do peixe com a dor da morte.

Um professor (EE) julgou que o autor desse livro "enrola" muito para falar da morte, o que mostra sua dificuldade para lidar com o tema.

A meu ver, além dos aspectos positivos levantados, o livro aborda o ritual de despedida na morte: a menina, muito triste, junto com seus amigos, providencia o enterro do peixinho no quintal.

Esse livro trata, de maneira delicada, da amizade, da morte (como parte da vida), da tristeza, do luto, da dor da saudade e do acolhimento às lembranças. Trata do tema com muita sensibilidade, com ilustrações muito expressivas e é recomendado para todas as idades.

Cabe lembrar que esse foi um dos livros citados como conhecidos previamente por alguns educadores; no entanto, nenhum deles havia relacionado a história com o tema morte.

No céu (Allan, 1996)

Foi considerado um livro interessante, embora visto também como polêmico.

O título chama a atenção; as ilustrações mostram igrejas, anjos... Enfoca o lado religioso, inclusive apresentando o céu e o inferno.

Foi considerado positivo por valorizar a vida, devendo-se fazer o bem e o máximo que se pode enquanto há vida.

De fato, é um livro polêmico pela forma que apresenta a questão religiosa. Menciona o céu e o inferno como possibilidades para o pós-morte, associando-os respectivamente ao "ter sido bom" e "não ter tido bons comportamentos".

O livro mostra, de forma rápida e sem detalhes, o tempo de luto que a menina vivenciou, depois da morte de seu cão, ao deter seu olhar sobre todos os seus pertences, o que lhe trazia de volta as lembranças do tempo em que ela e o cão viveram juntos.

Certo dia, a menina encontra um cachorro perdido e o leva para casa, fazendo para ele tudo o que fazia para seu cãozinho que morreu.

Traz no desfecho o cão, no céu, dizendo: "Ele deve estar achando que já chegou ao céu". Ou seja, o céu está aqui na Terra (essa é a mensagem trazida na contracapa).

A mulher que matou os peixes (Lispector, 1999)

Essa obra foi escolhida poucas vezes.

Uma das professoras a escolheu por ter sido escrita por Clarice Lispector. Disse: "Isso basta!". Essa mesma professora já conhecia o livro, mas não havia se dado conta de que abordava o tema da morte. Considerou-o um bom livro!

Outra educadora disse que esse livro traz um modo "legal" de introduzir o assunto. No final, a autora pede desculpas, pois matou os peixinhos sem querer, porque havia esquecido-se de lhes dar a comida. Mas repete, várias vezes, o quanto gostava dos animais.

Conforme a história se desenvolve, a autora nos apresenta os diversos animais com os quais temos contato em nossas vidas: aqueles que escolhemos e aqueles que surgiram de repente e foram ficando.

A autora finaliza a história contando como matou os peixinhos, jurando não ser culpada.

Complementa dizendo que, como os peixinhos são mudos e não têm voz para reclamar, acabaram morrendo de fome.

Ao final da história, a autora recomenda ao leitor:

Todas as vezes que vocês se sentirem solitários, isto é, sozinhos, procurem uma pessoa para conversar. Escolham uma pessoa grande que seja muito boa para crianças e que entenda que às vezes um menino ou uma menina estão sofrendo. Às vezes de pura saudade...

Ressalta, portanto, a importância de partilhar o sofrimento com outra pessoa.

Esse livro também foi citado na relação de livros conhecidos previamente por alguns educadores. Na verdade, apenas uma professora o conhecia.

Quando seu animal de estimação morre (Ryan, 2004)

Faz parte da coleção Terapia Infantil, da Editora Paulus, que foi mencionada como conhecida por alguns educadores antes de ter alguns títulos apresentados nesta pesquisa. Vale relembrar que, apesar de esses educadores conhecerem a coleção Terapia Infantil, não conheciam os títulos oferecidos para exploração neste estudo.

Foi considerado um livro bom por ser bastante explicativo. Entretanto, a professora que o apreciou só não gostou da abordagem religiosa.

O dia em que o passarinho não cantou (Mazorra e Tinoco, 2003)

Foi considerado um livro muito bom. O tema morte é abordado por meio da perda de um animal de estimação, em linguagem apropriada para a criança. Aborda a tristeza e todo o processo que se desenvolve após a morte. Não aborda a questão religiosa.

Uma única professora o avaliou negativamente, considerando-o muito triste. Enfatizou ter sentido a dor da menina. Alegou ser um livro que conta tudo, trazendo a morte de forma brusca e chocante.

A meu ver, esse livro é delicado. Apresenta ilustrações muito coloridas e expressivas. Traz, no prefácio, uma mensagem aos pais, educadores e psicoterapeutas, no qual as autoras falam sobre o processo de luto.

A história aborda a relação afetiva entre uma menina (Cacá) e seu bicho de estimação (Lico); e enfoca a perda, o ritual de despedida e as emoções decorrentes da morte até a retomada da vida.

Ressalta o vínculo entre a menina e o passarinho e a tristeza por perder "alguém" tão importante. Mostra a dor que envolve o momento da separação e da morte, o período de luto e os sintomas que podem resultar da perda.

O livro evidencia a importância e a necessidade do apoio dos familiares e amigos para enfrentar a situação. Descreve, também, momentos de saudades e lembranças (a menina guarda uma pena do passarinho) e o retorno a uma vida alegre depois de momentos de profunda tristeza.

Em relação às histórias que envolvem mortes de animais de estimação, Corr (2003-2004e) afirma que se constituem num bom material para trabalhar a importância da relação entre a criança e o animal e, consequentemente, a importância da perda para ela, além da importância de vivenciar e expressar o sentimento de dor quando o animal morre.

Para a criança, o animal de estimação pode ser amigo, companheiro de brincadeiras e fonte de amor incondicional. Ter um animal de estimação ajuda a ensinar às crianças as responsabilidades do cuidar de um ser vivo e, como tem um ciclo de vida menor que o ser humano, ensina as crianças sobre perda, morte, sofrimento e enfrentamento.

No caso do animal de estimação, Corr (2003-2004e) lembra que a morte pode acontecer, principalmente, de três modos: natural (por doença ou envelhecimento), eutanásia (decisão de sacrificar o animal por problemas de doença e/ou envelhecimento) e acidental (geralmente, repentinas). E reforça a importância dos rituais formais (funeral, enterro...) e informais (partilhar lembranças / *scrapbooks*) para celebrar a vida do animal que morreu, o que leva a uma validação do processo de perda/luto enfrentado pela criança.

Os livros sobre a morte de animais de estimação ensinam a criança a refletir sobre o significado da perda e a ponderar e refletir sobre o valor da vida.

Corr (2003-2004e) levanta uma questão de suma importância: e a substituição do animal de estimação. Afirma que os adultos costumam acreditar que a imediata troca do animal por outro pode amenizar o sofrimento, tanto da criança como deles mesmos (que sofrem ao ver a criança triste). No entanto, isso não é uma atitude correta no processo de luto. O animal não deve ser substituído rapidamente. É importante se preservar o lugar e a memória do animal perdido, pois essa é uma necessidade do período de luto.

Sobre as questões que envolvem a continuação da vida e reflexão sobre a mortalidade, Corr (2003-2004e) usa o termo "imortalidade simbólica" (p. 409) para indicar que, apesar da tristeza pela perda do animal, a vida pode e deve continuar (mesmo que seja de diferentes formas).

Aponta as principais variações da imortalidade simbólica:

1. Biológica: a vida de uma pessoa e seus valores podem continuar existindo por meio de seus descendentes biológicos.
2. Social: a pessoa que morreu exerceu influência sobre outras vidas.
3. Natural: o corpo da pessoa morta volta para a natureza (terra) e suas partes se dissolvem e se reorganizam numa nova forma de vida.
4. Teológica: a pessoa que morreu continua a existir através de algum tipo de vida pós-morte e da reunião com o Divino ou absorção dele.

O autor sugere que esses livros sejam oferecidos a crianças enlutadas e àquelas que não tenham passado por perda, para sua própria reflexão ou como ferramenta para adultos lidarem com a situação de perda.

Livros que abordam a morte de avós

Inicio esta parte falando sobre os livros *Histórias da boca* (Carvalho, 1988) e *Cadê meu avô?* (Carvalho, 2004), comentados por três educadoras durante a exploração dos livros nessa pesquisa.

Esses livros têm a mesma história e a mesma autoria, só que com títulos diferentes. São de autoria de Lídia I. Carvalho, que publicou essa história em 1988, com o título *Histórias da boca*, pela Edições Loyola, com ilustrações de Alex Cerveny. Em 2004 a reeditou com o título *Cadê meu avô?*, pela Editora Biruta, com ilustrações de Bárbara W. Steinberg.

É interessante notar como a qualidade do livro, seu formato e suas ilustrações interferem no parecer sobre ele, embora o conteúdo escrito seja o mesmo.

Eu já conhecia o livro *Histórias da boca* (Carvalho, 1988), desde seu lançamento. Considerava a história interessante, mas não o utilizava porque sua apresentação era pouco convidativa, com ilustrações pouco atraentes para um livro infantil.

Em 2004, em uma oficina de literatura infantil, uma das alunas (professora de Educação Infantil ou Ensino Fundamental), que sabia de meu estudo de doutorado, indicou-me o livro, manifestando sua apreciação pelo mesmo. Afirmei que o conhecia, porém não o utilizava pelos motivos citados acima.

Em 2006, ao tomar contato com o livro *Cadê meu avô?* (Carvalho, 2004), gostei do que vi. Embora seja um livro que apresente explicações variadas para a questão sobre o destino da pessoa que morre, considerei-o interessante e atraente para crianças. Poderia ser utilizado justamente para se discutirem questões relacionadas à dificuldade de se falar sobre o assunto morte com crianças.

Tinha a impressão de que já conhecia aquela história, mas, diante de tantos títulos que utilizo, pensei que o estivesse confundindo com o livro *Vovô foi viajar* (Veneza, 1999), que trata do tema de forma bastante semelhante.

Qual foi minha surpresa, no momento em que estava escrevendo o capítulo sobre a apresentação dos livros (antes de iniciar minha pesquisa nas escolas), ao descobrir que *Cadê meu Avô?* (Carvalho, 2004) e *Histórias da boca* (Carvalho, 1988) constituem a mesma história.

Apesar de estar em constante contato com as histórias, custei a identificar essa situação. Surpreendi-me ao notar que essa semelhança tinha sido prontamente percebida por três educadoras de três diferentes escolas, além de ter sido uma descoberta casual. Isso mostra que essas educadoras, embora possam ter escolhido esses livros ao acaso, devem tê-los lido com bastante atenção. Afinal, não é comum encontrar dois livros iguais, com "roupagem" diferente, como uma delas mencionou.

As três foram unânimes em seus comentários, categóricas ao dizer que a apresentação do livro (capa, título, cores, ilustrações...) fazem muita diferença na apreciação do mesmo. Nesse caso, nem pareciam a mesma história.

Como já mencionado anteriormente, quando a criança está diante de livros, sua atenção se voltará para a capa, o título, as ilustrações/imagens, seu formato, fonte e tamanho das letras... Esses aspectos farão diferença na escolha do livro pela criança. A partir de sua escolha, ela entrará no universo da história, estabelecendo as relações de prazer, descoberta e conhecimento (Almeida, 2006; Coelho, 2000a; Benjamin, 2002).

No caso desses dois títulos, as professoras foram unânimes em dizer que preferiam o livro *Cadê meu avô?* (Carvalho, 2004) e tinham a impressão de que a história era mais bonita, interessante, atraente e mais envolvente.

Durante a discussão sobre essa questão, Lara (EMEI) disse que, como já conhecia o livro *Cadê meu avô?* (Carvalho, 2004) e já o tinha utilizado com seu filho por ocasião da morte do avô, resolveu lançar seu olhar para o livro *Histórias da boca* (Carvalho, 1988). Confirmou que pareciam bem diferentes e reafirmou sua preferência por *Cadê meu avô?* (Carvalho, 2004), alegando que o outro lhe parecia muito "morto e sem graça".

Cadê meu avô? (Carvalho, 2004) / **Histórias da boca** (Carvalho, 1988)

Essa história foi apreciada em todas as escolas de forma muito positiva. Salientou-se a sensibilidade do menino que pede ao Papai Noel, de presente de Natal, seu avô de volta (não sabia onde o avô estava). O livro enfatiza a dificuldade dos adultos em dar uma notícia triste a uma criança, bem como falar da morte com ela. Na história, depois de tantas explicações controversas, o menino chega à conclusão de que não queria mais seu avô de presente, pois havia entendido que ele nunca mais voltaria. Então, pediu ao Papai Noel um carrinho de rolimã.

Ainda sobre essa história é importante reforçar que a autora trata do tema com muita sensibilidade, sem apelar para explicações que mistificam a realidade.

A morte de uma pessoa querida é sempre uma experiência traumática. Geralmente, fala-se da morte para as crianças usando-se explicações que as deixam confusas, como: *foi viajar... virou estrelinha... foi para o céu... descansou...*

Estudos mostram que, para ajudar a criança no processo de luto, ela deve ser informada de forma clara e verdadeira sobre o que aconteceu, mantendo-se um canal de comunicação para que se sinta livre para perguntar, obter esclarecimentos e expressar seus sentimentos e emoções (Priszkulnik, 1992; Velásquez-Cordero,1996; Torres, 1999). A mentira não nega a dor e nem a minimiza. Ao contrário do que se pensa, a verdade alivia e ajuda a aceitar o desaparecimento da pessoa que morreu como definitivo (Aberastury, 1984).

Essa autora afirma que, se um grupo ou um membro da família começar a ocultar o fato ou recorrer à mentira, estará dificultando a primeira etapa do processo de luto da criança: assumir a morte. Se a pessoa não admitir que a morte ocorreu, não terá do que se enlutar.

A criança não conhece muito bem como é o processo da morte, mas experimenta a ausência, que é vivenciada como abandono (Aberastury, 1984).

Vó Nana (Wild, 2000)

Esse livro foi comentado por uma professora da EPI3, não pela história em si, mas pela *projeção* (como assim definiu), lembrando-se que lhe veio à mente ao lê-lo uma criança da escola cuja avó vinha buscá-la todos os dias.

Outra educadora considerou a capa muito bonita! Disse que foi o que chamou a atenção dela. No entanto, aborda a morte da avó, o que é muito triste.

A história de Vó Nana foi explorada por uma professora (da EMEI) que se arrependeu de tê-la escolhido para ler, por ter se identificado com a mesma. No entanto, ela poderia tê-lo deixado e escolhido outro livro, como outras o fizeram. Mas ela o leu, atentamente, até o final. Deu seu depoimento, dizendo que sentiu como se fosse morrer! Emocionou-se (o livro mostra a despedida da neta e da avó, e a professora tinha acabado de voltar de uma visita aos netos, no interior).

Uma participante considerou que o livro apresentava aspecto negativo. Disse que não saberia passar para uma criança o conteúdo envolvendo a morte da avó. Considerou-o muito triste! Acrescentou que faltava em fechamento para a história: a criança ficaria imaginando, sem saber o que acontece de fato.

O enredo conta a história de Vó Nana, uma porca velha e cansada, que convida Neta (sua neta) para um último passeio, apreciando, escutando, sentindo cheiros e sabores, como numa despedida. Diz querer "se fartar" da natureza; na verdade, valorizar a beleza da vida...

O livro fala da preparação para a morte: como a avó organiza seu final de vida, como se despede da neta e como retoma sua história de vida, fechando, assim, um ciclo.

É uma história de ternura e amor, do dar e receber (troca), da vida e da morte (o tema é realístico, pertence à vida cotidiana).

É um livro emocionante que demonstra que, apesar de tão natural, a despedida é sempre muito difícil; provoca dor, tristeza e medo. A obra facilita o contato com a temática, perda/despedida/morte, de forma muito delicada. Pode ser explorada por pequenos e grandes, por leitores e mesmo aqueles que ainda não leem. É uma história para ser lida ou contada.

É um livro grande, cuja capa esboça desenhos levemente traçados, suaves, pintados com cores fortes, em harmonia. É ilustrado com figuras grandes, muito coloridas, expressivas e suaves ao mesmo tempo. Há mais ilustrações do que texto, o que agrada muito ao leitor infantil. As ilustrações suscitam emoções, sentimentos no leitor que é levado à assimilação e à reflexão sobre o tema da morte.

A contracapa traz a sinopse do livro: a avó e a neta que moram juntas e compartilham tudo. Fazem o último passeio e a despedida ("da melhor maneira que conhecem"). Refere-se ao livro como: "Uma história de ternura e amor, do dar e receber; uma gloriosa celebração do mundo".

Menina Nina (Ziraldo, 2002)

Algumas educadoras disseram ter sido atraídas pelo livro por já conhecerem o autor, Ziraldo, muito famoso e apreciado na literatura infantil. O livro foi considerado muito bonito, apesar de triste. Aborda, com muita sensibilidade, a relação da neta com a avó, a qualidade de vida compartilhada entre elas.

A questão religiosa surge quando o autor aponta duas razões para não chorar. Esse cuidado com o não chorar pode parecer contraditório.

O narrador conta uma história cheia de detalhes sobre a felicidade da vida compartilhada entre Vovó Vivi e sua neta Nina. Traz uma frase muito reflexiva: "Viver é inventar a vida" (p. 22).

A história fecha o ciclo da vida dentro do ciclo do dia e da noite. Em seguida, conta que Vó Vivi não acordou no dia seguinte. "Vovó dormia para sempre" (p. 27), ou seja, destaca a irreversibilidade da morte.

Aborda a falta da despedida, a morte inesperada, mostrando a tristeza como consequência desse tipo de morte.

O autor oferece duas razões para Nina não chorar, enfocando os valores e crenças presentes em duas formas de educar e de encarar os mistérios da vida e do pós-morte. Ele sugere que:

Se não houver nada além da morte, se tudo acabou de vez, vovó estará em paz e não saberá que está dormindo para sempre. Então não há motivos para Nina chorar e ficar triste, porque vovó não estará sofrendo. Escreve: "Como não vai acordar – seja aqui de nosso lado, seja em outro lugar –, ela está sonhando, Nina (como sonha, toda noite, quem dorme um sono profundo). E então vovó vai ver sua netinha crescer nos sonhos de vocês duas" (p. 35).

Se houver outra vida depois da morte (desse sono imenso), num outro mundo, feito de luzes e de estrelas, sugere que vovó virou anjo e, agora, vivendo no céu, vovó está vendo Nina. Escreve: "Então, quando você (Nina) for dormir, dê um adeuzinho pra ela, mesmo que você não possa ver a vovó (é que o céu é muito longe). E, de lá onde ela está, vai ver você crescer do jeito que ela sonhava" (p. 37). E, complementa: "Portanto, não chore mais e vá dormir, minha querida. Dos dois jeitos desse adeus é que a gente inventa a vida" (p. 37).

Muitas pessoas fazem ressalvas ao livro quanto ao título, quando o autor se refere a "duas razões para não chorar" (p. 33). Aparentemente estaria impedindo a expressão da dor. Entretanto, antes de apresentar os dois modos de encarar a morte (como algo definitivo ou com uma possível vida no céu), escreve uma frase que poucas pessoas apreendem, mas que pode ser considerada a autorização da expressão da tristeza, através do choro, para dar vazão à dor imensa de quem sofre uma importante perda: "Não chore, Nina, não chore" (p. 31). Logo em seguida, traz uma forma poética para validar a expressão desse sofrimento: "Ou melhor: chore bastante. A gente afoga nas lágrimas a dor que não entendemos" (p. 31).

Como já foi discutido anteriormente, ao falar sobre **a criança**, é importante que se fale a verdade sobre a morte para elas, para que não criem uma noção errada. As crianças necessitam compreender a morte no que diz respeito à universalidade, não funcionalidade e irreversibilidade. Quando se usam termos que mascaram a realidade da morte, isso pode criar uma confusão na mente dos pequeninos.

Não se deve mentir e nem omitir a realidade da morte para as crianças. Isso, com certeza, poderá prejudicá-las no enfrentamento de seu processo de luto e a expressão de seus sentimentos.

Os livros *Cadê meu avô?* (Carvalho, 2004), *Vó Nana* (Wild, 2000) e *Menina Nina* (Ziraldo, 2002) foram mencionados como já conhecidos pelos educadores antes da pesquisa.

O anjo da guarda do vovô (Bauer, 2003)

De modo geral, as educadoras fizeram uma apreciação positiva desse livro.

Na discussão com os educadores, foi considerado delicado e sutil porque o menino nunca está sozinho, mesmo quando se encontra só. Existe a continuação da vida do avô na história do neto.

Uma participante qualificou esse livro como delicado, muito sensível ao tratar da vida e da morte (escolheu o livro pela capa. Lembrou do pai que comentava que crianças têm anjos da guarda).

Outra educadora não gostou do livro. Considerou-o engraçado, mas ao mesmo tempo um pouco assustador: ou a criança se consola com uma possível presença ou fica morrendo de medo. Faz referência a um lado fantástico: o anjo da guarda protege a criança de tudo, não deixando que nada de ruim e perigoso aconteça – o que não é natural: as coisas ruins também acontecem.

Relata o encontro de um avô doente (no leito do hospital) com seu neto, quando rememora toda a história de sua vida e suas artes. Sempre teve a seu lado um anjo da guarda que o acompanhava e o protegia e que, no momento final de vida, continua presente. Isso só fica claro pelas ilustrações. Esse encontro é a despedida dos dois. Em seguida, as ilustrações mostram o neto fora do hospital, brincando e admirando o "lindo dia". Há perto dele a figura de um anjo que pode ser interpretado como seu anjo da guarda ou como a presença constante de seu avô, que está lá para protegê-lo mesmo depois da morte.

Por que vovó morreu? (Madler, 1996)

Uma das educadoras leu o livro e disse que não gostou, mas não aprofundou os comentários. Outra relatou a história aos colegas, ressaltando os pontos principais: a menina chega da escola, vê uma ambulância em frente a sua casa, sua avó é levada para o hospital e morre. Descreve o sentimento de abandono sentido pela menina, que era muito ligada afetivamente à avó. Ela sente raiva. Após o funeral, o pai ajuda a menina na superação da perda, explicando-lhe sobre a morte. A partir dessas explicações, a criança começa a lembrar de coisas boas vividas com a avó, superando a dor da perda.

Em seus comentários, a educadora destaca a importância do suporte do pai à menina na elaboração do luto, que foi fundamental para transformar a raiva em sentimento positivo.

O livro retrata, de forma clara e realista, os comportamentos e as reações emocionais da neta causados pela perda – medo, sentimento de abandono –, bem como as respostas do pai às perguntas da menina sobre a morte, e descreve o suporte oferecido. Nessas explicações, o autor esclarece sobre a irreversibilidade da morte (não temporária), bem como sua universalidade (a morte faz parte da vida, é condição da existência humana, todas as pessoas um dia morrem...). Enfoca a relevância dos rituais relativos à morte (funeral), e ressalta a importância da manifestação de dor e compartilhamento de sentimentos (chorar faz bem!). Na história, o pai tem a função de acolhimento, relativizando, desse modo, o pressuposto cultural de que a figura feminina é mais acolhedora.

O texto da contracapa avisa o leitor que a narrativa é feita de maneira "modelar", apresentando o enredo de forma diferente. Salienta que a estruturação modelar do texto favorecerá o enriquecimento de sua vivência individual e insubstituível, promovendo reflexões. Sugere que a leitura será mais produtiva se realizada em conjunto pelo adulto e a criança, beneficiando a troca de ideias.

Na primeira página, traz uma nota dirigida aos pais e educadores: enfatizando o significado da figura da avó (segurança, afeto, aconchego, "segunda mãe"), a realidade da morte, rituais, sentimentos e formas de expressão. Alerta para a importância da avó na vida da criança e para o fato de que sua morte pode representar uma grande perda a ser enfrentada pela criança, talvez a primeira.

Esse livro é indicado para qualquer faixa etária. É uma história que pode ser lida ou ouvida, embora seja mais interessante que haja a participação conjunta de um adulto com a criança, favorecendo a troca de ideias (indicado na contracapa do livro) e facilitando, assim, o acolhimento da criança.

4. In loco / achados

Vovô foi viajar (Veneza, 1999)

Essa obra foi apreciada pelos educadores como bonita e direta. Fala da morte com humor. A criança não aparece como "bobinha", acreditando nas desculpas que cada um dos adultos lhe dava para justificar a ausência do avô.

O livro mostra como, muitas vezes, tenta-se enganar a criança ou apresentar subterfúgios para lhe comunicar a morte. Entretanto, a criança não quer ser enganada, quer que o adulto seja claro com ela, contando a verdade.

Uma das professoras relatou a história ao grupo. Relacionou os dados de realidade observados na história: a dificuldade do adulto para dar a notícia da morte a uma criança, sua falta de coragem para falar da morte com ela e a percepção da criança sobre a dificuldade do adulto. A história evidencia a mudança de papéis: a criança tem a missão de falar da morte com o adulto. Reforça, assim, a ideia de que a criança não precisa e não deve ser subestimada.

Cabe ressaltar que o livro, apesar de apresentar o tema de forma delicada, descreve, também, as manifestações de tristeza e nervosismo, por parte dos adultos, percebidas pela menina, mas não assumidas pela mãe. Esse fato aparece no início (p. 5), quando a menina percebe que a mãe não a olha ao dizer que o avô tinha ido viajar, além de apresentar um comportamento meio "nervoso" (perceptível à menina) ao dizer que o avô não voltará mais.

Apesar de ser uma obra que procura apresentar um tom cômico, aborda claramente a tristeza e a saudade, além do sentimento de solidão da menina, por não ter com quem compartilhar a falta do avô.

Mostra com clareza a dificuldade da comunicação entre adultos e crianças em situações que envolvem má-notícia, como a da morte. Há a tendência de subestimar-se a capacidade de entendimento da criança, o que, geralmente, provoca sentimentos confusos.

A história termina quando a menina, vivenciando um momento de saudade do avô e pensando nas respostas recebidas, adquire coragem para dizer a verdade a todos: "Levantei da rede, suspirei, tomei coragem. Entrei na sala e fui explicar a eles que, de verdade mesmo, meu avô tinha morrido" (p. 23).

O livro apresenta capa atraente, com cores fortes e com ilustrações muito expressivas.

A contracapa traz o fragmento de um diálogo entre a menina e sua tia: "Embarcou e foi indo por um trilho comprido, a perder de vista...", para mascarar a ausência definitiva e negar a ideia de morte.

A morte dos avós é um dos assuntos relacionados ao tema da morte bastante presente na literatura infantil.

A partir do século XX, a publicação livros que abordam o tema da morte em velhos veio à tona, apresentada como uma consequência inevitável do desgaste do corpo com o passar dos anos. Acredita-se que esse tipo de narrativa ajuda a criança a enfrentar a morte como um fenômeno natural, que faz parte da vida, e também a ajuda a conscientizar-se da ausência de uma pessoa (Diaz, 1996).

Sobre ocultar a verdade das crianças, como já foi abordado anteriormente, é importante afirmar que isso pode gerar sentimentos confusos, além da falta de confiança no(s) adulto(s) e o sentimento de solidão de não ter com quem compartilhar a tristeza e a saudade.

Quando seus avós morrem (Ryan, 2004)

Esse livro pertence à coleção Terapia Infantil, da Editora Paulus, já conhecida por alguns educadores.

O livro teve uma boa avaliação por ser completo e explicar o processo da perda passo a passo. Aborda a morte de forma bem abrangente: a tristeza, a despedida, a manifestação dos sentimentos, os rituais, a religião, a questão do tempo, dos sentimentos confusos (como a culpa), aspectos da realidade como o enterro e a saudade. Além disso, incentiva a criança a procurar um adulto para conversar.

Uma educadora considerou o livro interessante, mas comentou que parece que os avós são sempre os primeiros a morrer, o que não corresponde à realidade, embora seja culturalmente esperado.

A abordagem da autora foi considerada positiva pela maioria dos professores, pois o avô vai ficando doente, vai se despedindo, até morrer. Desse modo, a morte não fica tão brusca e chocante.

Embora essa obra tenha sido bem avaliada, dois educadores a consideraram negativa.

4. In loco / achados

Um deles (EE) disse que o livro apresenta uma leitura do tipo autoajuda. Considera uma leitura que não acrescenta, porque induz o leitor a sentir o que a história determina e não leva à reflexão. Alegou que, nesse tipo de livro, a pessoa tem que se enquadrar, e nem sempre isso é possível.

Outra educadora (EMEI) apresentou três itens negativos no livro. Inicialmente, atestou que ele contém muita informação para uma só história e sua abordagem é muito real, com algumas informações "pesadas" ("vai desmanchar na terra ou vai cremar"). Não é apropriado para a faixa etária dos alunos de Educação Infantil, com quem trabalham. Além disso, ponderou que o conteúdo do livro não está de acordo com a realidade que essas crianças vivem, pois a população dessa escola não tem acesso à saúde e tratamentos de melhor padrão. Finalmente, comentou que a história descreve os sentimentos confusos de modo que parece tratar-se de um avô idealizado.

Durante as discussões foram feitos alguns comentários a respeito da abordagem religiosa – também encontrada no livro –, que foi avaliada como um aspecto negativo nas histórias infantis.

No entanto, a literatura sobre esse assunto nos mostra que:

– Livros com aspectos religiosos não devem ser excluídos inteiramente, mas devem ser cuidadosamente escolhidos (Walker, 1986).
– Questões religiosas e filosóficas não devem ser abordadas de forma moral (Diaz, 1996).

Diaz (1996) cita Sadler (1991-1992),[23] que assinala quatro aspectos que se desenvolvem nesses livros:

1. A relação entre o(a) neto(a) e o(a) avô(ó);
2. A doença do(a) avô(ó);
3. A morte do(a) avô(ó);
4. A dor e a recuperação da criança.

Os avós aparecem por meio de lembranças, tendo os pais como protagonistas.

---

[23] Sadler, D. (Inverno 1991-1992). "Grandpa died last night: children's books about the death of grandparents". In: Children's Literature Association Quaterly, 16(4): pp. 246-50. West Lafayette, EUA.

Corr (2003-2004d) afirma que os avós são agentes importantes na interação avós-netos. Seu papel é muito relevante e diferente do papel desempenhado por outros adultos. Os idosos são vistos como detentores de sabedoria por terem vivenciado e acumulado experiências ao longo dos anos.

Esse autor afirma que a morte de avós está entre as experiências de morte mais comuns que a criança pode enfrentar. Dessa forma um dos papéis, entre tantos importantes que os avós exercem em relação a seus netos, é o de ajudar as crianças a falar sobre a morte e guiá-las ao tentar prepará-las para uma morte antecipada, além de partilhar e explorar com as crianças (netos) suas próprias reações à perda. Isso foi observado no enredo do livro *Vó Nana* (Wild, 2000). Os funerais de avós podem ser oportunidades importantes para as crianças aprenderem sobre a vida e a morte e para obterem suporte/apoio de outros. As boas lembranças de avós e o legado deixado para os netos são formas significativas de partilhar a vida da pessoa que foi antes de nós.

O amor dos avós continua por meio das lembranças e os legados da vida compartilhada, encorajando os netos a enfrentar a vida sem eles. Muitos dos ensinamentos dados pelos avós podem servir de guia para adultos na interação com crianças que estão enfrentando situações de perda (Corr, 2003-2004d).

Livros que abordam a morte do pai

A montanha encantada dos gansos selvagens (Alves, 2005)

Esse livro pertence à coleção Estórias para pequenos e grandes, de Rubem Alves.

Foi lido por apenas uma educadora, que não gostou dele. Comentou, apenas, que a Paulus é uma editora católica. De fato, o livro introduz a questão religiosa quando diz que o ganso velho ficou leve e voou para a montanha encantada, mas não se aprofunda nessa questão.

No meu ponto de vista, esse livro, cujo foco é a morte do pai vivenciada pelo filho, aponta para aspectos mais relevantes do que a questão religiosa, como a despedida, a apropriação da vida que ambos viveram juntos, o luto, a dor decorrente da perda e a retomada da vida.

A narrativa se desenrola cronologicamente: o velho ganso morreu/partiu e depois todos se reuniram, choraram e falaram da saudade. E assim a vida continuou.

Vale salientar dois pontos a respeito desse livro, para que ele seja apropriadamente utilizado. Embora seja uma história que fale da despedida, não provoca tanta tristeza, pelo modo como a história é estruturada e contada. Como a história é abstrata para uma criança pequena, exige interpretação para que a mensagem seja compreendida.

Livros que abordam a morte da mãe

A história de Pedro e Lia (Adorno, 1994)

A história de Pedro e Lia foi apreciada por uma única educadora. Na discussão a história foi apenas relatada, em detalhes, mas ela não teceu nenhuma análise quanto ao conteúdo da obra.

O enredo aborda o cotidiano de uma família comum e seus sentimentos após a perda da mãe. A forma como se fala da saudade no final da história chega a emocionar.

A ilustração não é muito atraente, o que deixa o livro um pouco pesado.

Parece que o leitor vivencia a problemática apresentada, observando a história. Essa sensação de proximidade resulta da abordagem realista que a autora usa para tratar do tema da morte.

O livro aborda a irreversibilidade da morte. Mostra também como o luto envolvendo sofrimento e saudade vai diminuindo com o tempo, levando à retomada da vida cotidiana, junto com o pai (e tias), e com as lembranças da mãe. É muito interessante notar a atitude positiva do pai com as crianças, no enfrentamento do luto conjunto.

Eu vi mamãe nascer (Emediato, 2001)

Algumas educadoras atestaram ter escolhido esse livro por causa do título curioso. No entanto, o conteúdo foi considerado muito pesado.

Uma professora (EP1) não conseguiu lê-lo até o final, porque aborda a morte de mãe, e esse fato a chocou. Considerou o livro muito triste e difícil, e seu envolvimento foi tal que chegou a identificar-se com os personagens da história.

Outra professora ressaltou a forma como o pai acolheu os sentimentos do menino, por ocasião da morte da mãe, como um dos pontos relevantes do livro.

Outra professora relatou a história aos outros participantes do grupo. Em seu ponto de vista, a história é interessante porque fala de um menino, de dez anos, que se depara com a morte da mãe quando volta da escola. Mostra como é difícil o processo de ter que enfrentar essa perda, principalmente porque o menino já tinha perdido a avó (quando era bem menor, aos cinco anos) e não teve explicação alguma sobre a morte naquela época. Dessa vez, o pai utiliza o exemplo do ciclo de vida de uma plantinha para explicar o ciclo de vida da mãe ao filho. Assim, o menino entende o que é a morte e passa a buscar a vida de outra forma: "Passa a observar o jardim de outra forma".

Esse livro tem uma apresentação que chama muito a atenção: é grande, tem capa dura e seu título é bem sugestivo. Visualmente, é um livro muito atraente. Entretanto, ao ler-se a primeira frase: "Mamãe morreu ontem" (p. 7), o leitor se choca de imediato, porque aponta para a contradição entre o fato da morte da mãe e o título do livro: *Eu vi mamãe nascer*.

Apesar de o menino de dez anos receber a notícia de morte da mãe, assim que chegou da escola, o narrador sugere que o pai e a mãe já o vinham preparando para essa morte, mas sem dar nome ou contar os fatos. Entretanto, a criança já tinha ouvido conversas anteriores.

Há três pontos relevantes que se sobressaem no conteúdo dessa obra:

– O narrador é uma criança, e o uso da primeira pessoa facilita o mecanismo de identificação e ajuda a catarse do leitor (Diaz, 1996). Essa identificação foi sentida por uma das professoras e será explorada no tópico "Grandes Descobertas".

– A história ressalta a importância do tempo para a superação da dor decorrente da perda e aponta para a possibilidade de voltar a ser feliz.

– A tarefa de cuidar e acolher, desempenhada pelo pai.

Não é fácil, pequeno esquilo (Ramon, 2006)

Esse livro foi apreciado de forma positiva por falar diretamente da morte. Apesar de muito bom, interessante, bonito e sensível, também foi avaliado como muito triste, já que aborda a morte da mãe, o que provoca tristeza profunda.

O autor ressalta a importância de se acolher a perda, uma vez que a tendência do adulto é querer substituir a ausência.

A questão religiosa aparece na ilustração que sugere a alma/espírito da mãe junto ao esquilo. A mãe do esquilo foi morar em uma estrela no céu.

Uma das professoras (EE) disse que não sabe se conseguiria trabalhar esse livro com seus alunos (de oito a dez anos), pois chorou muito quando leu a história.

Além da tristeza provocada pela morte da mãe, a obra aborda o sentimento de abandono, a reação de raiva e o isolamento. Retrata as angústias vividas pelo esquilo, mas elas são superadas com o amor e o aconchego de seu pai e da amiga coruja. A obra aponta para o consolo que o esquilinho sente ao contemplar a estrela, pois sabe que sua mãe foi morar em uma estrela e sempre estará velando por ele. Reforça a importância do cuidado e acolhimento proporcionado pelo adulto e enfatiza a necessidade do tempo, implícito no enredo, para a elaboração do luto.

LIVROS QUE ABORDAM A MORTE DE CRIANÇA / IRMÃO

Emmanuela (Oliveira, 2003)

O fato de o livro conter um bebê na capa chamou a atenção de alguns participantes e os encorajou a lê-lo, principalmente porque, normalmente, não se associa a imagem de um bebê à ideia de morte.

É muito interessante o narrador ser uma criança e fazer reflexões a respeito da perda e da morte, da história da irmã, que se transformou em luz, concluindo que havia aceitado a morte dela.

O livro foi apreciado de maneira positiva por ser direto e, ao mesmo tempo, leve e poético.

Uma educadora escolheu esse livro justamente por conter um bebê na capa e remeter à ideia da morte de crianças. Geralmente, os livros tratam da morte de avó e avô, mas ela não quis ler nenhum livro relacionado a avós, por ser uma pessoa de idade.

Uma segunda educadora (EP1) comentou que esse livro mobilizou o medo de perder a filha. Uma terceira resumiu a história do livro para as colegas e concluiu: "Ele aceitou a morte".

Uma coordenadora (EPI3) avaliou-o como um livro interessante porque tem uma trama "legal": relata que, no início da história, um bebê nasce com "defeito" – "como as crianças costumam dizer" –, precisa de uma cirurgia e morre. Mostra como a família conduz a situação e a explicação da morte para o irmão, exemplificando com o ciclo de vida da plantinha. Ela enfatiza o fato de o personagem ajudar e apoiar seu amiguinho, quando ele passa por uma situação de perda.

Ele aborda a morte sob uma perspectiva diferente e muito interessante. O narrador é um menino de oito anos que tem um irmão de cinco anos e uma irmãzinha doente. Ao saber da doença da irmã, passa a vivenciar a expectativa de uma possível morte, o que suscita nele questionamentos e reflexões a respeito da perda e da própria morte.

Conforme a história é narrada, o autor descreve toda a sensibilidade e ingenuidade das crianças. Além de evidenciar a diferença de questionamento e a capacidade de compreensão das crianças em idades diferentes (oito e cinco anos).

Outro aspecto relevante é o modo como a família prepara os filhos para a morte e como lida com o luto. A mãe responde às perguntas feitas pelos meninos, explicando sobre a morte e seus rituais. Diz que Emmanuela será plantada na terra para nascer de novo, só que no jardim do Papai do Céu, e que eles poderão matar a saudade dela sempre que olharem para o céu, virem o Sol e estiverem no jardim com as flores... Virou luz!

LIVROS QUE ABORDAM A MORTE COMO CICLO DE VIDA

Para discutir os livros que compõem essa categoria, inicio com *A sementinha medrosa* (Oliveira, 2003) e *O medo da sementinha* (Alves, 2005).

Esses livros foram apreciados por várias educadoras das escolas participantes da pesquisa.

As educadoras julgaram que *A sementinha medrosa* (Oliveira, 2003) era ótimo por abordar a morte como parte do ciclo da vida, o que ameniza o caráter doloroso da perda. Aborda o medo de crescer, ao descrever o receio da sementinha de nascer para depois morrer. Enfatiza que não se deve temer a morte e, sim, preocupar-se em viver a vida.

Várias educadoras justificaram sua preferência destacando este trecho do livro:

> Morrer não é tão ruim assim! Não precisa ter medo. Se não houvesse morte, não haveria vida também. Morrer é tão natural quanto nascer. É o ciclo da natureza: os seres nascem, crescem e morrem. Isso acontece com todos nós: nascemos, crescemos e vivemos e um dia vamos morrer. Mas se você não sair daqui debaixo não vai viver, não vai conhecer o mundo lindo que existe lá fora. [...] Em vez de nos preocuparmos com a morte, acho que devemos nos preocupar com a vida e tentar viver da maneira mais bonita possível: sendo boa, sendo honesta, procurando ser útil, fazendo direitinho nossos trabalhos e ajudando a todos que pudermos. É a forma de construirmos uma vida bonita. Cada um deve fazer benfeito sua parte e não deve fazer aquilo que não gostaria que fizessem a ele (p. 15).

O livro *O medo da sementinha* (Alves, 2005) foi escolhido por várias educadoras por conhecerem o autor. Foi considerado apropriado para introduzir e abordar o tema da morte, porque a morte é apresentada dentro do contexto da natureza, como parte do ciclo da vida. Por outro lado, foi avaliado como um livro difícil para as crianças, pois exige uma elaboração mais complexa do pensamento e, provavelmente, seus alunos ainda não estariam prontos para racionalizar e chegar às conclusões almejadas.

Como esses dois livros trazem conteúdos muito semelhantes, o livro *A sementinha medrosa* (Oliveira, 2003) foi considerado mais apropriado para a utilização com crianças no contexto escolar.

É importante ressaltar a estruturação diferente do enredo para contar a história de *A sementinha medrosa* (Oliveira, 2003). Por meio do diálogo entre a sementinha e a árvore, a autora aborda o medo do desconhecido, as mudanças na vida e o medo de morrer. Reforça a ideia de que não há necessidade de sentir medo. O importante é viver uma vida plena e com qualidade. Valoriza a vida e apresenta a morte como parte desse ciclo.

O livro aborda a universalidade, mas não aborda a irreversibilidade nem a não funcionalidade da morte.

Já em *O medo da sementinha* (Alves, 2005) o autor, antes de iniciar a história, faz uma introdução sobre a morte e esclarece por que escolheu o símbolo da semente: vida e morte fazendo parte da existência. Aponta para uma questão muito importante: "Quem não fala sobre a morte acaba por se esquecer da vida. Morre antes, sem perceber..." (Em edições anteriores, esse comentário era feito na contracapa do livro).

O título desse livro é bastante sugestivo, pois fala do medo da sementinha (medo de "alguém" bem pequenininha) e, já a partir do título, cria uma identificação entre a criança e a personagem principal.

A história tem, como enredo, a vida de uma sementinha, do nascimento até virar uma bela árvore, descrevendo o ciclo da vida. Aborda medos, inseguranças e preocupações com o desconhecido que surgem ao longo do percurso da vida. Além disso, mostra que a sementinha não está sozinha. Apesar de ser uma trajetória individual, a mãe a acompanha, dando acolhimento aos seus sentimentos, procurando confortá-la e buscando deixar os momentos de mudanças mais fáceis.

O livro mostra a inevitabilidade da morte: a sementinha ter que morrer para nascer como uma linda árvore. Portanto, fala da morte como fazendo parte da vida e como parte do processo do desenvolvimento.

É uma história muito rica em detalhes. Aborda nascimento e morte, o desenvolvimento humano, as fases da vida que se completam e podem ser vivenciadas como morte simbólica, porque implicam perdas que podem causar sofrimento e um enfrentamento de novas fases, que pode suscitar medo do desconhecido.

A meu ver, é um livro indicado para todas as idades, de preferência se for lido por um adulto.

A história de uma folha – Uma fábula para todas as idades (Buscaglia, 1982)

Esse livro foi apreciado por vários educadores. Em todas as escolas, alguém já o havia lido.

Somente uma educadora mencionou gostar do autor, mas disse não ter gostado desse livro, afirmando que a história é muito longa e repetitiva.

A obra foi considerada apropriada para a faixa etária dos alunos da EMEI, porque aborda a morte de maneira leve, por meio do ciclo da vida e da natureza (estações do ano).

O livro apresenta vários pontos positivos em sua estrutura. Inicialmente, seu título é bastante sugestivo, pois explicita que é uma fábula para todas as idades. Depois o tema morte é apresentado de forma progressiva, como as estações do ano. São mudanças... passagens, e as passagens da vida são retratadas como mortes simbólicas.

Além disso, tenta retratar a morte em seus aspectos: universalidade e inevitabilidade, irreversibilidade e não funcionalidade.

Fala sobre o medo do desconhecido que gera insegurança, incertezas e sobre os diferentes destinos para cada um, abordando, assim, a universalidade da morte.

Enfatiza a razão pela qual vale a pena viver: "Pelos tempos felizes que passamos juntos...", apontando para o sentido da vida, uma vez que temos a certeza da inevitabilidade da morte.

A história abrange também a solidão na morte, como momento singular. De forma singela, fala da morte da folha, na neve (branca, macia e suave, mas muito fria), ressaltando a transformação e a fragilidade na morte, que remetem ao caráter da não funcionalidade da morte.

Ao utilizar o termo: "não doeu", tenta confortar, mas essa informação não é precisa, uma vez que, em algumas ocasiões, a morte vem acompanhada de dor. A não funcionalidade na morte pode também estar sugerida aqui.

A irreversibilidade está implícita no livro.

Ele enfoca a transformação na morte como um novo ciclo, num âmbito maior de ciclo de vida, "o começo".

Este livro é muito citado em bibliografia americana que aborda o tema sobre a utilização de livros infantis para falar de morte com crianças e de programas de apoio ao luto (Berns, 2003-2004; Corr, 2003-2004c).

O dia em que a morte quase morreu (Branco, 2006)

Esse livro suscitou considerações positivas e negativas.

Entre as positivas: mostra a dualidade da vida e da morte. Uma não existe sem a outra. Foi considerado ótimo, pois aborda a vida e a morte como irmãs. A vida é apreciada, e a morte, rejeitada, até que o tempo faz a reconciliação das duas.

A ilustração de uma caveira em fundo preto logo na primeira página provoca curiosidade (os professores comentaram que as crianças de EFI gostam da fi gura da caveira).

Mas, na EMEI, apesar de considerarem o conteúdo do livro muito bom, pelos motivos já citados, a fi gura da caveira logo na primeira página, em fundo preto, não foi bem apreciada, alegando-se que poderia assustar a criança pequena.

Outro aspecto interessante nesse livro é a abordagem das brigas entre a vida e a morte: "ora está de bem... ora está de mal...".

A capa desestimulou o interesse pelo livro, porque foi considerada assustadora.

O ponto relevante nesse livro é a briga entre Vida e Morte: um dia, depois de muitos anos, o Tempo (velho amigo das duas) consegue uni-las novamente. Quando fi cam bem velhinhas, compreendem o papel de cada uma: "a Vida ajuda cada um a nascer e se desenvolver", enquanto "a Morte zela pelo descanso de todos e os acompanha no caminho de volta ao Pai, Criador do mundo" (p. 20-21).

Tempos de vida – Uma bela maneira de explicar a vida e a morte às crianças (Mellonie e Ingpen, 1997)

Esse livro foi bem apreciado em todas as escolas, por ter uma apresentação simples e ser claro! Foi considerado também didático e pedagógico pelos professores.

Aborda a realidade da vida e da morte, descrevendo o ciclo de vida na natureza e os ciclos de vida de diversos tipos de seres vivos.

É uma forma diferente de apresentar o tema. A visão de morte do homem é muito passional, não é associada ao ciclo de vida. Fala-se da morte, geralmente, associada à dor.

Esse livro não associa a morte à dor da perda. Ajuda a criança e o adulto a olharem a morte de forma diferente. Por isso, é apropriado para ser trabalhado com as crianças. É escrito em linguagem fácil, sem enfatizar o peso da morte. Por isso não é chocante. Descreve o processo de começo, meio e fim. Por isso é interessante!

Uma educadora o considerou bom para trabalhar a questão de morrer jovem: "Pode ser triste, mas é assim com todas as coisas, com tudo o que está vivo. [...] Cada um tem seu próprio tempo de vida".

Uma professora (EE) descreveu esse livro como trazendo um enfoque mais "científico".

Ele trata de ciclos (começo e fim), entremeados com tempos de vida. As ilustrações são muito realistas e fortes, por vezes até apresenta um colorido sombrio.

A contracapa apresenta uma mensagem que pode despertar curiosidade, porque aponta para a universalidade da morte. Essa mensagem é repetida na primeira frase do livro:

> Há um começo e um fim para tudo o que é vivo. No meio, há um tempo de vida. O mesmo acontece para pessoas, plantas, animais e até para o mais pequenino inseto. [...] Tempo de vida é importante para todos nós porque nos ajuda a lembrar, a estudar e a explicar que morrer é tão parte da vida como nascer.

Fala como a vida e a morte "funcionam" para cada tipo de ser vivo.

Esse livro também é muito citado na bibliografia americana que aborda o tema da utilização de livros infantis para se falar de morte com crianças e de programas de apoio ao luto (Berns, 2003-2004; Johnson, 2003-2004; Corr, 2003-2004c).

Caindo morto (Cole, 1996)

O livro foi apreciado e comentado em todas as escolas.

Em muitos casos, foi escolhido porque as professoras gostavam muito da autora, que costuma colocar humor e sátira em suas obras.

Seguindo o estilo da autora, trata o tema da morte de forma muito bem humorada e, por isso, foi considerado muito bom por vários educadores.

Caindo morto aborda a morte de maneira bem objetiva, como etapa do ciclo da vida do ser humano: o encerramento da vida – uma fase natural.

O fato de falar das etapas da vida e não só da morte foi considerado um ponto positivo.

Em contrapartida, uma educadora (EE) apontou um aspecto negativo no livro: aborda a morte de forma muito direta! (*"Pá-pum!"*). Acrescentou que outros livros tratam a morte de forma mais sutil: "virou estrelinha... foi para o céu..."

Outra educadora disse que, apesar de engraçado, não o considerava interessante para trabalhar com as crianças, por trazer "um lado real que acredita ser mais apropriado para os adultos".

Outro comentário pertinente foi que, apesar de ser um livro interessante, no final mostra que, quem morre, volta transformado: "depois que morre, vamos voltar reciclados". Esse aspecto foi considerado como inadequado por uma educadora, enquanto, por outra, foi visto como positivo, mostrando a diferença de interpretações.

Visualmente, é um livro grande, de capa dura, com um título meio agressivo, duro, o que pode despertar a curiosidade do leitor. Contém ilustrações engraçadas.

O foco do livro, em seu conteúdo, é o desenvolvimento do ser humano, desde o nascimento até a velhice, e não as perdas ou a morte, a não ser em uma página, quando aponta a universalidade da morte: "um dia, vamos cair mortinhos da Silva". Acrescenta que, após a morte, um novo ciclo se inicia.

Livros que oferecem explicações sobre a morte

Ficar triste não é ruim (Mundy, 2002)

Esse livro foi avaliado como muito bom pelas educadoras que o leram, porque aborda não só a morte e os sentimentos a ela relacionados, mas também a questão religiosa. Não houve comentários positivos nem negativos quanto a este aspecto, por parte dos educadores. Mas boa parte das professoras afirmaram mencionar aspectos religiosos quando enfrentam situações nas quais necessitam falar sobre a morte com seus alunos. O livro foi considerado muito extenso para a criança pequena, porém interessante para a orientação do professor.

Morte – O que está acontecendo? (Bryant-Mole, 1997)

Foi considerado explicativo por todos os educadores que o leram, servindo de referência para a orientação.

É adequado para trabalhar com as crianças e com a família por ser didático e abordar o assunto de maneira ampla, englobando todos os seus aspectos, inclusive os vários sentimentos e reações que podem ocorrer nessas situações.

Quando os dinossauros morrem (Brown e Brown, 1998)

Quando os dinossauros morrem relaciona todos os detalhes que envolvem a morte de modo bastante claro, incluindo as etapas relacionadas à morte, os motivos que levam a pessoa à morte (inclusive ao suicídio), além de rituais em diferentes culturas. Ressalta também a importância de lembrar a pessoa morta e a importância de expressar os sentimentos.

É um livro didático, pedagógico e muito rico para se trabalhar a morte em sala de aula. Contém um glossário que pode facilitar a tarefa do adulto de falar sobre a morte com a criança.

A obra se destacou em todas as escolas pesquisadas, tendo sido considerada uma das melhores para se trabalhar a morte com as crianças, no contexto escolar.

LIVROS QUE ABORDAM A MORTE DE FORMA INTERATIVA

Conversando sobre a morte (Hisatugo, 2000)

As educadoras consideraram esse livro muito bom por explicar, de forma interessante, a morte em toda a sua abrangência: desde o processo físico da morte até os sentimentos relacionados à perda.

Não fala diretamente da morte. Compara o corpo a uma máquina que não sente dor. Começa a falar da morte associando-a às plantas.

As educadoras revelaram não ter lido o manual para os adultos que acompanha o livro.

Conversando sobre a morte foi considerado interessante por ser interativo, convidando a criança a participar e a se expressar e, dessa forma, entender a morte, elaborar e enfrentar o luto. Pode, também, ser usado com crianças que ainda não passaram por situações de morte, mas demonstram curiosidade pelo assunto.

É, de fato, uma conversa sobre a morte. Pode mobilizar emoções na criança, por isso é importante que ela esteja acompanhada de um adulto, que desempenhará a função de acolhedor.

O livro também pretende dar orientações ao adulto para que ele possa auxiliar a criança no enfrentamento ao luto. Aconselha o adulto a ser sincero em seus sentimentos na situação de luto, a não tentar mostrar-se onipotente ou aquele que sabe tudo e assegurar à criança que é possível superar as tristezas e dar continuidade à vida.

O livro vem acompanhado de um manual para os pais: *Conversando com o adulto*, também da mesma autora, com 29 páginas. O manual orienta ser importante deixar a criança escolher ler ou ouvir a leitura, quando parar e quando continuar. Além disso, reforça a importância de a criança estar acompanhada de um adulto, com quem ela poderá contar.

O manual é prefaciado pela Prof.ª Maria Helena Pereira Franco (Bromberg), que alerta para a diferença entre o olhar das crianças e dos adultos. Ela diz com propriedade: "As crianças são tão transparentes – dizem delas os adultos. Os adultos fazem tanto mistério daquilo que já conhecemos, sem saber que conhecemos – dizem deles as crianças" (p. 11).

Nesse manual, a autora aborda como e o que falar sobre a morte, além de dar sugestões de como trabalhar com o livro em um grupo de crianças.

É muito interessante o item "O que fazer quando o aluno chora?" – o que é muito temido pelos educadores! Nessa parte, a autora explica que chorar é natural, que não há problema nesse comportamento. O importante é colocar-se de forma continente e sensível, respeitando o sentimento da criança para que ela possa acalmar-se, sentindo-se acolhida.

Embora seja um manual dirigido aos pais, a autora salienta que o livro poderá ser utilizado também em sala de aula.

No final do manual, a autora faz um adicional para os professores, dando sugestões de como utilizar o livro com seus alunos em sala de aula: com desenhos, jogos, exercícios de imaginação e conversas a respeito da temática.

Quando alguém muito especial morre (Heegaard, 1998)

Esse livro foi apreciado por vários educadores, embora nem todos tenham tecido comentários a respeito.

Na EE, houve uma discussão muito intensa e reflexiva a respeito do conteúdo, da proposta e da possibilidade de utilização desse livro no contexto escolar.

Foi considerado positivo por ser um livro que serve para ajudar a trabalhar os sentimentos decorrentes da morte por meio das atividades. Oferece sugestões para expressar e liberar os sentimentos.

Em outro comentário, foi considerado positivo e possível utilizá-lo como um manual para o educador, por abordar vários pontos para se falar de morte com as crianças.

Entretanto, foi considerado negativo por alguns educadores por enfocar os sentimentos de maneira insistente. Justificaram que seria um livro mais apropriado para trabalhar o lado psicológico, em atividades de consultório, por exemplo. Uma professora (Lúcia-EE) apontou restrições para sua utilização em sala de aula, dizendo: "Mexe muito na ferida. É necessário dominar o assunto, pois aborda sentimentos, e isso fica inviável em sala de aula, principalmente com 30 alunos em uma sala, com um único professor".

Essa mesma professora considerou que há a necessidade de um adulto para trabalhar com a criança, pois a obra pode suscitar questões difíceis de se contar em sala de aula.

Outro professor (Pedro-EE) reforçou que o livro é indicado para um trabalho individual com crianças enlutadas (orientação apresentada na obra), mas sugeriu a possibilidade de utilizá-lo na escola para se trabalhar com a biografia, em diferentes disciplinas e momentos: quando se estuda a origem de sua vida, a história de vida, a linha do tempo, as gerações com as crianças.

Outras professoras (EP1 e EMEI) o compararam a um livro de recordações, que seria pertinente para trabalhar com os alunos.

Esse livro foi objeto de muita reflexão e discussão em todas as escolas, de forma crítica e produtiva.

Ele é indicado para crianças de seis a doze anos. Apresenta uma organização bem elaborada e didática e também dá orientações para o leitor (criança ou adulto). Faz uma relação das unidades contidas no conteúdo e dá diretrizes de como explorá-las. Logo no início, encontram-se mensagens, bastante detalhadas, direcionadas aos adultos que estão cuidando da criança enlutada. Nessas mensagens dá esclarecimento sobre o livro e orienta os adultos sobre como ajudar as crianças a lidar com a morte e a tristeza.

Esse livro traz ainda uma mensagem às crianças enlutadas, na qual afirma que "ninguém pode levar embora a perda e a dor" (p. 11), porém pode-se ajudar a passar por um momento difícil e descobrir que falar sobre tudo isso é muito bom.

Carney (2003-2004) reforça a necessidade de se prestar atenção aos níveis de necessidades expressos pelos indivíduos enlutados. Diz que as crianças podem sentir-se vulneráveis quando uma pessoa importante sofre uma ameaça de morte ou morre. Afirma que não se deve proteger as crianças desses sentimentos. No entanto, deve-se ajudá-las a extravasar esses sentimentos por intermédio de atividades lúdicas (desenho, produção de textos, modelagem e outras formas de expressão não verbal).

Baseada nos pressupostos de Piaget (1952) quando afirma que as crianças aprendem a pensar por meio de suas brincadeiras, Carney (2003-2004) enfatiza a importância de se encontrarem métodos lúdicos e livros interativos para informar, explicar e ajudar a criança a compreender a morte e os sentimentos envolvidos nessas situações.

Nesse sentido, os livros interativos oferecem ferramentas importantes para dar suporte às crianças enlutadas.

Carney (2003-2004) faz referência a Marge Heegaard (arte-terapeuta), que inovou ao incorporar a arte em seu trabalho com crianças em 1982, oferecendo papel em branco e giz de cera para crianças enlutadas entre cinco e nove anos. Pedia para que desenhassem algo que as crianças considerassem morto, por acreditar ser uma importante forma para expressar sentimentos e comunicar.

Acrescenta, baseando-se em Heegaard, que a arte do enlutamento segue três estágios naturais e distintos, que são semelhantes ao processo de enlutamento:

1. Grau de consciência ou negação do conflito que está originando estresse.
2. Expressão dos sentimentos e sofrimento do luto.
3. Resolução / solução: quando a morte é vista como parte da vida.

Dessa forma, afirma que se devem escolher livros apropriados para o momento enfrentado, ou seja, livros que trabalhem o conceito de morte, rituais e formas de expressão de sentimentos para os respectivos momentos. Alerta para a necessidade de certificar-se de que a criança é capaz de entender (o máximo possível) a situação de crise, dar à criança a oportunidade de expressar seu sofrimento, ajudar a criança a falar sobre o morto e a encontrar modos criativos de honrar sua memória. Assegura que isso favorecerá a continuidade da vida.

Carney (2003-2004) afirma que os livros interativos são muito bons para ajudar os cuidadores a lidar com o assunto com as crianças, até porque são livros escritos de forma clara e simples.

LIVROS QUE ABORDAM A MORTE DE MANEIRA FANTÁSTICA

A revelação do segredo (Kübler-Ross, 1982)

Esse livro foi comentado por apenas uma educadora. Em primeiro lugar, o título chamou sua atenção e levou-a a escolhê-lo. Ficou se perguntando qual seria o segredo contido nessa história, o que despertou sua curiosidade.

Ela apontou aspectos positivos e negativos.

Como aspecto positivo, afirmou que a história aborda, em todo o seu enredo, a relação de amizade, o que ela considerou muito bom! "É um livro com uma história triste, mas mostra que a criança convive bem com a situação de perda", apontou.

Quanto ao aspecto negativo, disse que o livro fala da morte ligada a questões espirituais ("amigo imaginário"). Não o considerou ideal para trabalhar com a criança, mas disse que a história é "bacana"... "Mostra que a criança entende a morte de uma forma melhor que os adultos".

Küber-Ross é muito reconhecida e admirada por seu trabalho e estudos relacionados ao acolhimento a pacientes moribundos. Escreveu esse livro para falar da morte com crianças. Entretanto, aborda o tema de maneira fantástica: fala de duas crianças que têm "amigos imaginários".

Conta que, certa noite, as crianças fizeram uma viagem para fora do corpo – sentiram-se felizes, leves, livres e sem medo. Voaram para um mundo de fantasia e alegria, onde não existia agressividade.

Um dia, o menino adoece e morre. A menina é informada por meio de um sonho sobre essa perda. Dessa forma, despede-se de seu amigo, tranquilamente, pois tinham um segredo em comum: sabiam que ele estaria com os "amigos imaginários".

Na história, a autora aborda a possibilidade de contato com os mortos, apontando para o fato de que, apesar de ver seu amigo no caixão, a menina não fica triste e nem com medo de não vê-lo mais, pois sabia que ele viria visitá-la a qualquer momento.

A autora, em momento algum, aborda angústia e tristeza, o processo de luto. Parece negar a dor real da separação no momento de morte.

Acredito que a abordagem religiosa deva ser muito criteriosa, pois envolve crenças pessoais, familiares e até mesmo culturais. Ao passar a mensagem de que existe uma vida após a morte (muito boa e feliz) e que, por isso, não se deve sofrer, não abre espaço para a criança expressar sua dor e sua tristeza, induzindo-a a bloquear a expressão e a não compartilhar os sentimentos.

Além disso, não é um livro que aborda a morte em sua universalidade, irreversibilidade e não funcionalidade.

Pingo de Luz (Assumpção, 1994)

Ao ler essa obra, uma professora disse: "Tudo é luz... Parece puro espiritismo".

Não foi considerado adequado para a Educação Infantil.

4. In loco / achados

O enredo trata de Pingo de Luz, que veio do Universo à Terra, cumpre uma vida até o dia em que morre e passa por um túnel de luz.

Pingo de Luz – De volta à casa do Pai (Assumpção, 1997)

Esse livro foi comparado a livros de Chico Xavier por uma professora que não o avaliou categoricamente como positivo nem negativo, embora sua forma de expressar parecesse conter certa crítica.

A história traz a descrição da vida pós-morte, repleta de plenitude, onde Pingo de Luz não apresenta mais nenhuma doença física, encontra-se imerso em puro amor, envolvido por luzes coloridas, experimentando diversas sensações despertadas pelas cores. Quando se sentiu mais descansado e habituado a sua nova realidade, assistiu ao filme de sua vida.

O livro fala sobre a compreensão da morte: "Viu que a morte não existe, que tudo é vida; pois sempre que pensava ter encontrado a morte – por exemplo, no fruto que apodrece e cai –, achava a sementinha que era uma nova vida!" (p. 18).

O livro diz que o tempo não existe. Tudo é eterno! A autora aborda o corpo físico e o corpo espiritual, o corpo emocional, o corpo mental, além do ser de luz: o anjo da guarda.

As ilustrações são todas relacionadas aos trechos escritos, sempre mostrando a luz.

Para falar da morte com a criança, é necessário fornecer-lhe dados de realidade sobre a morte para que a criança possa entendê-la em seus conceitos básicos. Quando isso não lhe é oferecido, pode gerar confusão e intensificar seus medos.

Os livros que abordam a morte de maneira fantástica, descrevendo uma vida pós-morte, apresentam a morte sob um único aspecto. Não trata da morte em seus atributos: universalidade, irreversibilidade e não funcionalidade, restringindo, assim, sua utilização. Questiono a que faixa etária esses livros deveriam ser destinados e em que contexto deveriam ser utilizados.

LIVROS QUE ABORDAM A MORTE DE OUTRAS FORMAS

Os livros *A felicidade dos pais* (Alves, 2006) e *O decreto da alegria* (Alves, 2006) fazem parte da coleção Estórias para pequenos e grandes, de Rubem Alves.

A felicidade dos pais (Alves, 2006).

Esse livro foi apreciado por uma única educadora, que o considerou muito bom, sem fazer outros comentários.

O autor aborda o caráter inevitável da morte, pois, quando ela chega, não podemos fugir nem tampouco combatê-la. Apresenta uma frase muito importante que simplifica essa postura: "A morte é muito astuta. Ela ataca no momento em que não se espera, de uma forma não prevista".

No final, introduz o personagem do velho sábio que diz não ter fórmulas nem magias para impedir que a morte chegue. Mas explica que é possível apenas desejar que a morte venha em uma ordem, considerada ordem certa: "Os avós morrem. Os pais morrem. Os filhos morrem". Essa seria a ordem da felicidade.

Em várias culturas, essa é a ordem da morte, que talvez funcione como mecanismo de proteção contra o sofrimento de perdermos nossos descendentes. No entanto, também sabemos que a perda de uma pessoa querida nos fará sofrer. Na literatura sobre o luto, o luto da perda de pais, principalmente o da mãe, é apontado como um dos mais difíceis (Parkes, 1998; Walsh & McGoldrick, 1998; Worden, 1998).

O decreto da alegria (Alves, 2006)

Essa obra trata da felicidade e dos fatores que causam a tristeza, sendo um deles a morte. Mas a morte é tratada aqui de maneira sutil.

Ao retratar o sentimento de tristeza, o autor ressalta a importância de saber se a causa que origina a tristeza coexiste com a tristeza gerada pela lembrança de algo bom que não existe mais.

Uma das educadoras, ao dar seu parecer sobre a obra, ressaltou uma frase que mostra que, na vida, alegria e tristeza caminham juntas: "Sem as tristezas, as alegrias são máscaras vazias, e sem as alegrias, as tristezas são abismos escuros".

Reforço a ideia do comentário acima com a seguinte citação: "É por isso que os olhos, lugar dos sorrisos, são regados por uma fonte de lágrimas. São as lágrimas que fazem florescer a alegria", para provar que uma precisa da outra para existirem. Além disso, o livro aborda o ritual do velório e descreve formas diferentes de realizá-lo, enfatizando, assim, as diferentes formas de cultura e de se vivenciar o luto.

Um dente de leite, um saco de ossinhos (Lacerda, 2004)

Esse livro foi escolhido por muitas educadoras, mas não lido por todas. Somente uma teceu comentários sobre ele, dizendo não ter entendido direito. Considerou-o muito pesado para crianças. Disse que quando a menina entende o que é a morte, consegue ver outras coisas na vida. Comentou que é um livro que não conforta.

A obra trata do encontro de uma menina com a Morte (esta personificada). Tornam-se "comadres" e amigas. Quando isso acontece a menina passa a ver a vida de uma forma diferente.

É um livro de difícil compreensão, provavelmente pela forma com que é descrito o encontro e a amizade da menina com a Morte.

Após discutir as impressões dos educadores sobre os livros infantis oferecidos, considero importante abordar, neste capítulo, um novo tópico:

A indicação de livros mais apropriados às idades das crianças

É muito importante que se escolha bem o livro a ser oferecido à criança, respeitando sua idade e seu desenvolvimento cognitivo, afetivo-emocional, social e cultural. O livro pode ser um recurso de grande riqueza para que a criança adentre seu universo, com prazer, mesmo que encontre situações conflitantes que possam trazer certo desconforto. É no imaginário que ela poderá refletir (a seu modo) sobre seu mundo real e, na imaginação, encontrar formas de enfrentá-lo e transformá-lo.

No entanto, cabe lembrar que, geralmente, quem oferece os livros à criança são os pais e/ou adultos responsáveis, que também são atraídos pelo apelo visual do livro infantil, mas podem não ter o hábito de ler e não ler histórias para as crianças.

Assim, Bortolin (2006) afirma que "o encontro com um texto, muitas vezes, é um encontro 'de si para consigo'". Por isso, é importante se conhecer previamente a leitura que se oferece à criança, pois, como já vimos, durante o momento da leitura, a criança se ausenta de seu mundo real e adentra o mundo da fantasia e a realidade que lhe é apresentada no texto (literário ou imagético) e consequentemente transforma suas elaborações mentais. A ficção prepara para a vida real. A boa leitura encanta e enriquece o espírito das crianças (Almeida, 2006; Góes, 1990; Kollross, 2003).

Como visto anteriormente (no capítulo que trata sobre a literatura infantil), a literatura não tem idade. No entanto, se pensarmos que o leitor é uma criança, recomenda-se pensar alguns critérios para orientá-lo nas suas leituras.

Coelho (2000b) enfatiza a importância de se adequarem os livros às crianças segundo a faixa etária, nível de amadurecimento biopsíquico-afetivo-intelectual e o grau ou nível de conhecimento/domínio do mecanismo da leitura.

Aponta alguns princípios que orientam para uma adequação na indicação de leituras. Para facilitar a escolha do livro para a idade adequada, os leitores foram divididos em categorias:

1. *Pré-leitor:*

   ➢ *Primeira infância: dos 15 / 17 meses aos 3 anos*
   – O reconhecimento da realidade se faz através de contatos afetivos e pelo tato;
   – A criança começa a conquistar a própria linguagem e passa a nomear as "realidades" que a rodeiam;
   – Gravuras de animais e objetos familiares devem ser oferecidos à criança, mas é importante a presença de um adulto que nomeie esses objetos e a auxilie nessa descoberta de mundo.

   ➢ *Segunda infância: a partir dos 2 / 3 anos*
   – Adaptação ao meio físico e crescente interesse pela comunicação verbal;

– Descoberta do mundo concreto e do mundo da linguagem através do lúdico;
– É importante a presença de um adulto na orientação para a brincadeira com o livro;
– Os livros podem ter predomínio da imagem, sem texto ou com o mínimo de texto.

2. Leitor iniciante: a partir dos 6 / 7 anos

– Fase da aprendizagem da leitura;
– Início do processo de socialização e de racionalização da realidade;
– A presença do adulto serve como "agente estimulador";
– O livro deve conter muitas imagens. A narrativa deve contextualizar uma situação simples, com coerência, e deve ser linear, com início, meio e fim.

3. O leitor em processo: a partir dos 8 / 9 anos

– A criança já domina a leitura;
– Apresenta atração pelo desafio e pelos questionamentos de toda natureza;
– A presença do adulto é importante como motivador de leitura, mas sobretudo para minimizar dificuldades;
– O livro deve conter imagens em harmonia com o texto, cujas frases devem ser simples e diretas, para comunicar seu conteúdo de maneira imediata e objetiva;
– A narrativa deve girar em torno de uma situação central a ser resolvida até o final, com um esquema linear de início, meio e fim.

4. O leitor fluente: a partir dos 10 / 11 anos

– Domínio do processo de leitura e compreensão do mundo;
– A leitura pode ser mais reflexiva, pois a criança já apresenta uma maior capacidade de concentração;
– Observa-se o desenvolvimento do pensamento hipotético dedutivo e, consequentemente, surge a capacidade de abstração;
– A fase de pré-adolescência já possibilita o confronto de ideias, ideais e valores;

– A presença do adulto já não é necessária, aliás, pode até ser rejeitada por causa do sentimento de onipotência e força interior, típicos dessa fase;
– O livro não necessita de tantas imagens. O texto fala por si;
– A narrativa deve ser mais elaborada, de forma a aguçar a inteligência e a imaginação;
– Embora apresente interesse por uma literatura que envolva grandes desafios, aventuras, mitos, lendas... o leitor nessa fase ainda se sente atraído pelo mágico e maravilhoso, que ainda pode abrir espaço para o amor.

5. *O leitor crítico: a partir dos 12 / 13 anos*

– Há um domínio da leitura e da linguagem escrita;
– Apresenta maior capacidade de aprofundar reflexões, com críticas, despertando a consciência crítica;
– A ânsia de viver e de saber caminham juntas. É a fase da adolescência, na qual o jovem se abre para uma relação com o mundo (Coelho, 2000b).

A linguagem/texto e as imagens têm grande importância nos livros para crianças, de acordo com as categorias mencionadas acima, bem como as ideias-eixo (ideia da natureza da literatura infantil) e os recursos formais utilizados pelo autor.

As ideias-eixo nem sempre são evidentes na narrativa, mas podem ser passadas subliminarmente ao leitor e atuam em sua formação no que diz respeito à sugestão de ideias, valores, comportamentos (Coelho, 2000b).

Góes (1990) defende a "leitura de qualidade", na qual a criança/jovem deve ser colocada como leitor ativo, participante, comunicativo, com sua "imaginação" (imagem + ação). Torna-se sujeito de sua própria história (pp. 15-16).

Afirma ainda que a leitura é um modo de "representação do real". "Através de um 'fingimento', o leitor *re*age, *re*avalia, experimenta as próprias emoções e reações" (op. cit., p.16).

Cabe lembrar a importância da literatura infantil por puro prazer, já descrita nos capítulos introdutórios, amplamente defendida por vários autores, entre os quais Ziraldo, Rubem Alves, Ilan Brenman. Dessa forma, vários livros utilizados nesta pesquisa podem ser utilizados como histórias para serem simplesmente contadas, na gratuidade, para crianças de qualquer idade e contexto social, para serem saboreadas com/por prazer, apesar de tratarem do tema "morte" – um tema considerado triste e difícil, mas necessário.

3. Temas relevantes levantados durante os encontros

Em todas as escolas, com exceção da EPI3, os educadores vieram para o primeiro encontro com a expectativa de um curso, mesmo tendo sido explicados anteriormente os objetivos da pesquisa. Informei e dei todos os esclarecimentos aos educadores, reforçando que eu estaria ali como pesquisadora, para coletar dados, e não para ensiná-los ou responder às suas dúvidas sobre como abordar a questão da morte com as crianças, no contexto escolar. Deixei claro que, se fosse interessante para a escola e/ou para os educadores, eu poderia fornecer os conceitos teóricos a respeito do tema, ministrando um curso ou conduzindo um workshop, após o término da coleta de dados.

A partir dos relatos, discussões e reflexões realizadas pelos educadores das cinco escolas participantes desta pesquisa, levantei alguns temas que me pareceram importantes mencionar e discutir.

Em todas as escolas, os educadores apontaram a morte como um tema muito presente e difícil e que, por isso, deveria ser discutido e aprendido.

Em todas as escolas apareceram relatos de perdas pessoais: alguns professores relataram suas experiências de forma enfática, enquanto outros apenas mencionaram suas experiências sem detalhamentos.

Ficou evidente que a morte sempre aparece no contexto escolar – mais frequentemente ou mais raramente, mas é um tema com o qual o educador sempre vai se deparar em algum momento.

Os educadores mencionaram situações de morte no contexto escolar: de colega de trabalho, de alunos, de familiares, amigos e/ou animais de estimação de alunos.

Neste capítulo, relato os temas relacionados à morte que surgiram nas discussões realizadas nas escolas, divididos por categorias.

A morte no contexto escolar

Nas escolas particulares, a morte apareceu mais como a perda de um ente querido (avô/avó, tio, pai/mãe, irmãos, bichinho de estimação), enquanto nas escolas públicas a morte, além de aparecer de modo mais frequente, apareceu de forma mais violenta.

Relacionei as formas como os educadores relataram a morte no contexto escolar em: morte latente, morte de familiares, morte de amigos, morte de animais de estimação, morte de professores, morte como parte do ciclo vital, perdas pessoais do educador.

– A morte latente (não manifesta)
Uma questão recorrente durante as discussões, tanto nas escolas públicas como nas privadas, foi a forma latente em que a morte (ou o medo da morte) surge. Esse fato evidencia a importância de se estar atento à comunicação não verbal da criança.

As crianças pequenas não costumam utilizar a linguagem verbal para expressar seus pensamentos e sentimentos. Comunicam-se por meio de metáforas no plano da linguagem verbal e por meio de imagens, desenhos, brincadeiras e sonhos, no plano da linguagem não verbal. Por esta razão, muitas vezes, os adultos têm dificuldade em entender essas expressões de pensamentos e sentimentos e não são capazes de entrar no universo infantil e decodificar a mensagem que é transmitida. Por causa da dificuldade de comunicação entre adultos e crianças, estas, muitas vezes, acabam por não receber a ajuda de que necessitam, podendo resultar num sentimento de solidão. Portanto, é importante estar atento à comunicação não verbal das crianças para poder detectar quando precisam de ajuda e de que tipo de suporte e/ou apoio necessitam (Sunderland, 2005; Paiva, 2007).

Daniela (EE) comentou que, alguns dias antes do primeiro encontro, tinha ocorrido um atropelamento em frente à escola, numa avenida movimentada, onde acidentes são muito comuns. As crianças haviam se impressionado muito com o fato, expressando curiosidade e medo.

Giovanna (professora de Artes da EE) disse que a morte aparece muito nos desenhos dos alunos. Comentou que os desenhos dos meninos trazem muita violência, decapitações e outras manifestações. Lúcia (também da EE) afirmou que a morte aparece na produção de textos, com referências a atos de violência, mortes e sofrimento. Comentou que as crianças assistem, com frequência, aos telejornais sensacionalistas, nos quais se observa a repetição de cenas de morte violentas como meio de enfatizar o fato brutal. Os alunos, muitas vezes, não têm com quem conversar, alguém que lhes explique e ajude a digerir esse conteúdo violento e doloroso.

Daniela (EE) relatou o caso de uma aluna de sete anos. A menina estava se comportando de maneira agressiva com seus colegas, e esse comportamento, que não era habitual, causou estranhamento. Quando isso se repetiu, a professora a deixou de castigo, sem participar da aula de informática, "que todos adoram!".

Enquanto a menina estava de castigo, a professora, que se encontrava na sala de aula corrigindo cadernos, resolveu chamá-la para conversar para tentar identificar o que acontecia com ela. A aluna contou que teria que viajar com a mãe porque a avó estava muito doente, com câncer, mas a avó não sabia e não deveria saber. A criança disse que desejava ficar com o pai para não faltar à escola. Na verdade, a menina não estava podendo falar sobre o que acontecia em casa e acabava descontando sua raiva nos colegas. Precisava descarregar sua angústia.

Daniela comentou que, na maioria das vezes, os professores não conseguem perceber essa situação e, geralmente, limitam-se a chamar a atenção e/ou punir por tais comportamentos, sem criar o espaço para a criança falar e ser acolhida. Dessa forma, surgem os sintomas, mas a verdadeira causa do problema não fica evidente. Muitas vezes, o que a criança traz para a escola são os sintomas, que não estão necessariamente vinculados às situações escolares. O educador, então, deveria procurar saber mais sobre o que se passa com a criança. A professora enfatizou que, em muitas ocasiões, só o fato de poder expressar-se já deixa a criança mais tranquila.

Em todas as escolas foram ressaltadas as inúmeras dificuldades pelas quais a criança passa em sua vida e que é importante que o educador tente conhecer um pouco da história de vida das crianças e de seu meio familiar. As crianças, muitas vezes, não falam ou não sabem como manifestar suas dificuldades. Podem se expressar de muitas outras maneiras, até se calando,

ficando retraídas, chorando e utilizando-se de formas expressivas, como jogos, brincadeiras, desenhos...
Muitas são as situações de perdas nas escolas.

– A morte de familiares

Clara (EP1) comentou que o assunto morte, muitas vezes, surge quando trabalha a árvore genealógica da família. Mencionou que, nesses momentos, alguma criança sempre diz que não tem avô.

Na EMEI, as educadoras discutiram o fato de as crianças não falarem tanto sobre a morte, a não ser quando realmente acontece e, aí, muitas vezes, de forma violenta. Lembraram que algumas crianças dizem que não têm mãe (já falecida) e que são cuidadas pela avó.

Os educadores (EMEI e EE) relataram que, próximo ao dia dos pais e das mães, esse tema aparece com maior frequência porque nessas escolas estudam muitos alunos cujos pais já morreram. Patrícia (EMEI) aponta que talvez isso as motive a querer saber se a professora tem pais vivos, numa possível busca de identificação.

Marcela (EMEI) contou o caso de um menino que era muito retraído, que tinha desabafado com ela e com outra professora quando perdeu o pai. Disse que conversaram sobre a tristeza que ele estava sentindo, assegurando-lhe que era normal/natural ficar triste e sentir saudade, encorajando-o a se lembrar dos bons momentos vividos com o pai. Essa conversa aconteceu individualmente, porque ele não queria partilhar sua experiência no grupo, e ela tentou não expor o aluno, receando intensificar sua dor.

Naletto (2005) afirma que, no caso da criança enlutada, o professor não deve esperar que o aluno inicie a comunicação, principalmente com a classe. No entanto, não se deve ignorar e fingir que nada aconteceu. Sugere que se fale com a criança, demonstrando estar ciente da situação e dizer que imagina o quanto possa estar triste. Enfatiza a importância de se manter um canal de comunicação aberto para o caso de a criança querer conversar. Sugere, ainda, que se converse com a classe sobre o assunto para que possam acolher o colega e respeitá-lo em suas vontades, explicando as suas reações (como não querer brincar, não querer falar sobre o que aconteceu, estar mais entristecido, não se alegrar com brincadeiras...) e mostrar que isso é natural, mas o colega poderá voltar a ser como era.

Essa mesma autora enfatiza a importância do acolhimento dos sentimentos não só da criança enlutada, mas dos sentimentos que surgirão (a partir desse fato) nas outras crianças da classe. Sugere que se abra um espaço para que esses sentimentos e possíveis medos sejam compartilhados, justificando que isso poderá aliviar a dor de todos.

Outra situação de morte na família foi relatada por Tereza (EPI3). Contou o caso de um menino cujo avô morreu e os pais não lhe contaram. No dia seguinte, foi levado à escola, naturalmente, como se nada tivesse acontecido. Disse que o pai do menino pediu para conversar com a coordenadora Tereza e informou que o avô havia falecido, mas o menino não sabia de nada e que ele (o pai) preferia que ficasse assim.

Tereza ponderou com o pai, apontando que essa atitude era inadequada, colocando-se à disposição para ajudá-lo a contar a verdade a seu filho. Apesar de relutante, o pai concordou. Quando iniciaram a conversa, o pai ficou surpreso ao descobrir que o menino já estava ciente do fato, poupando, assim, seu desgaste.

Essa situação prova, mais uma vez, que as crianças sabem o que ocorre a sua volta e que, de certa forma, procuram proteger o adulto.

A atitude da coordenadora da EPI3 foi adequada, mostrando a importância de contar a verdade ao menino, além de colocar-se à disposição para auxiliar nessa tarefa que tanto assusta: contar a verdade sobre a morte.

Tereza mencionou lidar bem com essas situações e com o tema da morte.

– A morte de amigos

As educadoras da EP2 relataram casos de mortes de duas alunas da Educação Infantil: por acidente e por afogamento. Foi muito difícil lidar com a situação, uma vez que, para as educadoras, os fatos chocaram muito por serem mortes de crianças próximas e em situações traumáticas.

Na EP2, a coordenadora relatou o caso de um menino (da Educação Infantil) que contou que seu irmão havia sido atropelado e veio a falecer. No entanto, ela estranhava por que todos os dias, quando esta mãe vinha buscá-lo, parecia bem, com um semblante tranquilo e não tinha feito nenhum comunicado à escola. Como a criança continuou contando a mesma história por vários dias seguidos, Conceição resolveu perguntar à mãe sobre a situação e prestar sua solidariedade. A mãe ficou surpresa, pois ela não tinha outro filho. Ao saber da história, a mãe comentou que isso havia ocorrido com um menino de uma rua próxima à casa dela, mas ela havia ocultado o fato do menino.

Quanto a ocultar o fato da criança, Cristina (da EMEI) contou que, quando era pequena, seu avô havia morrido e ela não tinha sido informada. Sua mãe a deixou na vizinha para ir ao enterro. Disse que ouviu sua vizinha falando ao telefone com alguém sobre o fato e sua primeira reação foi rir ("rir de nervoso" – reação que apresenta até hoje em situações de estresse). Cristina disse que seu sentimento foi de traição e falta de confiança.

É habitual ouvirmos que algum fato doloroso, como a morte de alguém, tenha sido ocultado da criança a fim de protegê-la do sofrimento e da tristeza. No entanto, é importante tomarmos consciência de que a criança é como um radar, e quando pensamos que ela não está percebendo nada, ela está atenta a tudo.

Brenman (2005) cita Dolto (1999) que afirma:

> Uma criança reflete e escuta melhor quanto menos olha a pessoa que está falando. [...] Quanto à criança, se ela está com as mãos ocupadas, com alguma coisa, se está folheando um livro, uma revista ou história em quadrinhos, ou se está brincando de alguma coisa, esse é o momento em que ela escuta, que escuta fantasticamente, tudo o que se passa a sua volta. Ela escuta "de verdade" e memoriza (p. 124).

Mas isso não acontece só com as crianças.

– *A morte de animais de estimação*
Clara (EP1) contou que o cachorro de sua aluna morreu e a criança ficou profundamente triste: chorava muito e não queria brincar com os amiguinhos. Dizia que queria seu cachorrinho de volta. A professora não suportava ver a tristeza da menina. Disse que não sabia como lidar com a situação.

Conceição (da EP2) relatou algo pessoal. Contou o caso da cachorra de sua mãe, que estava muito doente. Ela pediu para que seu filho a levasse ao veterinário, que aconselhou sacrificá-la. Com medo da reação da mãe, que contava com uma idade avançada, e como a cachorra era muito importante para ela – sua fiel companheira –, decidiram ocultar o fato temendo sua reação. Disseram que a cachorra havia ficado no veterinário para o tratamento até que, um dia, lhe contaram a verdade. Acreditava que, se evitassem falar a verdade, adiariam o impacto da morte e a preparariam gradualmente para receber a notícia. Entretanto, dessa forma, não lhe foi dada a chance de um ritual de despedida, além de ter que conviver com a mentira. Conceição disse que, até hoje, apesar de já ter outra cachorra, a mãe pergunta sobre sua cadelinha. Segundo essa educadora, na época, parecia que tinha morrido uma pessoa da família, tamanha a reação de tristeza: sua mãe não comia e chamava pela cachorra todos os dias...

Sobre os animais de estimação, Corr (2003-2004e) ressalta que podem ser figuras de afeto tanto para as crianças como para os adultos. No entanto, no caso da perda de um animal (desaparecimento ou morte), é comum as pessoas serem mal interpretadas e até mesmo julgadas em sua dor, ficando, muitas vezes, sem o suporte emocional necessário para a elaboração do luto.

É comum, principalmente no caso de adultos, serem criticados por chorarem e se entristecerem por causa de um animal, não tendo espaço e nem mesmo o tempo necessário para vivenciar a dor proveniente dessa perda. Trata-se do luto não permitido ou luto não autorizado.

Não é raro ouvirmos que o animal era como um membro da família, o que denota um vínculo afetivo. No entanto, os animais de estimação podem ter diferentes significados para cada membro da família e, por isso, essa morte requer um ritual de despedida, nem sempre valorizado e permitido.

O processo de luto de um parente é uma experiência dolorosa, na qual se observa o sofrimento pela falta, o desejo de recuperar a figura afetiva, assim como a reação de protesto pela impossibilidade de um novo encontro.

É comum tentar substituir o animal morto por outro, embora isso tenha efeitos diferentes para cada elemento da família, uma vez que cada um desenvolveu um tipo de relação com o animal, que pode ter sido companheiro, protetor/vigia, amigo e, até mesmo, confidente.

É importante respeitar-se a dor da pessoa – adulto ou criança – que perde um animal de estimação, dar-lhe apoio e propiciar-lhe a oportunidade de ser ouvida, afinal, esse sofrimento é autêntico.

Para algumas crianças, essa é, muitas vezes, sua primeira experiência de perda. Pode ser um momento de aprendizado porque as perdas/mortes fazem parte da vida e, por isso, podem acontecer a qualquer instante e causar tristeza e sofrimento. Por isso, os sentimentos decorrentes não podem ser negligenciados.

Outro item importante em relação à perda/morte de animais de estimação são os rituais de despedida. Poder compartilhar os sentimentos, nesses casos, é de extrema importância e deve ser valorizado. Lidar com o luto pela morte de um animal de estimação pode ser a base para lidar com outras futuras experiências de perdas e mortes (Corr, 2003-2004e).

Sobre a morte de animais de estimação, Bowden (1993) alerta para o fato comum de se substituir o animal. Dessa maneira, socializa-se a mensagem da substituição da figura de afeto perdida, o que pode gerar certa confusão em relação à necessidade de se ter um tempo para superar o sofrimento antes de se substituir por outra figura de afeto.

– A morte de professores

Na EMEI, as educadoras relataram detalhadamente a morte repentina de uma educadora, que surpreendeu a todos. Parecia que precisavam rememorar para tentar entender essa morte. No momento da realização desta pesquisa, ainda estavam em processo de elaboração desse luto, pois essa morte tinha ocorrido havia seis meses.

Ela era antiga nessa EMEI, amiga e muito estimada. Por isso sua morte chocou a todos na escola – não só as professoras, mas os funcionários e as crianças (principalmente seus alunos).

As educadoras contaram que a colega faltara ao trabalho por dois dias seguidos, sem ter avisado – o que não era habitual. Ela morava só e, quando ligaram para a casa dela, receberam a notícia pela irmã, que ainda estava impactada, pois acabava de encontrar sua irmã morta.

As educadoras disseram que se sentiram totalmente desnorteadas. Algumas foram ao encontro da irmã da professora falecida, prestar solidariedade e auxílio, enquanto outras permaneceram na escola atônitas e sem condições de trabalhar. Reclamaram da falta de respeito por parte do assistente de direção, que foi insensível, querendo que elas trabalhassem normalmente, como se nada tivesse acontecido. Sentiram-se violentadas.

Nesse encontro, a coordenadora contou que, diante da morte dessa professora, ela acabou utilizando, em várias ocasiões, uma parte da reunião pedagógica para que desabafassem sobre os seus sentimentos relacionados à perda da colega. Foi a maneira que encontrou para criar um espaço de compartilhamento dessa dor.

O relato dessas educadoras introduziu um fator interessante, pois, diante do impacto causado pela morte inesperada, tiveram a iniciativa de ir ao encontro da irmã da professora para ajudá-la e dar-lhe apoio. Apresentaram uma atitude muito positiva.

Parkes (1998) afirma que quando uma pessoa enlutada está em estado de entorpecimento, ela pode precisar de ajuda até para as coisas mais simples.

Esse autor fala, ainda, da necessidade de expressar os sentimentos e pensamentos sobre a perda, pois o estresse acumulado pode aumentar os riscos de doenças e problemas relacionados ao estresse. A dor é inevitável, e as expressões de solidariedade são úteis para evitar a solidão do enlutado. Além disso, as mortes repentinas e inesperadas são mais difíceis de se elaborar. E essa foi a atitude positiva da coordenadora da EMEI, abrindo um espaço de compartilhamento dessa dor.

Nesse encontro, Lígia colocou em discussão o caso de uma aluna sua que, já no primeiro dia de aula, comentou com ela que havia sido aluna de Diana (a professora que havia morrido). A aluna lhe contou todo o episódio da morte da ex-professora reforçando que ela estava no céu.[24] A menina falava constantemente nela, dizendo que ela era muito bonita e muito boa. Ultimamente, a menina dizia que Lígia (a atual professora) é muito parecida com Diana. As professoras complementaram dizendo que aqueles que foram seus alunos falam até hoje dela, com saudades. Gostavam muito dela.

Parkes (1998) afirma: "A saudade, a busca do outro – que estão presentes na ansiedade de separação – são características essenciais da dor do luto" (p. 23).

Segundo Naletto (2005) é importante que a escola nunca se omita e nem silencie diante da morte de professores e/ou funcionários. Ao comunicar o

---

[24] A questão religiosa e a forma de abordar a morte com crianças serão abordados em outro item.

falecimento de alguém, os educadores devem ser claros e utilizar o termo "morreu", principalmente com as crianças. Devem, também, preparar uma estratégia de ação para enfrentar uma situação que, apesar de dolorosa, é real e, por isso, não podem esquivar-se de ajudar tanto alunos (crianças e/ou adolescentes) como funcionários (de todas as categorias) a enfrentar esse tipo de situação.

Se a escola evitar abordar o assunto abertamente, acabará incutindo nos alunos a ideia de que este é um assunto proibido, sobre o qual não se deve falar, e, dessa forma, pode gerar uma ideia de que o sofrimento não é fidedigno.

Caso a escola não saiba como agir nesse tipo de situação, é importante que solicite a intervenção de profissionais qualificados.

Ao realizar uma estratégia de ação para enfrentamento de uma situação de morte/luto, as pessoas envolvidas proporcionarão a oportunidade de transformar uma experiência difícil e dolorosa em um aprendizado de vida.

No caso de doença e/ou morte, é necessário, em primeiro lugar, que se peça a autorização para se divulgar o fato para a comunidade escolar. Em seguida, deve-se encorajar os alunos a expressarem seus sentimentos através da produção de textos ou desenhos, mensagens ou qualquer forma de homenagem (é importante ressaltar que este deve ser um trabalho opcional. Os sentimentos e sua manifestação devem ser respeitados. O importante é abrir espaço para que sejam expressos voluntariamente).

Cabe lembrar que os rituais são muito relevantes nessas ocasiões. É importante que aquele que foi afastado, por doença ou por morte, seja lembrado como alguém que continua fazendo parte da história da instituição e das pessoas. Para tanto, não se deve deixar de falar na pessoa e nem mesmo deixar de se referir a ela pelo nome (Naletto, 2005).

Bowden (1993) cita Blauner (1966) que reforça a importância dos rituais para que as crianças possam ter um melhor entendimento da morte, estabelecendo a diferença entre o estar vivo e o estar morto.

A literatura mostra a importância de contar a verdade sobre a morte, principalmente às crianças, e poder oferecer um espaço para rituais de despedidas. Ao ocultar-se a morte de pessoas ou animais de estimação, impede-se a validação do luto.

4. In loco / achados

Como já foi explicado na introdução teórica deste trabalho,[25] a qualidade do luto está intimamente ligada à qualidade de apego que se tinha com aquele que morreu. A verdade pode aliviar o sofrimento e ajudar a aceitar, como definitivo, o desaparecimento da pessoa que morreu.

Se a verdade não for dita, o indivíduo não tem como iniciar o processo de luto. Assim, os sentimentos de solidão e abandono podem se intensificar.

Como diz Aberastury (1984):

> A ocultação e a mentira do adulto dificultam o trabalho de luto da criança. [...] Quando um adulto não diz a verdade a uma criança sobre a morte, está dificultando a primeira etapa de seu trabalho de luto. A criança não conhece muito bem como é o processo da morte, mas experimenta a ausência que ela vive como abandono (p. 135).

Para ajudar a criança no processo de luto é necessário contar-lhe a verdade de forma clara e direta, promovendo uma comunicação aberta e segura, garantindo-lhe que há uma pessoa pronta para ouvi-la, com quem ela pode compartilhar seus sentimentos (saudade, tristeza, culpa e raiva). Deve-se encorajar a criança a expressar seus sentimentos e discutir com ela o tema da morte, de maneira que possa entender o fato, de acordo com sua capacidade e nível de desenvolvimento. É importante que a criança conte com uma pessoa que possa ajudá-la a enfrentar o processo de luto, preparando-a para continuar a vida e assegurando-lhe que, apesar do sofrimento do momento, poderá superá-lo e voltar a ser feliz (Torres, 1999; Velasquez-Cordero, 1996).

Kastenbaum (1986), citado por Bowden (1993), reforça a importância da comunicação direta e simples com as crianças quando se fornecem informações acerca da morte.

Segundo Johnson (2003-2004), o reconhecimento do sofrimento infantil e o benefício que resulta da utilização da literatura ou biblioterapia são recentes na sociedade. Usar termos como "Não chore!", "Foi viver com Deus", "Está descansando"... podem confundir a criança, pois isso retarda o entendimento

---

[25] No capítulo referente à criança.

sobre a irreversibilidade da morte. É importante ter-se uma reação empática, de escutá-la e verificar suas reais necessidades, oferecendo-lhe cuidados de suporte ao sofrimento.

– A morte como parte do ciclo vital

Os educadores relataram que abordam a morte quando falam da natureza – plantas, ciclo vital, desenvolvimento humano –, mas não se aprofundam no tema.

Esse aspecto foi abordado de várias formas diferentes. Uma das formas mais interessantes foi a excursão ao Cemitério da Consolação, organizada por Pedro (educador da EE).

Pedro sugeriu essa excursão aos seus alunos da 3ª série do Ensino Fundamental, para trabalhar biografias. A princípio, eles reagiram com curiosidade e medo. Ilustrou com alguns casos:

1. Uma aluna (de nove anos) disse que não queria ir e chorou. Essa menina perdeu a mãe há tempos e entrar em contato com o cemitério para ela estava associado à ideia de entrar em contato com a dor. Tinha medo de passar por todo o sofrimento novamente. Pedro conversou com a menina, individualmente, fazendo emergir as lembranças boas dessa mãe. Pediu que apresentasse a ele a mãe que ela trazia dentro dela. A menina apresentou uma mãe boa, e Pedro enfatizou essa mãe boa que ela carrega dentro dela, apontando para a possibilidade de ela ter essa mãe para sempre e da melhor maneira possível. Assegurou também que ninguém pode roubar essa mãe dela – porque a vida já a roubou. Ao final, a criança acabou aceitando a ideia de ir ao passeio.

2. Um de seus alunos manifestou medo de fantasma. Pedro perguntou-lhe se ele já tinha visto algum fantasma, ao que o menino respondeu negativamente. Pedro assegurou ao menino que ele iria ver túmulos. O que cada um poderia imaginar seria uma coisa subjetiva. Pedro colocou-se à disposição para conversar depois, se houvesse interesse/necessidade.

A partir dessa experiência, pôde não só expor seus alunos ao tema da morte, mas também desmistificar o medo que ela gera.

– As mortes simbólicas

Não foram somente situações de morte concreta que permearam as discussões dos educadores. As mortes simbólicas surgiram com ênfase como fazendo parte de situações difíceis de serem tratadas na escola.

Pedro (EE) lembrou-se de um caso muito complicado. Trata-se de um aluno, de oito anos, portador de HIV, recentemente adotado. Era uma criança consciente da sua situação e muito agressiva, tentava sempre morder, machucar, arranhar os outros. Talvez estivesse buscando pares, iguais. Perguntava ao professor se seu sangue também tinha bichinhos. O pai parecia arrependido da adoção. A criança era fisicamente diferente também, devido ao tratamento: de estatura baixa e com abdômen saliente. Sofria preconceito por esses motivos na classe.

Pedro disse que trabalhou com ele sem contar sobre a doença a seus colegas, tomando todos os cuidados possíveis que a situação exigia.

Houve muita discussão no grupo, suscitando polêmicas sobre informar ou não sobre a doença os colegas e suas famílias. Discutiram sobre o preconceito dos pais e dos alunos, até mesmo de professores. Havia discussão sobre ética e sobre o segredo que o excluía, mas que, ao mesmo tempo, conferia-lhe um poder muito grande. O poder de ter algo só seu, de ser uma criança que poderia contaminar outras, mas as outras não tinham consciência desse risco.

Os educadores relataram casos de separações – que representa uma perda muito significativa e acarreta sofrimento, além de situações complicadas como suspeita de abuso sexual, doenças físicas e incapacitantes, doenças psiquiátricas, desemprego, problemas financeiros, entre outros.

– *Perdas pessoais do educador*

Lilian (EP1) contou que, quando sua irmã morreu, teve que se ausentar e a professora-auxiliar pediu aos alunos que, quando ela voltasse à escola, a respeitassem e não fizessem muita bagunça, pois a irmã dela "tinha ido pro saco". Em seu retorno, um aluno mencionou o fato e a professora, atônita com o que ouviu, teve que sair da sala para chorar. Quando voltou, explicou que sua irmã estava muito doente e, por isso, tinha morrido. As crianças começaram a fazer perguntas e ela explicou que um dia todo mundo também vai morrer e deu uma aula sobre o assunto. Reforçou que essa era a razão pela qual estava muito triste e pediu que eles a respeitassem nesse momento de dor.

A questão religiosa

A questão religiosa permeou a discussão com os educadores em vários momentos: quando relataram os casos ocorridos nas escolas, quando descreveram como abordavam a morte com crianças e, também, para justificar por que não abordavam o assunto com as crianças, alegando possíveis reações dos pais, uma vez que cada família tem seus valores, suas crenças pessoais e religiosas. Apareceu, também, de maneira intensa, quando expressaram as dores relacionadas às perdas pessoais.

Marlene (EP1) disse acreditar que o único consolo para enfrentar a morte, talvez, seja pensar que a vida continua. Ver o aspecto positivo. Acrescentou, ainda, que a ideia do "nunca mais" assusta as pessoas, inclusive os adultos.

Sobre a questão do "nunca mais" que a morte nos apresenta e tanto nos assusta, Raimbault (1979) diz:

> Poder aceitar a morte do outro é aceitar um nunca mais de olhar, de voz, de ternura, bases de trocas com o outro, uma ausência de futuro no projeto imaginário comum, o ponto final na partitura de um dos instrumentos de nossa sinfonia fantasmática (p. 169).

Quanto a fundamentar explicações na religião ao falar de morte com as crianças, os educadores justificaram que provavelmente isso aconteça porque, culturalmente, estamos habituados a nos apegar à religião, como tábua de salvação, quando temos dificuldades.

Nos casos relatados, os educadores mencionaram algumas frases usadas para tentar consolar a criança: "não chore, porque seu pai / avô (falecidos) quer te ver feliz, rindo com os amiguinhos". Disseram que, muitas vezes, sugeriam às crianças que fizessem orações para as pessoas que morreram.

A seguir, apresento exemplos em que a questão religiosa é usada como uma forma de explicação para a morte e exemplos de como aspectos sociais e culturais estão implícitos nessa questão.

– A religião como explicação para a morte

Helena (EP1) contou sua experiência com um aluno de 17 anos, com necessidades especiais (deficiência mental), cujo pai morreu após 15 dias de internação na UTI, sem apresentar sinais ou sintomas anteriores. Foi uma situação inesperada que desestruturou a família.

Depois da morte, esse menino dizia ver o pai e falar com ele em vários lugares, como no canto da sala, na janela... A criança passou a demonstrar dificuldade em criar e manter vínculos.

A professora contou, ainda, que explicaram ao menino que o pai tinha virado uma estrela e tinha ido para o céu, mas que estaria sempre a seu lado.

Priscilla (EMEI) contou o caso de uma aluna do ano anterior, que tinha uma "melhor amiguinha" (sua vizinha, também com seis anos) que morreu atropelada. A menina veio contando todos os detalhes, inclusive se questionando por que ela não a tinha chamado para brincar justamente naquele dia, uma vez que brincavam juntas todos os dias. Contou que a menina havia saído para comprar ovos para que a moça que tomava conta dela pudesse fazer um bolo. Quando estava atravessando a rua, foi atropelada e morreu na hora.

A menina contava esse fato todos os dias e, na roda da conversa, ela repetia "Minha amiga morreu!".

Priscilla confessou que, no início, quando a menina trouxe a história, ela não acreditou, até porque ela gostava de chamar a atenção. No entanto, a menina contava sempre os mesmos detalhes: a amiguinha tinha batido a cabeça, tinha saído sangue... De tanto a menina insistir em contar essa história, Priscilla acabou se convencendo de que era verdade.

A professora então utilizou o livro *Fica comigo* (Martins, 2001)[26] para abordar a morte com a criança. Leu a história, conversou com a menina e disse-lhe que sua amiga tinha virado uma estrelinha e que estaria com ela sempre. Comentou que a menina ficou muito assustada com a explicação e passou a olhar incessantemente para todos os lados, achando que via a amiguinha a toda hora e em qualquer lugar. Priscilla associou isso a um possível sentimento de culpa pelo fato de não ter chamado a amiga para brincar justamente no dia em que ela morreu.

Na época, estava passando na televisão uma novela chamada *A viagem*, que abordava exatamente o tema da vida pós-morte. Sua aluna relacionava o

---

[26] Martins, G. C. (2001). *Fica comigo* . São Paulo: DCL. Esse livro não fez parte do acervo de livros utilizados nesta pesquisa.

que ela via na televisão com o que estava sentindo. Não conseguia uma explicação coerente para a morte e mostrava-se muito assustada. A professora, não sabendo como falar sobre a morte com a menina, experimentou fazê-lo por meio da natureza, não se aprofundando em suas explicações. Mesmo assim, a menina insistia em relatar esse fato na roda de conversa.

Priscilla tinha dúvidas em como abordar a morte com a criança, devido às diferentes crenças religiosas que existem. Decidiu, então, depois de uma roda da conversa em que a menina novamente relatou o caso, dar oportunidade aos outros alunos para fazerem comentários a respeito de suas crenças religiosas sobre a morte. Algumas crianças diziam que quando a pessoa morre, vira estrelinha... Outros diziam que a pessoa que morre vai para o céu... Priscilla ouviu seus alunos e, diante de suas incertezas, optou por falar a partir de sua crença (a forma como falaria para seus f lhos). Sugeriu que toda vez que ela fosse dormir pensasse que, agora, a amiguinha mora dentro dela...

Essa professora comentou que sentiu muita dificuldade na conversa por não saber o que os pais da criança diriam, o que e como pensam, além de como iriam reagir em relação àquilo que ela estava dizendo. Acrescentou que, na escola, não dá para esquecer que tudo o que é dito tem um impacto familiar. Complementou dizendo que a morte não é o único tema difícil com que os educadores têm que lidar, mas a violência em si é outro desaf o.

Lilian (EP1) relatou o caso de um menino que era muito calmo e disparou a falar após a morte de seu avô – uma figura muito querida e importante para a criança. Começou a querer bater nas pessoas, porque sentia muita raiva. A professora contou que não sabia o que fazer. Dizia para ele não f car triste porque senão seu avô ficaria triste também. Sugeriu que fizessem uma oração para o avô. Disse ao menino que o avô gostava dele e queria vê-lo bem!

Relatou, também, o caso de uma aluna cujo cachorrinho, que era muito importante para ela, morreu. Contou, enfaticamente, que a menina não conseguia se concentrar, queria bater nos amiguinhos, chorava demais, porque queria o cachorrinho de volta. Ficou transtornada!

A professora disse que deu as mesmas explicações que havia dado e sugeriu também que fizesse uma oração. Acrescentou que, apesar de estar na posição de educadora, sua real vontade era de chorar junto com a menina. Ao relatar esses casos, Lilian afirmou que não aceita a morte e, portanto, não sabe lidar com ela.

Clara (EP1) contou que, em um determinado dia, pediu a seus alunos que desenhassem as pessoas com quem moravam. Um menino desenhou seu pai – falecido quando sua mãe ainda estava grávida. Conversou em particular com seu aluno para saber mais sobre aquela figura masculina desenhada e o menino respondeu que era seu pai, já falecido, e disse que o havia desenhado para que ele pudesse ficar junto dele e de sua mãe. A professora, emocionada, disse ao menino que seu pai estava no céu, e que podia vê-lo brincando com seus amigos, sorrindo com seus amigos, fazendo suas atividades... E, com certeza, ele estaria muito feliz!

Clara (EP1) refletiu que é sempre dito para as crianças que nascemos, crescemos, reproduzimos e morremos. Fala-se da plantinha: que ela morreu, mas resta a sementinha para plantar de novo. E a pessoa? Da pessoa não se fala porque o que resta é a dor da perda mesmo. Assim, a alternativa é a religião. Mas a religião é uma crença pessoal, que não dá para generalizar: para algumas religiões, "morreu, acabou", para outras, não.

A questão religiosa apareceu de maneira muito marcante como explicação sobre a morte dada às crianças na EP1, EP2, EE e EMEI. No entanto, não sei se, na EP2, por ser uma escola religiosa, esse fator reforce tal explicação. A EPI3 mencionou abolir esse tipo de explicação.

Naletto (2005) sugere que, sempre que houver uma situação de morte na escola, é importante utilizar dados de realidade, mesmo com as crianças menores. Deve-se falar que a pessoa "morreu", pois os termos do tipo "descansou", "foi morar com Deus", "foi para o céu", "virou estrelinha" podem dificultar o entendimento da morte e, inclusive, a elaboração do luto.

– *A religião sob aspectos sociais e culturais*

A religião é uma questão muito presente quando se fala da morte com crianças. Os educadores justificaram que, provavelmente, haja essa predominância porque a religião se impõe a nós como herança cultural. Associado a isso, a ideia do "fim", do "nunca mais" é fonte de angústia para o ser humano.

Como o tema da espiritualidade é muito vasto e complexo e não faz parte do meu objeto de estudo, selecionei dois itens a ele relacionados: a angústia humana diante da morte e a religiosidade. Enfoquei esses itens para mostrar as questões sociais e culturais envolvidas no tema da morte, e também tentar demonstrar que se pode lançar mão da religião para se tratar do tema da morte com crianças, desde que não seja utilizada de forma doutrinária.

A seguir, faço uma breve reflexão a respeito da questão religiosa, abordando as questões sociais e culturais.

Bigheto e Incontri (2007) afirmam que a religião desempenha papel importante na cultura e na sociedade. Funciona como princípio de unificação das culturas e das relações humanas. Em várias sociedades humanas é fonte de valores éticos que dão base à conduta das pessoas e serve como instrumento de educação.

As religiões sempre deram explicações às questões existenciais, fazendo referências à dimensão do sagrado e do transcendente. Mesmo antes de ser encarada como fato biológico e questão filosófica, a morte era objeto de todas as religiões, pelo domínio do sagrado. Como pertence ao sagrado e o homem não tem controle sobre ela, a morte gera angústia, e esta faz parte da existência humana.

Chiavenato (1998) se refere à angústia da morte ao refletir sobre as questões religiosas relacionadas ao medo da morte e à angústia do ser humano.

Esse autor afirma que os homens primitivos tinham uma visão mítica da morte. Embora tentassem racionalizar a ideia da morte, eles não a destituíam de seu caráter religioso. A morte era resultado de fenômenos da natureza, cuja ação provinha da decisão dos deuses. Com o passar dos tempos e mudanças no modo de vida, a morte passou a ser consequência de vários outros fatores como doenças, acidentes, homicídios, mas a vontade divina ainda estava presente. As formas de temer a morte foram mudando também, porém o temor da morte é inerente ao ser humano.

Para o homem primitivo era natural temer a morte. Como ela não resultava de forças equivalentes às suas, contra as quais pudesse lutar, mas sim de feitiços e/ou intervenção sobrenatural, que revelavam a vontade divina, eles se sentiam impotentes diante dela e consequentemente a temiam.

Nota-se, portanto, que o medo da morte persiste desde os tempos remotos. O desejo de ser imortal gera o medo da morte. A inconformidade com o fim da vida é responsável pela concepção de uma vida pós-morte, reforçada por crenças religiosas. As sociedades impregnadas de conceitos religiosos defendem a ideia de imortalidade e, nelas, o temor à morte predomina.

Na Bíblia, a morte foi a punição de Deus aos dois habitantes do paraíso e recaiu posteriormente sobre toda a humanidade. A Bíblia fala da imortalidade quando aborda o conceito de ressurreição, que seria a vida eterna.

Embora o homem tema a morte, ele não tem a experiência pessoal da morte. Ele vivencia o ato de morrer, e não sua própria morte. Ele conhece e experimenta a morte do outro. Portanto, sua consciência é a da morte alheia, que corresponde à perda. Chiavenato (1998) cita o filósofo austríaco Ludwig Wittgenstein, que afirma que a morte não é um acontecimento da vida, pois não se vive a morte. Diz que se pode vivenciar o morrer, mas não a morte, uma vez que se perde a consciência do real. Ressalta que o sentimento mais marcante que temos em relação à morte é a sensação de perda. Defende uma visão egoísta de que a morte do outro é percebida como se perdêssemos a posse dele em sua vida. Reforça, ainda, que essa falsa consciência de "ter" determina a relação e o entendimento da morte, antecipando, durante a vida, a angústia da perda inevitável.

O homem, conscientemente, sabe que é mortal; no entanto, de modo subjetivo, aspira ou crê na imortalidade. Assim, a morte passa a ser uma tragédia. Sua inexorabilidade gera angústia, e esta, por sua vez, o medo da morte. Isso leva o ser humano a rejeitar a ideia da própria morte, buscando refúgio na eternidade da alma e em outros mitos religiosos.

Esse autor cita a visão de Heidegger, que vê na morte o destino do homem: "O homem é um ser destinado à morte". Afirma que a vida implica na inexorabilidade da morte, não havendo mistério a ser resolvido: o homem nasce e morre.

Em todas as culturas há manifestações da inexorabilidade da morte. Mesmo assim, morte e morrer são palavras evitadas e, no lugar delas, usam-se eufemismos para substituí-la, como "ele nos deixou", "ele se foi", "ele já não está mais aqui entre nós", "dorme um sono profundo", "descansou", "está em paz"... que revelam o medo de encarar a morte. Esses termos nos remetem à ideia de que a pessoa que morreu migrou para outro lugar, o que reforça a crença na imortalidade.

Com tantos subterfúgios, quando alguém da família morre, é comum ocultar-se esse fato das crianças. Pela própria dificuldade dos adultos e para não impressioná-las, utilizam-se termos que podem confundir as crianças, como "foi para o céu", "virou estrelinha", "foi viajar", "Papai do Céu o chamou"... A tentativa de mascarar o fato real pode causar certa confusão nas crianças. Passam a encarar a morte de forma dissimulada e/ou medrosa, perpetuando esse medo.

Quando se mente para a criança, subestima-se sua capacidade de perceber a realidade a sua volta e de entender a morte. Parte-se da concepção errada de que contar a verdade vai prejudicá-la psicologicamente por causa de sua pouca idade.

Por isso, é comum apegar-se aos dogmas religiosos para explicar o inevitável. No cristianismo, por exemplo, têm-se duas formas de perpetuar culturalmente o medo da morte e reforçar a crença da imortalidade: a ressurreição católica e a reencarnação espírita.

Nota-se que a morte é um tabu nos dias atuais e, associada ao medo, impede-se um repensar a vida e as relações a ela atribuídas.

Bigheto e Incontri (2007) defendem a ideia de que a religião pode ser uma forma de se discutirem temas existenciais, inclusive a morte, na escola com as crianças e adolescentes. No entanto, alertam para a necessidade de se ter coragem e habilidade de saber discuti-la de forma plural e interdisciplinar. Afirmam que é possível levar a criança a conhecer a transcendência e a perspectiva da eternidade, porém, fazendo-o de maneira respeitosa, não doutrinante, e sim por meio do diálogo, da pesquisa e da pluralidade. Assim, colabora-se para uma educação que nos ajude a livrarmo-nos do medo da morte, e isso significa libertar-se do medo da vida. "Viver com a perspectiva permanente da precariedade da existência, do risco sempre presente de perda definitiva de nós mesmos e daqueles que amamos é assumir uma angústia muitas vezes insuportável" (*op. cit.*, p. 35).

Ao discutirem sobre como falar da morte com as crianças, os educadores de todas as escolas, exceto a EPI3, alegaram ter receios de introduzir o tema da morte, por temerem possíveis reações dos pais.

Reações das famílias

Vários educadores comentaram que a morte é um "campo misterioso".

Na EE, disseram que, devido à influência dos pais na escola, os professores temem que certos assuntos cheguem até eles e apareçam reclamações na secretaria.

Por sua vez, Pedro (EE) argumentou que se o objetivo do trabalho for claramente mostrado aos pais e seu significado for bem fundamentado, eles tendem a aceitar bem a proposta.

Para fundamentar seu argumento, relatou uma de suas experiências, que havia sido muito gratificante.

Pedro usou como exemplo a excursão com seus alunos ao Cemitério da Consolação. Disse que os pais reagiram bem em relação à proposta desse passeio. Primeiro, ele encaminhou um bilhete aos pais no qual apresentava o objetivo do trabalho: visitar túmulos de pessoas ilustres, explicando que isso já é prática turística em outros países e, em São Paulo, isso está começando a acontecer no Cemitério da Consolação, que já é considerado um ponto turístico. Pedro salientou a importância de trabalhar com dados de realidade. Dessa forma, os pais aceitaram bem a ideia, demonstrando compreensão.

Foi comentado no grupo que, talvez, os pais tivessem se sentido aliviados por "ter alguém que faça isso por eles".

Por causa das diferenças de crenças e valores religiosos, muitas vezes, a família aparece como elemento gerador de insegurança em relação ao que se deve ou não falar para a criança sobre a morte.

Pergunto-me: Será que precisamos ter um direcionamento religioso na escola? Será que isso aponta para a necessidade do educador de enfocar a crença religiosa para a necessidade de se satisfazer a família da criança?

Lembrei-me de uma questão sobre as reclamações familiares, que tem surgido, inclusive, nas escolas públicas. Parece existir uma preocupação em satisfazer a família enquanto cliente da escola.

Na EP1, Mara mencionou que, na escola particular, a família é uma preocupação constante. Deve-se pensar em tudo. Se algo acontecer com a criança no âmbito familiar, isso vai ser visto como acidente, mas, se estiver com a educadora, é caracterizado como desleixo. É uma responsabilidade muito grande.

Complementou, dizendo que tem tido contato com profissionais de escolas públicas que reforçam a ideia de que os pais estão muito críticos, reivindicando, buscando seus direitos, cobrando os deveres dos professores. Mas, na escola pública, os profissionais têm estabilidade de emprego, o que não acontece na rede privada.

Radino (2000) afirma que a família atribui a tarefa de educar à escola e a escola a atribui à família.

Em sua tese de doutorado, Mattioli (1997), citada por Radino (2000), constatou que, entre os profissionais de Educação Infantil e as mães, estão muito presentes a dúvida e a ambivalência quanto à necessidade da escola para as crianças com menos de três anos de idade. No entanto, a mulher contemporânea, atuante no mercado de trabalho, procura a escola para, com ela, dividir a educação de seus filhos. Em contrapartida, "nas entrelinhas", a escola considera que quem deve cuidar da criança é a mãe.

Diante dessa constatação, Radino (2000) acredita que esse é o momento de união entre pais e professores, uma vez que ambos se sentem inseguros na tarefa de educar as crianças.

Como já foi dito anteriormente, a escola é um espaço de informação e formação. Sendo assim, compartilho da ideia da união família-escola para a tarefa de educar a criança, inclusive no que se refere a educar para enfrentar integralmente a vida, da qual a morte faz parte.

4. A Criança e a Morte

É comum observarmos a dificuldade em se associar a criança e a morte, como se o mundo da criança fosse feito só de alegrias e como se a morte não habitasse o universo infantil.

Nesse estudo, ouvi de alguns educadores que a morte é um assunto que não é apropriado para as crianças, que como educadores não se sentem confortáveis com a ideia de deixar a criança triste, que a criança pequena não sente a falta e lida bem com as perdas, que a criança não tem idade para entender a morte...

– *A melhor idade para lidar com a morte*

Durante as discussões, muitas vezes levantavam-se questões sobre o quanto a criança pequena entende a situação de morte, o quanto a morte atinge a criança em sua vida, o quanto essa criança sofre...

Alguns educadores levantaram a hipótese de que, quando a criança é muito pequena, ela não sofre tanto quanto a criança mais velha, que teve um convívio mais longo com quem morreu. Outros disseram que é mais fácil lidar com a criança pequena do que com a criança mais velha, justificando que a criança fala no momento, mas depois de pouco tempo já está brincando.

Chegou-se a questionar: "Como falar de morte para uma criança, sendo que a morte é um assunto muito mais para adulto do que para criança? Faz parte muito mais do mundo do adulto do que do mundo infantil".

Mencionaram que, muitas vezes, as crianças demonstravam menos dificuldade para lidar com a morte de uma pessoa próxima do que a própria professora.

Alguns educadores insistiam em dizer que a criança de três, quatro, cinco anos não tem saudade, que não existe sofrimento tão grande como nos adultos. "É só levar ao cinema, passear, distrair, que ela fica bem." Afirmaram que a criança encara "numa boa", fala naturalmente da morte, sem demonstrar sofrimento.

Com certeza, a morte é parte da vida, para o adulto e para a criança. As formas de entendimento é que podem ser diferentes. No entanto, questiono se existe idade para sofrer mais ou menos, uma vez que o que importa para a elaboração do luto é a qualidade do apego e o suporte necessário à pessoa enlutada. Esse suporte deverá vir do ambiente em que ela vive e das pessoas com quem ela convive. Não é a idade que predetermina o sofrimento, mas sim a questão da relação de afeto.

Pode-se dizer que a forma de entender a situação pode variar com a idade, mas não se pode afirmar que o sofrimento (maior ou menor) está relacionado à idade.

Sobre isso, Kovács (2007) afirma que as crianças pequenas não superam a dor da perda tão facilmente, como alguns imaginam, distraindo-se com suas brincadeiras. Elas passam pelas mesmas fases do luto, tal como o adulto, embora tenham uma forma de comunicação diferente. A linguagem da criança, a manifestação de seus sentimentos e a forma com que tentam compreender e elaborar suas perdas – sejam quais forem – acontecem também por meio de desenhos e/ou atividades lúdicas. A maneira como a criança vai elaborar suas perdas está intimamente relacionada à importância na formação das suas relações de afeto e suas primeiras relações de apego.

Os educadores perceberam a necessidade e a importância da aproximação entre o educador e os pais, em reuniões individuais, para tentar saber mais e obter mais dados a respeito da criança e do contexto familiar. Dessa forma, o educador poderá ter noção da dinâmica na qual a criança está inserida, terá um olhar diferente e tomará as medidas apropriadas, quando houver necessidade.

Os educadores de escolas públicas mencionaram casos que mostram realidades muito diferentes, que também causam sofrimento à criança: crianças cujos pais/mães estão presos e, muitas vezes, são criadas por outros membros da família (avós, tios); crianças que ficam em faróis pedindo esmolas ou vendendo mercadorias...

Afirmaram que as crianças da periferia vivenciam a morte de forma muito próxima e, por isso, dão a impressão de que ficam meio anestesiadas em relação ao sofrimento e à dor.

Sibele (EMEI) enfocou essa situação de forma diferente. Disse que, muitas vezes, essas crianças não se importam muito quando alguém da escola morre. Vivem e convivem com várias pessoas na mesma casa e, muitas vezes, nem sentem falta do pai ou da mãe, pois são criados e cuidados por outros membros da família (avós, tias etc.).

Patrícia (EMEI) comentou que, certa vez, presenciou uma brincadeira de algumas alunas com suas bonecas. Elas não estavam brincando de casinha. Elas brincavam de vender as filhas.

Quando a professora, um tanto chocada com o que via, foi conversar com as meninas para tentar entender a dinâmica da brincadeira, as meninas a acalmaram, dizendo que não havia problema algum porque elas vendiam as filhas, mas depois a pegavam de volta.

A professora ficou sem entender se as crianças (na faixa etária entre três e cinco anos) estavam reproduzindo cenas de suas vidas ou se a brincadeira era fruto de sua imaginação. Tinha dúvidas se as crianças estavam reproduzindo situações relacionadas a tráfico, sequestro e venda de crianças e que, no pensamento mágico da criança, essas situações poderiam ser reversíveis. Ou seja, "eu vendo, mas depois pego de volta... Vendo só um pouquinho...".

Os educadores da EE apresentaram situações sociais e familiares nas quais se sentiam muito impotentes, sem saber como ajudar seus alunos. Refletiram muito a respeito desses casos e se questionaram se promover ajuda resolveria o problema. Essa questão suscitou várias discussões sobre o que e o quanto é possível fazer pelos alunos e aponta o sentimento de impotência que pode surgir a partir do momento em que se deseja fazer mais para tentar resolver o que não é possível, devido a limitações educacionais e/ou questões sociais e/ou familiares.

– *Falando sobre a morte com as crianças*

Clara (EP1) enfatizou que conversar com crianças pequenas não é muito fácil porque elas entendem tudo concretamente. Por isso, na hora de contar histórias, muitas vezes, prefere mudar o final. Ela não conta que o caçador abriu a barriga do lobo e que o lobo morreu. Prefere contar que o caçador levou o lobo para a floresta para cuidar dos animaizinhos e das plantinhas e que não ia machucar ninguém. Justificou preferir trabalhar regras e limites (todos os dias) em vez da morte do lobo. Acredita ser melhor o lobo ir ajudar na floresta, dizer que o lobo ficou bonzinho e esperar, com isso, que a criança comece a ajudar em sala de aula, ajudar a professora... Disse que a ideia de que o lobo não foi legal, então tem que morrer, a incomoda.

Mencionou preferir transformar o ilusório em algo real, para que isso seja trabalhado de forma significativa para a criança. Explicou que entre um e seis anos a criança forma grande parte da sua personalidade, período em que adquire alguns valores que vai levar ao longo da vida.

Diante dessa colocação, considero importante ressaltar que a dicotomia entre o bem e o mal tem uma contribuição para a formação ética da criança.

Em relação a isso, cabe refletir o que Rappaport (1981) afirma sobre a função do bem e do mal para a formação da criança.

> A criança em idade pré-escolar ainda não tem a capacidade de uma ética relacional. É capaz de entender o permitido e o proibido, dentro de uma dico-

tomia absoluta. Esta dicotomia tem um caráter organizador. Esses valores bem defi nidos são importantes como fonte de segurança para a criança. A certeza de que há o bem e o mal bem defi nidos, de que o mal terá uma punição certa, é o que dará segurança para (com sua fragilidade) transitar entre os perigos do mundo (*op. cit.*, p. 6).

Bettelheim (2002) afirma que a literatura infantil, principalmente os contos de fadas, podem ser decisivos para a formação da criança em relação a si mesma e ao mundo sua volta. O maniqueísmo (bom e mau, belas e feias, poderosas e fracas...) facilita para a criança a compreensão de certos valores básicos da conduta humana ou convívio social. Essa dicotomia (transmitida através de uma linguagem simbólica, durante a infância) contribuirá para a formação de sua consciência ética.

Sobre a transmissão de valores, Magalhães (s.d.) afirma:

> As histórias são úteis na transmissão de valores porque dão razão de ser aos comportamentos humanos. Tratam de questões abstratas, difíceis de serem compreendidas pelas crianças quando isoladas de um contexto. A criança é incapaz de raciocinar no abstrato. Assim, virtudes, maus hábitos, defeitos ou esforços louváveis que interferem no comportamento social do indivíduo, gerando consequências a sua vida, não podem ser entendidos com esta clareza pelas crianças. Falta um referencial capaz de associar uma questão de comportamento a um fato.

Diante dessas colocações, questiono sobre mudar o final da história para levar uma atitude positiva à criança em contraposição a uma punição.

Lara (coordenadora da EMEI) refletiu que a morte pode ser abordada com a criança quando se fala do ciclo da vida ou, nos temas geradores, quando fala da natureza. Justificou que a dificuldade em falar da morte reside na perda de alguém com quem se tem um grau de afetividade, uma ligação.

Marcela (EMEI) disse que se pode introduzir o tema da morte por meio da leitura de uma história, durante a roda da conversa.

Marcela contou que teve uma aluna que perdeu o avô. No momento da morte, ela estava perto dele. Essa educadora disse que conversaram sobre esse fato. Não achou complicado conversar com a menina sobre a morte do avô. Entretanto, a dificuldade estava na falta de recursos na escola.

Gostaria de utilizar um livro, mas a escola não possui bibliografia sobre o assunto.

Suponho que, embora os educadores vejam possibilidades de introduzir o tema morte no conteúdo escolar, ainda apresentam muita dificuldade em abordar a morte com crianças. Isso reforça a minha inquietação em relação à mudança de atitude e de cultura.

– O preparo da criança para a morte
Mara (EP1) comentou que não se prepara a criança para a morte.

Cristina (EMEI) disse não acreditar em preparar a criança quando o professor não está preparado.

Lígia (EMEI) comentou que o adulto acaba poupando a criança da morte. Complementou dizendo que atualmente não é comum as crianças participarem dos rituais: velório, enterro...

Conversou-se sobre esse "proteger" a criança.

Cristina (EMEI) trouxe seu depoimento sobre a morte de seu avô. Quando ele morreu, ninguém lhe contou nada. Ela foi deixada na vizinha. Soube do fato porque ouviu a vizinha falando sobre o ocorrido ao telefone. Disse que sua primeira reação foi rir, mas seu sentimento foi de traição por não terem lhe contado.

Muitas vezes, com o intuito de proteger a criança, o adulto acaba gerando um novo problema. Essa questão se evidenciou quando se percebeu que, geralmente, pensar em preparar a criança para a morte parece ser visto como eliminar o sofrimento que a morte provoca.

Nas discussões ocorridas na EMEI, as educadoras referiram-se, várias vezes, às suas dificuldades em trabalhar a morte com as crianças, uma vez que elas próprias sentiam dificuldades em lidar com esse tema. Para tentar sanar ou minimizar essa dificuldade, Cristina chegou a comentar que considerava imprescindível trabalhar esse assunto primeiramente com o adulto – no caso da escola, com o educador.

Exemplificou retomando a situação da morte da professora (Diana), ocorrida no ano anterior. Disse que a equipe ficou muito abalada e que, apesar de serem todos educadores, ficaram transtornados. Reforçou: "Não ficamos só tristes! Ficamos todos transtornados!".

Lara comentou que, no caso da morte da professora, tinha sido muito bom conversar sobre o assunto e compartilhar sentimentos com os colegas.

5. Introdução do Tema da Morte no Contexto Escolar

Os educadores, em suas reflexões, apresentaram algumas possibilidades de se trabalhar a morte na escola, embora não tenham negado as dificuldades para abordar esse assunto. Observo esse movimento como um passo à frente, uma vez que até aquele momento pudemos observar e acompanhar uma carga emocional de dor e sofrimento, associada a sentimentos de solidão e de impotência que assombravam o educador. Vejo essas reflexões como algo positivo. Talvez os educadores tenham olhado a morte como companheira, vislumbrando sua *face sábia*.[27]

Como propostas para introduzir o tema da morte no contexto escolar, os educadores sugeriram trabalhá-lo com diferentes atividades e momentos distintos, como:

– *Nas rodas de conversa:*
Quando o tema surgir como curiosidade ou quando for oportuno o acolhimento de alunos que estejam vivenciando uma situação de perda.

– *Nas aulas de Ciências:*
Quando se fala sobre a natureza (plantas, animais e ser humano), sobre o desenvolvimento humano, a cadeia alimentar e o ciclo da vida.

As professoras salientaram e discutiram as diferenças culturais, como as crianças da periferia, que convivem com a morte mais de perto ou crianças que vivem em fazendas, que estão habituadas a criar o animal para matar e vender e/ou comer.

---

[27] De acordo com Gambini (2005).

– *Nas biografias:*
Lígia (EMEI) constatou que abordou a morte, por acaso, quando falou de alguns artistas com seus alunos. Contou que os alunos perguntavam se o artista estava vivo ou morto. Concluiu que um espaço para abordar a questão da morte pode ser quando se fala da biografia ou história de vida de pessoas, de artistas e de figuras públicas.

– *Nos contos de fadas:*
Marcela (EMEI) salientou que os contos de fadas falam da morte, mas tratam desse assunto de uma maneira interessante, muito diferente dos desenhos animados ou do jogos de videogame. Deu como exemplo a Branca de Neve, que não estava morta, apenas enfeitiçada, embora desse a impressão de não estar viva.

Christiana (EMEI), muito incomodada com o tema da morte, aproveitou para contar que, outro dia, estava dramatizando essa história e as crianças lhe disseram para não ficar chateada porque depois o príncipe dá um beijo na Branca de Neve e ela acorda (detalhe: observa-se, nessa fala, o pensamento mágico da criança, presente até os cinco anos, em média).

Ela disse que foi o único momento em que falou de morte com eles, e foi durante uma brincadeira, porque depois, segundo ela, "saiu pela tangente".

Quando os contos de fadas foram discutidos, as educadoras lembraram de alguns exemplos de histórias que são contadas ou mostradas às crianças por meio de filmes, constatando que a morte está presente: Na história do Bambi, a mãe dele morre; no filme *O Rei Leão*, o pai do Simba morre; a Cinderela é órfã; no filme *Procurando Nemo*, a mãe do peixinho morre...

Diante desses comentários, Lara lembrou que vários filmes são mostrados às crianças, mas com outra finalidade. Deu como exemplo o filme *Procurando Nemo*, no qual é enfatizado o tema da inclusão. Fala-se, também, dos animais, da amizade, mas nunca da morte.

Em relação aos contos de fadas, vale lembrar que são metáforas de processos que as crianças vivem inconscientemente, mostrando a elas questões humanas, vivenciadas, mas que ainda não têm condições de verbalizar (Radino, 2003). A morte é uma dessas questões humanas que os contos de fadas abordam.

Bettelheim (2002) afirma que os contos de fadas transmitem mensagens simbólicas e significados manifestos e latentes, atingindo todos os níveis da personalidade humana. Além de divertir, esclarece sobre si mesma, favorecem o desenvolvimento da personalidade e têm o poder de ajudar as crianças a lidar com os conflitos internos, que elas enfrentam no processo de crescimento.

– Pelos medos:
Na EE, Lúcia considerou possível trabalhar os medos (com brincadeiras, ciclo da vida, filmes...). Enfatizou que o medo da morte e o medo de morrer estão sempre presentes.

– Nos vários livros infantis:
Os educadores, em geral, foram favoráveis à utilização de livros infantis para abordar/falar sobre a morte na escola.

Ficou nítido que tiveram um novo olhar para esse recurso e descobriram a possibilidade de diversos olhares para o mesmo recurso.

São muitos os livros que tratam do tema da morte, com diferentes abordagens: mais explicativos, mais comoventes, mais cômicos... Sobre isso, Bortolin (2005) afirma que se deve possibilitar uma leitura plural do tema da morte às crianças, pois é necessário que elas não apenas tenham contato com diversos temas, mas também que um mesmo tema seja abordado de diferentes ângulos.

Educadores da EP2 e algumas professoras da EMEI (Grupo 2) também concordaram ser importante abordar a morte com as crianças, mas com a ressalva de somente apresentar o tema quando for uma necessidade da criança, ou seja, quando a criança sofrer alguma perda ou tiver alguma curiosidade e/ou dúvida sobre o assunto e ela própria trouxer o tema. Caso contrário, não pretendem introduzir esse tema às crianças.

Na EPI3, as coordenadoras alegaram que, de certa forma, sempre trabalharam o tema da morte com seus alunos, uma vez que elas têm um enfoque diferente, uma abordagem mais integral da criança. Justificaram não sentir dificuldade com as crianças e nem com o assunto. Apenas não tinham conhecimento da quantidade de livros existentes que abordam a temática.

Na EP2, embora os professores tenham apreciado de forma positiva e considerado interessantes os livros infantis que abordam o tema da morte, Conceição não pareceu convicta em colocar em prática esse projeto na escola, justificando que, apesar de todo o material, todas as possibilidades de introduzir a morte no conteúdo escolar, trabalhar o tema não tira o sofrimento em situações de perda. Acredita que não adianta abrir esse espaço para discutir a morte, uma vez que existe a hora e a idade certas para a criança assimilar o conceito da morte. E, caso vivencie alguma perda, vai sofrer do mesmo jeito.

Em relação a isso, uma professora (EP2) disse que tudo depende da situação vivida. Conta que sua filha adquiriu o conceito de morte mais cedo porque vivenciou a morte de sua bisavó, e ela sentiu a perda e a saudade. Por isso, teve que lidar com a questão da morte mais cedo.

Marisa (EP2) retrucou, dizendo que essa proposta seria necessária para uma mudança na cultura de interdição da morte. Afirmou que não falar da morte é uma questão cultural por estar sempre associada à dor e à perda. Argumentou que a pessoa poderá lidar melhor com a morte se houver preparo desde cedo, pois acredita que ela terá uma bagagem a mais para lidar com uma situação que passa a não ser mais ocultada/proibida, ou seja, passa a fazer parte da vida, de fato. Não significa, no entanto, que se vai eliminar a dor da perda. O sofrimento é inevitável. Entretanto, a morte poderá ser encarada de outra forma.

Considera essencial propiciar-se à criança a abertura para falar da morte e garantir-lhe liberdade para se expressar, sabendo que pode contar com alguém para ouvi-la, esclarecer suas dúvidas – alguém que a ajude a validar sua dor.

Essa educadora acredita que falar da morte resgata a vida. Ela também discutiu outras situações em que o adulto, muitas vezes, não consegue perceber o sofrimento da criança, decorrente da perda, porque não tem sua atenção voltada para as frequentes perdas do cotidiano. Essas perdas, que parecem insignificantes aos olhos do adulto, podem trazer profunda tristeza e sofrimento à criança. Exemplificou com uma situação da escola: a criança não quer tomar lanche ou brincar com seu amiguinho, briga com ele por um motivo qualquer. A criança sofre realmente, e nem sempre o adulto compreende e a acolhe em sua dor. Para a criança, a situação é complexa, uma vez que sua visão de mundo é imediatista.

Sobre falar da morte com crianças, Abramovich (1997) afirma:

> Há tantas espécies de vida, tantas possibilidades de morte... (portanto) é fundamental discutir com a criança, de modo verdadeiro, honesto, como isso acontece e como poderia não acontecer... Compreender a morte como um fechamento natural dum ciclo, que não exclui dor, sofrimento, saudade, sentimento de perda... (p. 113).

Acredito que o primeiro passo foi dado. Os educadores refletiram sobre propostas para introduzir a questão da morte na escola e como seria essa prática.

Outro fator importante que foi levantado durante os encontros foi sobre a disponibilidade interna de cada um para falar desse tema com a criança.

Para trabalhar a situação de morte, Naletto (2005) aponta várias formas de se dar espaço para a expressão dos sentimentos de perda e de luto na escola (roda de conversa, carta, desenho, painel de fotos...), no entanto, alerta para o fato de que são tarefas que mobilizam sentimentos e emoções – o que pode não ser muito fácil. Por isso, caso o professor não se sinta à vontade ou preparado para tal tarefa, é importante que solicite auxílio de outra pessoa da equipe educacional.

6. A Educação para a Morte

Nós tentamos afastar-nos da morte, mas estamos diante dela em nosso cotidiano pessoal e profissional. Não dá para escapar! Por isso, faz-se necessário pensar na *educação para a morte*. Essa questão tem sido bastante discutida atualmente. Há cursos promovidos para tentar sanar essa lacuna. Mas eu penso além: penso na necessidade de introduzir a educação para a morte (ou educação para a vida?) para nossas crianças, desde pequenas. Acredito que isso deva começar na escola, uma vez que esta instituição é a que está mais próxima da família no cotidiano. Talvez, dessa forma, seja possível pensar em uma mudança de cultura.

Pensando na educação para a morte ou educação para a vida, faço referência a Gambini (2005), quando sugere termos a morte como companheira.

Esse autor nos diz: "Essa companheira tem duas faces. Pode ter a voz serena da sabedoria ou o visgo do encosto obstrutor que nos empurra para a beira do abismo, travando tanto a caminhada como a própria vida" (*op. cit.*, p. 140).

Afirma que a face sábia da morte como companheira é

> O maior propulsor do processo de individuação. [...] Quem conversa com a morte aceita a ideia e a realidade da finitude: a finitude é bela, a efemeridade é sublime; quanto mais finita, mais bela a vida e mais preciso o momento presente (*op. cit.*, p. 142).

Dessa forma,

> A morte como companheira deve ser acolhida e de forma alguma evitada, porque é precisamente ela e mais ninguém quem de fato nos ensina a viver. [...] Paradoxalmente, a imagem do término absoluto da vida terrena é que nos habilita a viver a vida em sua possível plenitude (*op. cit.*, p. 143).

E continua: "É o desafio de abrigar a vida por inteiro justamente por sabê-la finita, perigosa, frágil e imprevisível, lembrando sempre que o tempo tudo apagará. Outra coisa não é a magnífica beleza da vida" (*op. cit.*, p. 143-144).

Gambini (2005) nos instiga a uma profunda reflexão:

> A imaginação rege nossa vida. Instável como folha ao vento, ficção que produzimos é uma coluna de pedra. Nossa imaginação nos condiciona de ponta a ponta, do começo ao fim. Suas figuras são as influências determinantes de nossa maneira de viver, interagir, agir e compreender o mundo e a vida. Uma vez que inescapavelmente nossa imaginação deve ser ocupada por uma figura chamada morte, saibamos procurar seu lado sábio, para que possamos ao menos aprender a individuar decentemente (p. 146).

7. O Educador e a Morte

Os educadores se deparam com a morte no contexto profissional e pessoal. Por isso, é importante ressaltar alguns pontos referentes à questão do educador diante da morte.

– *Perdas pessoais*
Os educadores, de formas diferentes, pareciam demonstrar dificuldades em lidar com o tema da morte. Relataram vários casos de morte no contexto

escolar, mas também contaram casos pessoais. Alguns chegaram a demonstrar o sofrimento contido na perda.

As professoras da EP1 falaram muito sobre situações pessoais. Parecia que precisavam de um espaço para dividir essas dores e as reações que não conseguiam entender muito bem.

No primeiro encontro, mesmo havendo vários relatos sobre casos escolares, o desabafo pessoal parecia protagonizar a conversa. Os casos eram contados muito carregados de emoção, o que gerava empatia nos outros participantes e vontade de compartilhar sua própria história com o grupo. Pareciam ter uma maior necessidade de desabafar do que propriamente refletir sobre situações vividas. As perdas pessoais envolveram: morte de irmã, vizinha, tio, amigo e a quase morte do filho de uma professora. Tudo isso relatado minuciosamente, com muitos detalhes, como se estivessem revivendo as diversas situações, o que pode justificar a emoção que acompanhava as falas das professoras.

As educadoras da EP2 falaram de questões pessoais, mas mencionando fatos, sem mobilização emocional e sem grandes reflexões. Algumas perdas foram comentadas mais detalhadamente, outras apenas mencionadas.

Entre os educadores da EPI3, somente Marta falou da sua vivência de perda, emocionalmente mobilizada, nos dois encontros dos quais participou. Apesar de ter ficado em silêncio durante todo o primeiro encontro, ao final, como numa descarga emocional, admitiu que, para ela, estava muito difícil, pois as discussões a remeteram à perda do pai, ocorrida quando ela tinha dez anos, e à doença desenvolvida logo em seguida. Essa educadora demonstrou muito sofrimento.

Os professores da EE não falaram de questões pessoais. Fixaram-se nas tarefas propostas, numa postura muito profissional. Nessa escola, somente Giovanna, ao final do primeiro encontro, mencionou ter sofrido a perda do pai há três meses (o que talvez tenha ocasionado sua desistência de participar do grupo) e Mariana, apenas no final do terceiro encontro, mencionou ter perdido sua irmã (há nove meses).

Algumas educadoras da EMEI relataram perdas pessoais: mãe, pais, avós, primo, amigo... umas mais envolvidas emocionalmente, outras menos.

No Grupo 1, elas relataram, enfaticamente e com detalhes, a morte da professora – morte no contexto escolar – que atingiu o lado pessoal de cada uma. Na verdade, tal morte ocorrera cinco meses antes de minha pesquisa. Ainda estavam passando pelo processo de luto e, acredito, encontraram, no espaço da pesquisa, a possibilidade de escuta atenta e de expressão dos sentimentos que toda pessoa enlutada necessita.

De modo geral, pelas questões pessoais relatadas e pelas discussões sobre a morte no contexto escolar, ficou nítido que a morte ainda está associada à ideia de dor e perdas. Dessa forma, é evidente que, mesmo quando não se pretende mobilizar sentimentos e emoções, o fato de falar sobre a morte por si só é gerador, muitas vezes, de angústias.

A vida e a morte pertencem a todos, indiscriminadamente, em qualquer contexto. O simples fato de se reunirem semanalmente para falar e refletir sobre a morte (ou outros assuntos considerados "difíceis") mobilizou reações emocionais nas pessoas que ficaram muito explícitas. Mobilizou, também, emoções adormecidas, mas que, de certa forma, ainda eram muito intensas.

Penso no antídoto para o sofrimento que alguns desejavam, como se houvesse uma fórmula mágica para aplacar a dor e a angústia que a morte suscita.

As educadoras deixaram claro que falar da morte não constitui o assunto predileto de ninguém. Não é habitual e não é o mais agradável, porém declararam ser necessário. Isso pode ser atribuído ao fato de a morte ser associada à perda, o que provoca tristeza, dor e sofrimento.

Ficou evidente também que não só a morte, mas muitos outros assuntos difíceis fazem parte do contexto escolar provocando, em muitas ocasiões, o sentimento de impotência e, às vezes, o sentimento de culpa, por não conseguirem aplacar o sofrimento ou resolver um problema premente de algumas crianças.

Dessa forma, reforço a ideia de um espaço de "cuidar" – o cuidado ao cuidador porque o educador, querendo ou não, acaba assumindo o papel de cuidador.

Sempre que falavam em morte, os educadores referiam-se a suas perdas pessoais e/ou a perdas vivenciadas pelos alunos, além de descreverem seus sentimentos decorrentes da perda. Mas Daniela (EE) foi um passo além. Introduziu a solidão do professor da rede pública, que tem que dar conta de tudo sozinho, numa classe superlotada, em condições precárias e com alunos com diferentes histórias e problemas (cognitivos, sociais, familiares e emocionais). Dessa maneira, julgava ser muito difícil trabalhar de forma produtiva no sentido de acolher os alunos em suas diversas necessidades.

Quanto a isso, Lúcia (EE) complementou que, quando um aluno seu sofre a perda de alguém próximo, ela procura ser empática, dizendo que sabe que está doendo muito, mas explica que essa dor vai diminuir, que não desaparecerá totalmente, e garante que aquela dor lancinante do momento da perda tomará outra forma. Salientou que temos que respeitar a dor, sem aumentá-la nem diminuí-la.

Falar da morte, relacionando-a diretamente à perda, com certeza, mobilizará sentimentos e emoções da experiência da dor. Talvez possamos associar essa dor ao distanciamento que criamos da morte.

Sobre isso, Gambini (2005) afirma:

> A sociedade tecnológica enterrou a morte em nossa alma. Perdemos o contato com ela e a transformamos num tabu. A morte, que engendra os fundamentos da consciência humana.
> Há, portanto, que se buscar a morte em nossa alma, lá onde ela se afastou de nossa inteligência. E como? Conversando com ela. A morte como interlocutora, reaparecida como companheira (p. 140).

– O educador falando sobre a morte

Foi perceptível que o tema da morte, em vários momentos e em todas as escolas (sem exceção), não parecia estar sendo discutido com tranquilidade. Parecia ser um assunto incômodo e desconfortável para alguns educadores. No entanto, os participantes dos grupos mostraram-se muito envolvidos nas tarefas e nas discussões, com exceção dos educadores da EPI3. Esse foi um grupo que disse estar tranquilo com o assunto, porém percebi incômodo e desconforto em seus integrantes durante os encontros.

Lilian (EP1) relatou que dormiu mais do que costuma dormir e acordou muito bem, sentindo-se muito leve! Afirmou que foi bom poder falar sobre o assunto (cabe lembrar que essa professora estava em processo de luto pela morte da irmã. Emocionou-se ao falar dessa situação logo no primeiro encontro). A partir de sua declaração, pode-se perceber que falar da dor, ter um espaço de escuta, poder compartilhar e ser acolhido, pode trazer alívio e bem-estar.

Alguns educadores das outras escolas consideraram os encontros bons e, mesmo não tendo passado por situações de morte, puderam pensar e aprender. Se tiverem que enfrentar situações de morte, podem *vislumbrar uma luz no fim do túnel...* Comentaram ter falado do assunto em outros locais: em casa, com amigos... Ficou evidente que falar do tema da morte mobilizou reações nos educadores. Diante disso, posso afirmar que, mesmo não mudando sua postura, nenhum educador saiu, exatamente, do mesmo modo como entrou.

– Sentimentos dos educadores ao falar da morte com crianças
Os educadores tiveram opiniões diversas sobre a questão de falar da morte com seus alunos. Alguns manifestaram dificuldades e desconforto para essa tarefa, enquanto outros se mostraram tranquilos.

Tranquilidade
Pedro (EE) disse não apresentar dificuldade para tratar o tema da morte com seus alunos. Alguns educadores da EPI3 também disseram que trabalhar com esse tema é tranquilo para eles.

Dificuldades
A grande maioria dos educadores manifestou dificuldade para tratar o tema morte. Disseram que é difícil conversar com a criança numa situação de morte, pois sentem como se fossem os responsáveis pela tristeza da criança.
Na verdade, isso demonstra o sentimento de impotência que surge quando não se tem o que fazer. É necessário começar a refletir sobre o estar junto, a escuta e o acolhimento, que são essenciais em momentos de perda.
Thelma (EP1) demonstrou dificuldade, justificando que a morte é um assunto muito mais para adulto do que para criança. "Faz parte muito mais do mundo do adulto do que do mundo infantil".
Vale a pena retomar a mensagem de Rubem Alves e lembrar que o mundo da criança não é feito só de sorrisos...
Vários educadores da EP2 demonstraram dificuldade em abordar esse tema. Outros não falaram de dificuldade, mas, em seus exemplos, deixaram claro que se apegam a uma explicação de cunho religioso quando há a necessidade de se falar do tema da morte.

Desconforto

Mariana (EE) foi categórica ao dizer que é muito desconfortável. Mencionou o caso de uma criança cujo pai morreu de câncer e ela falava sobre a doença do pai a toda hora. Apontou a necessidade de as escolas terem um psicólogo. Complementou dizendo que, muitas vezes, o aluno precisa ficar sozinho com alguém para poder conversar.

Fica evidente, nesse relato, a dificuldade da educadora em acolher a doença/morte vivenciada pela criança. No entanto, é importante ressaltar que, no último encontro, ela mencionou ter passado por uma perda recente. Talvez, por isso, não estivesse tranquila para acolher o sofrimento de seu aluno. Certamente Mariana precisaria de cuidados e acolhimento para, somente depois, ser capaz de cuidar e acolher.

– *O sentimento de onipotência X o sentimento de impotência*

Em várias ocasiões, principalmente nas escolas públicas, o assunto veio à tona. Em relação à questão da morte, esse conflito também surgiu quando os educadores se deparavam com o fato de não saber como lidar com tais situações e como abrandar o sofrimento.

Relacionado a isso, Marlene (EP1) trouxe uma reflexão muito interessante: "Será que o assustador não é o fato de não sabermos o que acontece, de ser o desconhecido e de não termos a certeza daquilo que devemos falar? É complicado não saber o que e nem como falar; ter que falar de algo que não se domina, que não se conhece".

Isso me remeteu aos médicos. Nos estudos de mestrado (Paiva, 2000), foi percebida a dificuldade dos médicos em admitir e ter que lidar com o sentimento de impotência diante da não possibilidade de salvar e curar.

Tracei um paralelo entre médicos e educadores: os médicos com sua dificuldade ao se deparar com a não cura, e os educadores em se deparar com o não conhecer.

Portanto, podemos inferir que o sentimento de impotência pode ser validado para os educadores também; que a falta de preparo para lidar com a morte existe em todos os contextos, fazendo-nos crer que isso, de fato, é uma questão cultural.

4. In loco / achados

— *O espaço de reflexão do educador-cuidador*

Percebi que os grupos mais engajados nas tarefas propostas e que repensaram a morte na escola e nos livros, de forma mais aprofundada, foram as educadoras das EP1, EMEI e EE. Compartilharam uma reflexão difícil, porém muito rica no sentido de repensar o papel do professor enquanto cuidador.

O terceiro encontro destacou-se dos outros porque reforçou o valor de um espaço de reflexão e de compartilhamento para que as pessoas possam olhar de frente os seus fantasmas e decidir se querem mesmo enfrentá-los e como vão enfrentá-los. A sensação era de descoberta. Foi um momento de descoberta do potencial de cada um, um fechamento de ciclo. Via de regra, isso foi marcado com muita riqueza, muita emoção e até com muita dor. No entanto, a beleza de tudo isso é que cada participante e os próprios grupos conseguiram lidar com todas essas emoções. Descobriram caminhos e se descobriram nesses caminhos e aceitaram caminhar, apesar da dor e dos medos.

Maria (EP2) foi clara ao dizer, no terceiro encontro, que sentiria falta desse espaço, pois para ela havia feito muita diferença, não só para pensar em suas questões pessoais, mas também para se repensar como educadora.

Os educadores das escolas públicas, que haviam mencionado a solidão e as dificuldades para executar seus trabalhos, por carência de material de apoio e por falta de um assistente para auxiliar no trabalho com tantas diversidades, disseram que ter um espaço para refletir com seus colegas e poder discutir assuntos complexos – como a morte – seria muito bom e necessário.

Lúcia (EE) chegou a mencionar que esses encontros pareciam "terapia".

Penso na correria do cotidiano que, muitas vezes, não oferece a oportunidade de parar, entrar em contato consigo mesmo e ouvir o silêncio.

Apesar de terem sido reuniões muitas vezes agitadas – abordando um tema difícil (como todos dizem) e, com certeza, carregadas de muita emoção, para muitos que participaram, mesmo em silêncio –, podem ter servido como um espaço para repensar a própria vida.

Ficou nítido que ter a possibilidade de compartilhar um espaço maior (de troca e de acolhimento), com pares iguais, para discutir algumas questões, seria muito pertinente.

Uma vez que se fala da escola enquanto um possível espaço de cuidado, validado pela família que deposita confiança nos educadores para o cuidado de seus filhos, seria interessante dar um suporte para que os educadores se apropriassem da função de cuidar.

Os educadores mencionaram que os encontros serviram como um espaço de roda da conversa para eles, reforçando o quanto tinham sido produtivos, embora difíceis em muitas ocasiões.

Para que o educador possa sentir-se seguro para acolher seus alunos em questões emocionais, é necessário que ele esteja se sentindo livre e aberto para isso. Para que o educador possa sentir-se assim, ele precisa de cuidados quanto às suas perdas e dificuldades. Precisa sentir-se valorizado como profissional e como ser humano.

Este trabalho evidenciou a importância de um espaço de troca e de acolhimento que, sem dúvida, pode ser um espaço de cuidados.

– A roda da conversa

A EE é a única escola participante da pesquisa que não realiza a roda da conversa com seus alunos, com exceção de Pedro, que declarou realizá-la quinzenalmente. Todas as outras escolas promovem a roda da conversa.

No entanto, ouvi de vários educadores que, quando surge a questão de alguma criança enlutada, quando se conversa a respeito, essa conversa, na maioria das vezes, acontece particularmente com a criança. Poucos mencionaram tratar esse assunto no momento da roda.

Falou-se muito da roda da conversa para as crianças, e isso me remeteu à questão da importância de uma roda da conversa para o educador. Comecei a refletir em como seria ter tal espaço para ele na escola, como funcionaria e quais benefícios traria ao educador enquanto cuidador.

Essa roda de conversa poderia funcionar como um espaço para se falar não só de morte e perdas, mas de outros assuntos gritantes; os participantes teriam a oportunidade de dividir e compartilhar suas dúvidas, suas dores, medos e emoções.

A organização da roda da conversa para os educadores seria, em minha opinião, uma questão de extrema relevância, que deveria ser levada em consideração quando se trata do educador enquanto cuidador.

Vários educadores, no último encontro, declararam que esse espaço (mesmo tendo sido apenas para coletar dados para uma pesquisa) tinha sido muito produtivo e benéfico, porque levou-os a parar e refletir sobre questões profissionais e pessoais, da própria existência e do cotidiano, para as quais normalmente não se encontra tempo.

Afirmaram que esses encontros, embora nem sempre muito agradáveis, provocaram mudanças significativas neles mesmos.

Com tantas dificuldades encontradas e pela falta de preparo em acolher os alunos em suas necessidades emocionais, somadas ao trabalho da rotina escolar e o sentimento de impotência que surge quando não se sabe ou não se tem o que fazer em situações muito dolorosas, o educador percebe-se sozinho e sem recursos para dar conta da formação integral de seus alunos. No entanto, a criança tem nele a figura de confiança, e é muito importante parar para refletir quanto afeto está envolvido nessa relação.

Em geral, é mais fácil assumir a tarefa de informador do que de formador. Diante disso, deve-se tentar mudar essa tendência. Deve-se defender a ideia de que é preciso cuidar de quem cuida. O professor é o educador que informa, forma e cuida das crianças. Portanto, ele precisa ser preparado e cuidado para poder cuidar e acolher seus alunos, para tornar-se cuidador também.

Assim, evidencia-se a necessidade de um espaço de cuidados para o educador. Estudos mostram que o professor, principalmente o professor de ciclo básico, está sujeito a vários fatores de estresse que, se não trabalhados, podem levar à Síndrome de *Burnout*.

– *A Síndrome de Burnout*

Devido à severidade das consequências, tanto individuais quanto organizacionais, nos últimos anos, muitos estudos têm sido realizados e discutidos sobre o cuidado ao cuidador, referindo-se aos cuidadores de pacientes crônicos que requisitam muita energia e causam desgaste naquele que cuida, assim como aos cuidados de profissionais da área da saúde, principalmente na área da enfermagem. Os médicos também são motivo de preocupação na área. No entanto, apesar de menos divulgados, existem estudos que se referem aos cuidados ao profissional da área da educação.

Muito se fala sobre o cuidado ao cuidador da área da saúde. Mas sabe-se que o professor é submetido a situações estressantes que afetam seu trabalho, advindos de seu contato com alunos, colegas, chefias ou atividades organizacionais, podendo provocar desgaste físico e psíquico (Santos & Lima Filho, 2005) e levá-lo à situação de *burnout*. Codo (1999), citado por Santos e Lima

Filho (2005), afirma que *burnout* caracteriza-se por uma situação como "perder o fogo, perder a energia ou queimar (para fora) completamente" (p. 3).

Maslach e Jackson (1981), citados por Santos e Lima Filho (2005), definem Síndrome de *Burnout* como:

> Uma reação à tensão emocional crônica gerada a partir do contato direto e excessivo com outros seres humanos, particularmente quando estes estão preocupados ou com problemas. E ainda: [...] o trabalhador se envolve afetivamente com seus clientes, se desgasta e, num extremo, desiste, não aguenta mais, entra em *burnout*. Assim, temos que *burnout* acontece quando certos recursos pessoais são inadequados para atender às demandas ou por falta de estratégias de enfrentamento, que não propiciam os retornos esperados (p. 18).

A Síndrome de *Burnout* afeta profissionais chamados "doadores de cuidado" e já é vista como um problema psicossocial. Pode gerar a perda de autoestima e desprezo pela profissão, situações de ansiedade, insegurança, sensação de risco, ilegibilidade das necessidades e ações desenvolvidas no trabalho, levando ao absenteísmo e, no limite, ao abandono do ofício.

No Brasil é denominada como Síndrome do Esgotamento Profissional, segundo Regulamento da Previdência Social, republicado no Diário Oficial da União de 18 de julho de 1999 (Santos & Lima Filho, 2005).

Ferenhof e Ferenhof (2002) realizaram estudos sobre o *burnout* em professores. Citam Maslach e Leiter (1997), que sugerem as seis principais fontes potenciais de estresse do professor na situação de *burnout:* a) falta de autocontrole; b) recompensas insuficientes; c) sobrecarga de trabalho; d) injustiças; e) alienação da comunidade; f) confl ito de valores.

Esses autores apontam a Síndrome de *Burnout* como uma reação ao estresse laboral, advinda de uma reação à tensão emocional crônica gerada pelo contato direto e excessivo com outras pessoas, em atividades que requerem responsabilidade e permanente atenção do profissional no trato com as pessoas com as quais se relaciona. São possíveis respostas a um trabalho estressante, frustrante ou monótono.

Carlotto e Câmara (2007), baseadas no conceito de Maslach, Schaufeli e Leiter (2001), definem a Síndrome de *Burnout* como um "fenômeno psicossocial que surge como uma resposta crônica aos estressores interpessoais ocorridos na situação de trabalho" (p. 102).

Afirmam que essa síndrome se constitui de três dimensões relacionadas, mas independentes:

1. Exaustão emocional: a falta ou carência de energia, entusiasmo e sentimento de esgotamento de recursos.
2. Despersonalização: faz com que o profissional altere sua relação com o trabalho e com os colegas.
3. Sentimento de baixa realização profissional: uma autoavaliação negativa e insatisfação com seu desenvolvimento profissional.

Kelchtermans (1999), citado por Carlotto e Câmara (2007), afirma que o professor, atualmente, possui menos tempo para a execução do trabalho, para atualização profissional, para lazer, para convívio social e menos oportunidades de desenvolver um trabalho criativo.

Carlotto e Câmara (2007) dizem que a Síndrome de *Burnout* pode atingir qualquer profissional. No entanto, é muito discutida nas áreas de saúde e de educação por se tratarem de profissionais que têm um contato intenso com pessoas.

Silva (2006) refere que essa síndrome está relacionada à dor do profissional, que perde sua energia num trabalho que provoca divergência entre o que poderia fazer e o que efetivamente consegue fazer.

Essa mesma autora afirma que os professores se encaixam nessa modalidade, devido às suas condições de trabalho, nas quais se tem observado um aumento significativo da insatisfação com a profissão, atribuída, em grande parte, ao desinteresse, à agressividade e à indisciplina dos alunos, que, muitas vezes, buscam na escola não um espaço privilegiado de aprendizagem, mas um espaço de convivência, onde esperam resolver suas inseguranças, obter os cuidados que, muitas vezes, não encontram na comunidade onde moram nem na sociedade mais ampla. Frustradas essas expectativas que não conseguem suprir na escola, reagem com desinteresse, indisciplina, agressividade, fracasso e consequentemente chegam à evasão escolar. Dessa forma, os profissionais da educação sentem-se impotentes para modificar tal realidade e, num sistema fracassado, acabam por se desinteressar pelo trabalho, acomodando-se ou mudando de escola; acabam abandonando o emprego e até mesmo a profissão. Fica claro o fracasso de uma realidade educacional na qual a escola está longe de cumprir o papel social que o mundo contemporâneo requisita.

Carlotto e Câmara (2007) diferenciam o professor de educação básica do universitário. Afirmam que, nas escolas, o professor tem que fazer trabalhos administrativos, planejar, reciclar-se, organizar atividades extracurriculares, participar de reuniões pedagógicas, efetuar processos de recuperação, elaborar relatórios (periódicos) relativos às dificuldades de aprendizagem de cada aluno, organizar e cuidar de materiais e, dependendo da escola, ainda outras tarefas, além de atender às classes. Afirmam que tal trabalho expõe o professor a fatores estressantes que, se persistentes, podem levá-lo à Síndrome de *Burnout*.

Apresentam uma pesquisa realizada com professores universitários e não universitários que exercem atividade docente em instituições particulares na região metropolitana de Porto Alegre-RS, para verificar a exaustão emocional, a despersonalização e a baixa realização profissional nesses professores.

Nessa pesquisa, o item satisfação com o crescimento foi a variável de maior poder explicativo para as três dimensões da Síndrome de *Burnout* em professores não universitários, por possuir menor reconhecimento social.

Os resultados indicaram, nos dois grupos, maior índice de exaustão emocional, seguido de baixa realização profissional e, a seguir, menor índice em despersonalização.

Para professores não universitários, percebeu-se que, quanto maior a satisfação com o trabalho e maior contato social, menor o sentimento de despersonalização.

Carlotto e Câmara (2007) citam Moreno, Garrosa e Benevides-Pereira (2003), que afirmam que "os aspectos sociais, econômicos e culturais não são secundários ao problema do *burnout*, são intrínsecos ao mesmo" (p. 108).

Santos e Lima Filho (2005) afirmam que o educador faz muito mais do que as condições de trabalho permitem. A ele, cabem esforços desmedidos que não são recompensados e que não trazem vantagens: baixos salários, condições de trabalho precárias, burocracia, jornada intensa parecem favorecer o surgimento do estresse no profissional. Tudo isso faz com que fique preso ao momento atual, sem perspectivas, numa ação imediatista.

Os autores apontam que o homem moderno passa grande parte de seu tempo no trabalho e, por isso, seu relacionamento interpessoal fora de casa deveria apresentar um grande valor afetivo, o que não ocorre devido à competitividade, imediatismo das tarefas e às exigências que ocasionam sobrecarga física e psíquica. Diante desse processo, o educador pode ser acometido por diversos distúrbios comportamentais e psicossomáticos, sendo que o principal deles, o estresse, é gerado muitas vezes pela insegurança social e profissional.

A relação entre o trabalho do educador e a afetividade é um ponto importante, pois trata-se de uma das atividades mais desafiadoras do ponto de vista psicológico, pela necessidade da construção de uma relação de afetividade com o aluno, para que o trabalho possa ser realizado com qualidade. É por intermédio do afeto e da confiança que se dá o processo de aprendizagem, e ela deve ser buscada pelo educador, que precisa desenvolver uma profunda sensibilidade para com o aluno, antecipando suas dificuldades.

Silva (2006) cita Vasquez-Menezes e Codo (1999), que afirmam que a necessidade de estabelecer um vínculo afetivo e a incapacidade de efetivá--lo podem gerar tensão nos profissionais-cuidadores, podendo conduzi-los ao distanciamento emocional, como forma de proteção do próprio sofrimento.

Essa autora cita Malagaris (2004), que afirma que esse comportamento de evitação pode levá-los ao *burnout*, sugerindo ainda que a autonomia, num sentido positivo, pode levar à satisfação, à motivação, ao envolvimento, ao desempenho e ao comprometimento. Em contrapartida, essa autonomia pode ser associada a sintomas somáticos, estresse emocional, absenteísmo e rotatividade.

José Manuel Esteve (1999), citado por Santos e Lima Filho (2005), utiliza o termo "mal-estar docente" para descrever "os efeitos de caráter negativo que afetam a personalidade do professor, como condições psicológicas e sociais em que se exerce a docência" (p. 19). Essa é uma situação aflitiva que condiciona a qualidade de seu trabalho, tendo efeitos negativos em sua relação com o aluno, colegas, chefias ou exigências cotidianas de tarefas pedagógicas, podendo suscitar no docente um visível desgaste físico e psíquico, levando-o ao *burnout*.

Esteve (1999) sugere duas abordagens para evitar o mal-estar docente:

1. Abordagem preventiva: a partir das deficiências e lacunas encontradas na formação do futuro docente, visa a retificar enfoques e incorporar novas abordagens nessa formação que evitem possíveis consequências negativas no futuro, ao exercer a profissão.

2. Suporte ao profissional: visa a articular estruturas de auxílio ao professorado atuante, reconhecendo onde ocorrem os sintomas descritos ante-

riormente e agindo de modo a informar e auxiliar os professores a adaptarem seu estilo docente ao papel que desempenham, de acordo com as mudanças e exigências atuais (Santos & Lima Filho, 2005, p. 23).

Santos e Lima Filho (2005) afirmam:

> No processo de formação permanente do professorado, as estratégias com vistas a evitar o mal-estar docente levam em consideração diversos fatores. A importância da comunicação está em compartilhar seus problemas, expressando dificuldades e limitações e trocando experiências, ideias e conselhos com colegas e outros agentes da comunidade escolar. Importante também é reciclar-se continuamente, adaptando as aulas aos novos conhecimentos adquiridos, questionando concepções de educação ultrapassadas. A sociedade também é relevante nesse processo, tanto na questão da delimitação dos objetivos do ensino como das recompensas materiais e do reconhecimento do status que se lhes atribui; mesmo em questões práticas, como falta de tempo e classes excessivamente numerosas (p. 24).

O adoecer psíquico e o *burnout* trazem consequências para o estado de saúde do educador e para seu desempenho, ocasionando problemas organizacionais e interferindo nas relações interpessoais desse profissional. Isso reforça a necessidade de se criar um espaço de cuidados para o educador se desejamos que ele participe de maneira saudável da formação das crianças.

8. Palavras-chave

Como já mencionado anteriormente, ao final de cada encontro eu solicitava que cada participante falasse uma palavra que traduzisse o que estava sentindo naquele momento e/ou o que aquele encontro tinha significado para ele.

As palavras sugeridas pelos educadores pareciam sintetizar a dinâmica de cada um e do grupo. Destaco, com itálico, as palavras mencionadas por eles.

Na **EP1**, esqueci de sugerir que resumissem o primeiro encontro com uma palavra-chave. No segundo encontro, não pedi a palavra-chave referente ao primeiro, porque considerei que, passada uma semana, a tarefa já teria perdido seu significado.

O esvaziamento do grupo pode ter ocorrido por diferentes motivos: expectativa de um curso sobre a morte, aquisição de conhecimento sobre os livros infantis referentes ao tema da morte, falta de interesse, dificuldades pessoais em lidar com o tema, ausência da coordenadora no terceiro encontro.

Cabe, aqui, fazer uma breve descrição de como ocorreu o primeiro encontro: o grupo falou bastante, a participação foi praticamente geral, com exceção de duas professoras (todas nesse grupo eram mulheres) que se mantiveram mais caladas, porém não se mostraram desinteressadas.

As educadoras mesclaram situações de morte vivenciadas na escola com situações pessoais, apresentadas com muita emoção e sofrimento.

De forma geral, elas apresentaram dificuldade em lidar com o tema, mas mostraram-se dispostas a conhecer mais sobre o assunto e aprender a lidar com essas situações. Demonstraram grande necessidade de falar, expor suas experiências e dificuldades, quase como um pedido de ajuda. Ficou evidente que tinham vontade de encarar e tentar superar tais dificuldades.

No segundo encontro, na exploração dos livros, as palavras mencionadas no final demonstraram que as participantes estavam dispostas a abordar o tema da morte. As educadoras sugeriram que o encontro havia sido de *descobertas*, *aprendizado*, reflexão sobre *valores*, *emoção*, com *gostinho de quero mais* e, sobretudo, *construção*. Somente Marlene mencionou a palavra *angústia*.

Já no terceiro encontro, o grupo contava com apenas três participantes. Apesar da diminuição do número de participantes, foi um encontro muito produtivo e intenso, com reflexões proveitosas.

As educadoras trouxeram reflexões nas quais ficava nítida a possibilidade de superação das dificuldades, com a consciência de que o mais importante seria encará-las de frente, com o objetivo de enfrentá-las para que pudessem construir seus próprios caminhos.

Nesse encontro, o grupo trouxe como palavras-chave: *descoberta*, *respeito* e *satisfação*. Marlene, que havia mencionado a palavra-chave *angústia* no segundo encontro, foi quem contribuiu com a palavra *satisfação* no terceiro.

No quarto encontro, na devolutiva, reforçaram a importância e relevância do espaço de compartilhamento e acolhimento e usaram as palavras *quebra de barreira* e *construção* para traduzir suas experiências.

Apesar dos poucos participantes dos últimos encontros, posso afirmar que a contribuição desse grupo foi altamente significativa para a pesquisa. Encararam suas dores, enfrentaram suas dificuldades e, a partir daí, puderam olhar para novas possibilidades com o objetivo de *construção* de algo melhor. Posso atestar que as mudanças positivas ocorridas com essas educadoras representam um diferencial para um novo posicionamento em relação ao tema morte no plano pessoal e apontam para uma nova abordagem do tema no âmbito profissional.

Houve superação das minhas expectativas como pesquisadora, porque as participantes vivenciaram um enfrentamento, conseguindo, ao final do percurso, vislumbrar algo novo no futuro.

Na **EP2**, durante o primeiro encontro, os educadores falaram sobre um assunto *não agradável*, sobre o qual as pessoas ainda apresentam dúvidas e questionamentos, embora uma professora tenha dito que o encarava com *naturalidade*. No entanto, o encontro em si promoveu um momento de *alívio*, de *conhecimento* e *compreensão*, além de *autoconhecimento*, tendo sido visto como um *começo* para buscar respostas às suas *interrogações* e dificuldades.

Os participantes desse grupo tinham o desejo de encontrar um curso que trouxesse respostas às suas dúvidas. De qualquer forma, ao se conscientizarem de que eu estava lá para coletar dados e não para responder às suas perguntas, o grupo continuou estimulado e envolvido na discussão sugerida.

Durante a exploração dos livros, as educadoras afirmaram que o encontro suscitou muita *reflexão*, *questionamentos* e, ao mesmo tempo, *compreensão* e *esclarecimento*. Os livros foram vistos como uma forma de *comunicação* sobre o tema morte com as crianças.

No terceiro encontro, as educadoras perceberam no grupo um movimento de *troca*, *socialização* e *integração,* que proporcionou *encorajamento* para o *autoconhecimento* e, também, o enfrentamento da *realidade*. Foi mencionada a palavra *falta,* mas significando que essa professora sentiria falta desse espaço de troca e compartilhamento, considerado muito positivo.

O grupo da **EPI3**, particularmente, diferenciou-se dos outros no momento de contribuírem com as palavras-chave. Quando eu solicitava que me dessem uma palavra que traduzisse o momento ou o que estavam sentindo, ficava nítido que as pessoas que conduziam as discussões (provavelmente três participantes) eram as primeiras a falar e os outros permaneciam calados ou repetiam a mesma palavra, um sinônimo ou o verbo relativo àquele substantivos.

No primeiro encontro, quando pedi a palavra-chave, Tereza sugeriu a palavra *surpresa*, substituída, em seguida, por *tranquila*. Poucas pessoas deram sugestões e quem o fez, reforçou a mesma palavra.

Diante do silêncio, a coordenadora parecia querer tirar um consenso do grupo, reforçando ainda mais o silêncio predominante.

Já no final, como num ato de coragem ou num momento de profunda descarga emocional, Marta disse que, para ela, não tinha sido *nada tranquilo*, que tinha se lembrado de seu pai durante todo o encontro.

O grupo permaneceu em silêncio, e o tempo já havia se esgotado. Nesse momento, a coordenadora afirmou que, para aquela professora, o encontro não tinha sido tranquilo, mas, de modo geral, os outros professores não tinham demonstrado problemas.

Aparentemente existia um consenso entre eles, e não a singularidade. A maior parte do grupo parecia ser exceção.

Fiquei perplexa com esse tipo de atitude e, muito sem jeito, não me senti à vontade para interferir. Eu já tinha solicitado que cada um falasse uma palavra que traduzisse aquele encontro ou expressasse como se sentia ao final do encontro. E, mesmo assim, continuaram calados. O tempo havia se esgotado e saí, sentindo-me muito desconfortável. Mas logo pude elaborar essa sensação porque me dei conta de que essa percepção seria uma questão importante para a pesquisa.

No segundo encontro, todos os participantes tiveram que falar, e fizeram uma breve sinopse sobre o(s) livro(s) lido(s). Como eu já estava mais preparada para lidar com esse grupo, não tive surpresas. Ao final, solicitei que cada um sugerisse uma palavra, e a coordenadora logo trouxe a palavra *surpresa*, que foi alterada para *tranquila* e endossada pela outra coordenadora. O grupo não foi espontâneo para apresentar as palavras, mas, com cuidado, fui conseguindo que mais alguns participantes falassem suas palavras.

Em seguida, outros cinco professores contribuíram, repetindo a palavra *tranquila*. Já a palavra *difícil* apareceu duas vezes, do mesmo modo que a palavra *dúvida*. Uma professora chegou a um ponto de equilíbrio entre as palavras *tranquila* e *difícil*.

No terceiro encontro, o grupo teve um comportamento semelhante aos anteriores: poucos falaram, geralmente os mesmos. Essa parece ser a dinâmica desse grupo. O silêncio predominou. No entanto, percebia-se que nem tudo estava tão tranquilo. Acabou como um encontro marcado por um movimento de descarga emocional de Marta, que deixou essas marcas no final do primeiro encontro e havia faltado no segundo.

Ao final, solicitei que cada um falasse sua palavra-chave, até completar o quadro. Assim, obtive: *construindo* (2), *despertar* (3), *clareando* (1), *reflexão* (3), *pensar* (1), *repensar* (1), *difícil* (3).

É interessante notar que as palavras pareciam fazer parte de uma cadeia: um participante sugeria uma palavra e o outro acabava repetindo a mesma instantaneamente. Outra observação importante é que aqueles que apresentaram a palavra *difícil* para esse encontro são os mesmos que colaboraram com a mesma palavra ou *dúvida* nos encontros anteriores e foram aqueles que se mantiveram em silêncio.

Os que contribuíram com as palavras *construindo*, *despertar*, *pensar*, *repensar* e *reflexão* foram as educadoras que mais participaram das discussões. Entretanto, algumas não.

Na **EE**, nenhuma das palavras sugeridas demonstrava sentimentos negativos em relação à experiência de refletir sobre a morte. Somente Giovanna, no primeiro encontro, disse que "a morte faz parte da vida, temos que lidar e nos acostumar", e não apareceu mais nos encontros. Isso pode levar-nos a pensar que, para ela, talvez, ainda fosse complicado falar da morte por causa da dor da perda recente.

Os outros professores deixaram claro, por suas palavras-chave, o que foram percebendo. Foi um encontro *muito tranquilo*, mas com muita *reflexão*, no qual se falou da morte e também se tratou de uma *experiência de vida*. Houve muita *reciprocidade* e serviu para uma *organização de ideias*.

A morte é um evento esperado por todos, mas também negado. Pode ser vista não só como dor e sofrimento provenientes da perda e da separação, mas também como evento natural, que faz parte do ciclo da vida e que pode e deve ser pensado e conversado, embora haja dúvidas que ficam pairando no ar diante da dificuldade que o tema implica. Não é fácil se colocar diante da morte.

O segundo encontro, para esse grupo, representou algo *interessante*, um *aprofundamento* com *descobertas*, com um *direcionamento*, que pode levar a *novos caminhos*.

O grupo explorou os livros e discutiu não só as histórias, mas também sua aplicabilidade. Como disse uma educadora: "Quando a gente pega um material, vê com o olhar de aplicação".

O grupo mostrou-se disposto a *novas descobertas*, buscando *caminhos* e *refletindo* em como poderiam fazer uso desse material em seu cotidiano profissional.

Não foi uma tarefa fácil, apesar de ser relativamente simples. Foi possível verificar a emoção de alguns. Todos que participaram desse encontro se engajaram na exploração dos livros e foi possível observar suas *descobertas*, *reflexões* e *aprofundamento* nas discussões. Deram um *direcionamento* a esse material, com suas contribuições, refletindo sobre as diversas possibilidades de trabalho.

Somente quatro educadores compareceram ao terceiro encontro, mas a reunião foi muito proveitosa, com trocas interessantes, reflexões profundas e produtivas, além de um ambiente de confiança, respeito, compartilhamento e, até mesmo, de quase cumplicidade.

As palavras mencionadas nesse encontro foram: *aprofundamento*, *continuidade*, *reflexão* e *questionamento*.

Uma professora contribuiu com a palavra *questionamento*, que, segundo ela, não significava dúvidas em relação à proposta de se discutir a morte dentro do contexto escolar, mas era, sim, um questionamento de sua postura pessoal, rígida, que trazia de sua formação de valores religiosos. No terceiro encontro ela comentou: "Depois da primeira reunião, nós nunca mais fomos os mesmos".

Na **EMEI**, tivemos três grupos distintos.

No **Grupo 1** ficou muito nítido o afeto e o envolvimento ao discutirem o tema, assim como a expressão da dor, a tristeza e a saudade geradas pela perda.

Nesse encontro, as palavras sugeridas foram: *afeto, medo, saudade, difícil, dor/penoso, reflexão, dúvidas, não compreensão*.

No segundo encontro, a partir da experiência com os livros infantis, houve um envolvimento intenso quando as educadoras entraram em contato com as *perdas*. Foi *doído, tenso* e *revelador*, causando *espanto*.

As educadoras ficaram surpresas ao ver o grande número de livros que tratavam do tema morte para crianças, sentindo *espanto*. Os livros infantis demonstraram-se reveladores.

No último encontro, as educadoras perceberam que, apesar das *perdas*, existem os *ganhos*. No entanto, a morte ainda gera muitas *dúvidas*, o que denota a necessidade de *repensá-la*.

Os livros infantis carregam as *metáforas* como forma de comunicação.

Esse grupo, de forma geral, mostrou-se aberto para o tema, cada uma com suas histórias e suas dificuldades.

Mesmo as educadoras que apresentaram grande dificuldade em lidar com o tema morte, apesar da *dor* e da *tensão*, manifestaram desejo de *enfrentar* esse *desafio*, permanecendo ativas no grupo. Apesar da dúvida, houve um *repensar*.

Foi um grupo que esteve muito unido, íntegro e intenso nas tarefas propostas.

No **Grupo 2**, no primeiro encontro, apesar de aparentarem *tranquilidade* ao entrarem em contato com a discussão sobre a morte, as educadoras mostraram-se *curiosas*, mas apresentaram certo *incômodo*. Não sei se o que mais incomodava era o tema ou a minha presença. No entanto, foi um encontro que também serviu para *clarear* a discussão sobre o tema.

A partir do momento em que começaram a explorar os livros infantis, perceberam a importância do tempo e conscientizaram-se de que a *novidade* e o *conhecimento* as encaminhavam à *descoberta* e a um novo *desafio*.

Esse grupo demonstrou ser mais fechado à possibilidade de mudanças frente a um tema tão difícil e tão desafiador quanto a morte.

Durante todos os encontros mostraram-se resistentes, fechadas, de forma distanciada, com um olhar bastante técnico, numa forma de proteção ao já existente, embora participassem das discussões propostas para enfrentar o *desafio*, *ouvir* e adquirir um *aprendizado diário*, com a ajuda do tempo.

Já o **Grupo 3** mostrou abertura a novas reflexões, como também *curiosidade* pela morte.

Manifestou *interesse* em lidar com um tema tão complexo, como é a *morte*, apresentando *curiosidade* para descobrir novos *espaços*, quando lhes foram apresentados os livros infantis.

As educadoras perceberam nos livros infantis a *novidade* e um *caminho* para um *espaço* que leva ao *recolhimento* para entrar em contato com o *sentimento*; chegando a um *espaço* para *pensar* e para poder encontrar uma *luz* posteriormente.

Com as palavras-chave, podemos verificar como foi a *dinâmica dos grupos de educadores nas cinco escolas*.

As palavras mencionadas no primeiro encontro

No primeiro encontro, quando se discutiu pela primeira vez a questão da *morte* – a *morte* na escola, a *morte* como assunto para se falar com crianças, a *morte* como pertencente ao mundo/*realidade* da criança –, os educadores demonstraram suas *dificuldades* e *desconforto* com o tema, alguns falaram de experiências pessoais dolorosas e outros de experiências com alunos que sofreram *perdas*, o que também foi uma experiência *difícil*.

Falaram muito de emoções, da *dor* que a *morte* causa, da *saudade* e da dificuldade que existe em aceitar a *perda*, suas *dúvidas*, *medos*, *questionamentos*, *curiosidade*, reflexões que a própria *morte* propicia. Entretanto, muitos se mostraram bem com a discussão, trazendo a sensação de *tranquilidade*, *alívio*, uma sensação de *começo*, de *conhecimento* de algo novo, de *organização de ideias*, *compreensão* e de *autoconhecimento*.

Foi um encontro muito produtivo, mesmo sendo em alguns momentos repleto de desabafos de questões pessoais. Surgiram muitas *dúvidas* em relação a trazer a *morte* para a escola para *conversar* com as crianças, e muita *curiosidade* em *pensar* em como isso poderia acontecer.

Os grupos demonstraram muito *interesse* apontando como a possibilidade de um *começo*, de algo novo.

As palavras do segundo encontro

No segundo encontro, quando exploraram um objeto novo – os livros infantis que tratam da morte –, a maioria dos professores demonstrou *surpresa*, *descobertas*, *novidade*, *novos caminhos*, um *espaço* para o novo. Acharam *interessante*, embora o tema traga *angústia*, seja *tenso*, mexa com a *emoção*, mostre a *tristeza* e a *dor*; é algo que faz *refletir*, necessita de *tempo*, pois é um *desafio* para uma *construção*, uma forma de *comunicação*.

Esse encontro foi um *espaço* de *desafio* muito *interessante*, com muitas *descobertas* e, ao mesmo tempo, muitas *dúvidas*.

Ficaram espantados com o número de livros com a temática morte para crianças. A grande maioria não conhecia nenhum dos livros apresentados. E, quando conhecia, era um ou outro, apenas.

Apesar de imaginarem uma tarefa *difícil*, tem algo de *tranquilo* e *esclarecedor*, é *revelador* enquanto uma *compreensão* daquilo que se teme tanto. Mexe com os *sentimentos*, provocando um *recolhimento* consigo mesmo, diante das próprias *perdas* e *valores*.

Foi uma experiência muito rica, que envolveu *reflexões* e *desafios*, dando um *gostinho de quero mais*.

Vários professores demonstraram a importância de um *espaço* para conhecer e discutir possibilidades e *desafios*, como também suas *dificuldades*.

As palavras do terceiro encontro

Já no terceiro encontro os educadores que permaneceram participantes do grupo trouxeram muito a *satisfação* de *descobertas* do novo e de si, *reflexão* de um novo *aprendizado*, de um *aprofundamento* e de *troca*, um *encorajamento* para *enfrentar* um *desafio*. Existe um *questionamento*, mas uma possibilidade de *construção* a partir da *troca* e da *socialização*, uma *integração* de si e do grupo, com uma *luz* que surgia a partir do encontro consigo mesmo e do grupo. Isso me faz *pensar* na possibilidade de construir *novos caminhos*, apesar das incertezas e das dificuldades.

Foi um encontro no qual ficou nítido o fechamento de ciclo de cada elemento participante para dar lugar a uma nova etapa.

Percebeu-se, o tempo inteiro, *respeito* pelo tema e entre os educadores durante os três encontros, refletindo sobre as *perdas* e os *ganhos*, num processo de *autoconhecimento*, quando as possibilidades foram *clareando*, dando *continuidade* a um processo, ainda com dúvidas, mas que caminhava, de forma mais *tranquila*, para uma *realidade* com *novos caminhos*.

Vários professores chegaram a dizer que sentiriam *falta* desse *espaço*, salientando a importância de *reflexões* e *trocas* em um lugar onde não se sentiam tão sozinhos, mas mais fortalecidos.

Houve também aqueles que, talvez, tenham ficado aliviados com o término dos encontros, por terem se defrontado com muitas dificuldades de ordem pessoal.

9. Os Educadores[28] – Grandes Descobertas

Machado (2004) afirma que os contos desenvolvem a individualidade, tornando as pessoas mais flexíveis para resolver problemas e aceitar diferenças, colaborando para a possibilidade de ver o mundo de outras maneiras.

– *Quebra de barreiras para dar lugar à construção*

Posso dizer que cada um tem seu tempo e sua forma de expressão.

Ressalto algumas experiências interessantes que foram vivenciadas por alguns professores que se destacaram em seu processo de "descoberta".

Inicialmente relatarei os casos de educadoras que manifestaram um movimento de enfrentamento e superação de medos e dificuldades emocionais a partir de leituras dos livros que tratam do tema morte, oferecidos nesta pesquisa.

Coelho (2000) diz: "No encontro com a literatura, os homens têm a oportunidade de ampliar, transformar ou enriquecer sua própria experiência de vida, em grau e intensidade não igualados a nenhuma outra atividade" (p. 29).

Ficou nítido como o processo de biblioterapia vivenciado por alguns educadores se desenvolveu. A exposição aos livros associada ao espaço de compartilhamento e acolhimento proporcionou uma conscientização de si e do outro, dos conflitos pessoais, promovendo um crescimento pessoal.

---

[28] Para o trabalho original (tese), fiz considerações sobre cada educador, de cada escola – 54 ao todo. Mas, para este livro, selecionei apenas o que denominei de "Grandes Descobertas".

Cabe ressaltar que "os contos oferecem um sentido a situações que as crianças têm ou tiveram ocasião de viver, o que contém por si um aspecto terapêutico" (Betteleheim, citado por Gutfreind, 2005, p. 26).

Considerando o que Meireles (1979) fala sobre a literatura não predeterminar um público, correspondendo apenas aos desejos e à identificação que o leitor tem com ela, podemos explicar o envolvimento de adultos com a literatura infantil, podendo exercer sobre eles a mesma influência que exerce sobre a criança.

Além disso, os adultos também podem beneficiar-se desse material, uma vez que, em momentos de crise, podem ser levados à regressão emocional, tornando-se mais vulneráveis. Assim, a literatura infantil pode ser um facilitador que ajuda a esclarecer informações e situações que não estavam completamente compreendidas em sua totalidade pelo adulto (Carney, 2004-2004).

Almeida (2006) afirma que a literatura infantil é um importante referencial para a criança, em seu desenvolvimento cognitivo e emocional. No entanto, agrada também aos adultos tanto pela graça como por reminiscências da infância.

Podemos dizer que, com seus elementos mágicos, a literatura infantil remete o adulto a sua criança interior, quando lhe oferece estímulos à imaginação. A partir do momento em que o adulto abre espaço para a imaginação, pode envolver-se na história, identificando-se, de modo vicário, com o personagem que enfrentará desafios. Essa projeção de si mesmo na história o levará a passar pelo processo biblioterapêutico, durante o qual será capaz de compreender melhor suas emoções e conseguirá alcançar o entendimento de si mesmo. Se tiver um espaço para compartilhamento poderá comparar suas ideias e valores com as dos outros, o que poderá resultar em mudanças de atitude (Seitz, 2000, p. 24).

Segundo Gutfreind (2005), o conto (incluindo as histórias narrativas) tem uma função terapêutica, servindo como mediador, permitindo uma reorganização da situação conflitual. Ou seja, "oferece representações do conflito e, ao mesmo tempo, a possibilidade de manter uma distância em relação a ele por intermédio da metáfora, o que permite verbalizar mais facilmente esses conflitos e sentimentos" (p. 28). Dessa maneira, permite à criança (e ao adulto também) elaborar seus conflitos psíquicos, estimulando-a a enfrentar seus afetos mais assustadores, mantendo uma distância desses afetos – o que diretamente poderia ser bem mais difícil.

Ou seja, a metáfora da história fala dos problemas/conflitos de forma indireta, desempenhando um efeito protetor na criança quando ela se projeta nos personagens e/ou na trama, garantindo tranquilidade e sem ameaçar o processo de identificação (Gutfreind, 2004).

Cada escola e cada educador tiveram um papel muito especial em minha pesquisa. Fizeram-me refletir sobre a importância desse trabalho.

O movimento de coragem no enfrentamento e superação dos conflitos evidenciou-se sobremaneira em alguns educadores em especial.

Entre as educadoras da EP1, cito, como exemplo, Marlene, Clara e Thelma. Entre as da EMEI, Christiana e Priscilla tiveram participação marcante. Na EE, Daniela se destacou.

Retomo, para efeito de clareza, alguns pontos já apresentados anteriormente relativos a essas educadoras.

Nos casos que relato adiante, posso dizer que houve um envolvimento delas com a leitura dos livros escolhidos. De alguma forma, entre tantos livros, escolheram aqueles que estavam associados a suas histórias pessoais, de vida.

Posso arriscar dizer que, ao se identificarem com personagens e/ou se projetarem no enredo, houve a descarga emocional e a introspecção, relativos ao processo biblioterapêutico.

Além dos livros, o espaço de reflexão, compartilhamento e acolhimento tiveram papel importante para a autodescoberta ou o reconhecimento de cada uma dessas educadoras. Esse processo configurou-se de maneira diferente para cada uma delas.

Clara descreveu seu processo como "quebra de barreiras". Marlene referiu-se ao processo de construção, semelhante àquele pelo qual a criança passa. Já Christiana se descobriu em sua expressão de acolhimento a seu aluno enlutado, assim como sua significativa expressão de afeto e gratidão à pesquisadora. E Daniela arriscou-se em direção ao novo, numa atitude de enfrentamento dos medos e do desconhecido.

Marlene (EP1)

Essa educadora participou ativamente dos três encontros.

No primeiro encontro, ela discutiu a morte no contexto escolar, sem contudo entrar em questões pessoais. Também declarou apegar-se à religião para lidar com esse tema que provoca angústia, mencionando acreditar que o único consolo para enfrentar a morte seja pensar, como aspecto positivo, que a vida continua. Marlene acredita que quem morre estará presente, de alguma forma, em um novo lugar. Para lidar com isso, apega-se à crença de que existe algo depois da morte.

No segundo encontro, leu vários livros e os comentou, mas o livro que realmente mais a impressionou foi *Eu vi mamãe nascer* (Emediato, 2001). Marlene demonstrou incômodo com esse livro, pois mobilizou emoções fortes de lembranças de sua infância, e não conseguiu terminar a leitura.

Contou-nos que, quando era pequena e estava na 1ª série (entre seis e oito anos), tinha muito medo de que sua mãe morresse. Voltava para casa de perua escolar e, muitas vezes, durante o tráfego, imaginava-se chegando em casa e recebendo a notícia da morte de sua mãe. Assim que iniciou a leitura do livro, lembrou-se dessa cena que a angustiava muito quando criança. Comentou que, talvez, não tenha gostado do livro por tê-la remetido à lembrança dolorosa de sua infância.

No terceiro encontro, depois de uma semana, numa atitude de enfrentamento, decidiu ler a mesma história até o final, compartilhando com o grupo sua experiência. Disse que durante a semana havia pensado muito sobre o que tinha vivenciado e que havia conversado sobre o assunto com sua mãe e irmã. Comentou que, aos 30 anos, estava revivendo situações que tinha experimentado quando tinha sete anos, considerando interessante a forma como ficou emocionalmente mobilizada, uma vez que sua mãe continua viva. Por meio da leitura desse livro, que fala sobre a morte da mãe, ela reviveu intensamente seus medos da infância e, a partir das discussões, ao refletir sobre o processo de descoberta que atravessou durante os encontros, ela disse que as discussões sobre o tema da morte tinham mobilizado suas emoções. A leitura dos livros, particularmente de *Eu vi mamãe nascer* (Emediato, 2001), a conduziram de volta à infância, fazendo-a reviver e enfrentar seus medos daquela época. E o espaço de compartilhamento ajudou-a a superar os medos da infância, a angústia do passado.

Ao final, concluiu que era possível e viável utilizar livros sobre morte para introduzir e trabalhar esse tema com crianças, mas precisava de respostas para algumas perguntas: É possível despojar-se de experiências pessoais antes de lê-los? Existem técnicas que preparam para a leitura? É possível falar de morte sem se deixar influenciar pelas experiências pessoais?

4. *In loco* / achados

Quando Marlene levantou essas questões, provocou um silêncio profundo, porém produtivo e reflexivo no grupo. As educadoras perceberam que a tarefa de ler ou contar histórias para crianças pode envolver questões que não haviam sequer imaginado antes, porque ainda não haviam se envolvido profundamente com um tema tão temido e tão negado até o momento, embora estivesse presente no cotidiano.

Sabe-se que os adultos carregam resquícios de vivências, desejos e conflitos da infância. A partir da experiência de Marlene, fica evidente que o livro infantil pode auxiliar também adultos a enfrentar e superar seus conflitos.

Ao final dos encontros, na devolutiva, Marlene disse ter passado pelo processo de construção, associando ao processo de construção do desenvolvimento da criança. Marlene se percebeu em um processo de crescimento.

Clara (EP1)
Essa professora participou ativamente dos encontros realizados na EP1 ilustrando as discussões com vários relatos de mortes/perdas ocorridos na escola, mesclados com situações de perdas pessoais, todos vivenciados com muita emoção.

Em suas exposições, a religião fazia-se presente em todos os momentos. Parecia ser um porto seguro e tábua de salvação para aplacar a angústia de não saber como lidar com as situações.

Ao relatar casos de alguns alunos, a educadora disse que, ao tentar dar apoio, justificava que a pessoa que havia morrido estava no céu, vendo-os, desejando vê-los felizes e contentes, brincando com seus amigos. Sugeria sempre que fizessem uma oração.

Clara afirmou que, para ela, era muito difícil e doloroso abordar o tema da morte com as crianças que estavam vivenciando essa situação por dois motivos: ao ver a criança triste, ela se sentia como se fosse a responsável por essa tristeza; além disso, sentia-se incomodada ao fazer a criança relembrar a perda, como se estivesse mexendo na sua ferida, podendo levá-la ao choro.

Clara apontou outro fator que deve ser levado em consideração ao abordar o tema da morte com a criança: o entendimento da criança pequena dá-se no plano concreto. Tendo isso em mente, ela disse que, quando conta histórias que abordam a morte, prefere mudar o final. Por exemplo: passar a ideia de que o lobo tem que morrer porque não foi legal a incomoda. Então, em vez de contar que o lobo mau foi morto pelo caçador, prefere dizer que o caçador levou o lobo para a floresta para cuidar dos animaizinhos e das plantinhas. Justifica essa mudança no enredo da história porque prefere trabalhar regras e limites (todos os dias) em vez de "matar" o lobo. Além disso, salientou que prefere transformar o ilusório em algo real, para que isso seja trabalhado de forma significativa para a criança. Explicou que de um a seis anos é o período em que a criança forma grande parte da sua personalidade, período em que adquire alguns valores que vai levar para a vida inteira. Acredita estar transmitindo valores quando transforma o lobo mau em bonzinho e espera que, assim, a criança se transforme também.

No segundo encontro, Clara leu vários livros e notou que cada um abordava uma etapa diferente da dor da morte. Mostrou-se pensativa em relação ao momento certo de trabalhar com a criança. Apesar de vários exemplos discutidos sobre a morte como etapa do ciclo vital, esse assunto parecia-lhe angustiante, sempre associado à dor da perda. A questão religiosa evidenciava-se nas colocações de Clara.

No terceiro encontro, escolheu o livro *Emmanuela* (Oliveira, 2003) para ler. Leu-o atentamente e, durante a discussão, expôs que havia escolhido esse livro por causa da capa, que retratava um bebê. Quando leu o livro *Emmanuela*, deu-se conta do quanto tinha medo de perder a filha e quão apavorada ficava cada vez que ela adoecia. Disse preocupar-se muito com a possibilidade de algo ruim vir a acontecer com a menina (ela é muito apegada à filha única, de oito anos que naquele dia estava doente, com febre alta, e Clara a havia levado ao Pronto-Socorro na noite anterior).

Durante os encontros, Clara emocionou-se várias vezes, demonstrando estar mobilizada com o tema. Falou de suas dificuldades e situações pessoais relacionadas à morte e perdas. Assegurou que a experiência de compartilhar essas angústias tinha sido muito importante para poder parar e refletir a respeito do tema.

Na devolutiva, Clara conseguiu delinear bem seu processo de quebra de barreiras. A partir de sua participação nos encontros, ela entrou em contato com o tema da morte, que é difícil, dói, machuca e angustia. Conscientizou-se de que não adianta querer fugir da morte. É preciso enfrentá-la, pois ela vai estar sempre presente (na mídia, nas histórias infantis, nas histórias de perdas de seus alunos, na morte da vizinha ou no medo de perder sua filha). Segundo ela, essa experiência foi altamente positiva.

Thelma (EP1)

Durante o primeiro encontro, entre tantos casos discutidos, Thelma descreveu sua angústia e dificuldade, quando acompanhou seu filho prematuro, internado na UTI. Disse que até hoje, com dois anos, seu filho adoece com frequência, e ela adoece junto. A cada episódio, revive os sentimentos passados. Mencionou que já havia pensado em fazer psicoterapia para tentar lidar com a situação.

Ficou evidente que falar e pensar na morte, em nossos encontros, mobilizava os medos de Thelma.

Thelma disse que tinha dificuldade para falar sobre a morte com as crianças, enfatizando que, muitas vezes, "tratam a criança sem lembrar que a criança é ainda criança". Chegou a questionar qual seria a melhor maneira de falar desse assunto com a criança, sendo que a "morte é um assunto muito mais para adulto do que para criança. Faz muito mais parte do mundo do adulto do que do mundo infantil". Por isso, como educadora, tenta não trazer a tristeza para a criança.

Demonstrou muita dificuldade em aceitar a morte. Reforçou o aspecto religioso da morte, mencionando ter sido educada na religião espírita, encontrando nela algumas respostas a várias situações dolorosas e angustiantes, relacionadas a perdas que tinha vivenciado.

No segundo encontro, Thelma leu alguns livros e comentou com o grupo que não escolhera *O teatro de sombras de Ofélia* (Ende, 2005) por ser uma pessoa muito visual, e esse livro lhe parecia assustador. No entanto, no terceiro encontro, também numa postura de enfrentamento como Marlene, escolheu imediatamente o livro *O teatro de sombras de Ofélia* (Ende, 2005), reforçando a necessidade de enfrentar dificuldades, medos e fantasmas, pois, segundo ela, precisava aprender a lidar com eles, repetindo que não lidava bem com a morte. Dessa maneira, manifestou o desejo e a intenção de superação.

Ficou nítido o quanto as três educadoras se envolveram com as histórias e, de alguma forma, o quanto se identificaram e se projetaram nelas, entraram em contato com seus conflitos emocionais pessoais, adquirindo força e coragem para enfrentar suas dificuldades.

Argumentaram muito sobre o assunto. A proximidade de relacionamento entre elas e o esvaziamento do grupo são fatores que podem ter favorecido uma maior cumplicidade, fazendo com que se sentissem mais à vontade para compartilhar situações pessoais, que envolviam dor e sofrimento. A emoção foi evidente.

O espaço de compartilhamento no grupo pareceu ser muito decisivo e efetivo para refletirem sobre possíveis soluções para os conflitos e pensarem em alternativas para promover um espaço com as crianças no qual o tema da morte possa ser trabalhado de forma mais consciente. Puderam compartilhar o sentimento de impotência por não saber o que dizer, como agir e, principalmente, como permitir que a criança vivencie suas tristezas e se conscientize de que, apesar de ser muito triste perder alguém de quem se gosta, isso faz parte da vida de todos. Descobriram que a tristeza é inerente e que elas não são as responsáveis por essa tristeza.

Na devolutiva, Marlene e Clara denominaram essa experiência como uma *quebra de barreiras*, porque haviam passado por um processo de tomada de consciência de si mesmas, refletido sobre a morte e também sobre as emoções que ela suscita, levantando questões e tomando posições. Pode-se dizer que passaram por um processo de construção, como aquele que a criança passa.

Ouvi isso de maneira muito especial, pois parecia que elas tinham entrado em contato com suas emoções mais primitivas e íntimas, para depois encontrar suas próprias forças e seus recursos e assim lutar contra seus *fantasmas*.

Mencionaram que o processo vivenciado, denominado *quebra de barreiras*, não lhes havia dado a sensação de "agora eu aprendi, já sei fazer isso", mas havia lhes proporcionado a oportunidade de pensar sob diferentes ângulos em novos modos de olhar e acolher o tema da morte, tão complexo, angustiante e, por isso, considerado tabu, levando-as à consciência de que haviam construído algo.

Provavelmente esse processo de construção tenha sido atingido graças à possibilidade de terem fechado ciclos de suas vidas pessoais, com a mediação do livro infantil e por meio do espaço de discussão e troca.

Marlene reforçou que, provavelmente, se tivesse ocorrido um curso, como esperavam, teriam aprendido aquilo que é considerado o "certo", engolido um "modelo de atuação", mas não teriam vivenciado as emoções nem tido a oportunidade de lançar um olhar para dentro de si, o que favoreceu a construção.

Clara complementou dizendo ter se conscientizado de que a morte faz parte da vida, identificando essa descoberta como *quebra de barreira*. Ponderou que já conseguia separar suas angústias e falar sobre esse assunto de forma mais tranquila. Admitiu que ainda não sabia lidar bem com a morte, mas acreditava que, com seus alunos, poderia sentir-se mais livre, pelo menos para ouvi-los. Enfatizou que havia percebido ter-se desprendido de questões pessoais para poder dar lugar às questões do outro. Acreditava que seria capaz de ouvir seus alunos, acolhendo-os no momento de perda e falando sobre o assunto, dentro das histórias deles. Lembrou-se de que, anteriormente, tinha muito receio de falar e deixar a criança muito triste. Começou a entender que ficar triste fazia parte da morte e disse que isso passou a ser natural para ela, provavelmente porque já conseguia trazer certa objetividade para o tema, que antes era apenas associado à perda, à dor e ao sofrimento.

Quanto à necessidade de mudar o final da história, mencionada no primeiro encontro, pôde perceber que era uma maneira de alterar a temática para não falar daquilo que a incomodava, alegando que, ao mudar um final pelo outro, também estava abordando questões importantes para serem trabalhadas na formação da criança.

Clara disse que, a partir daquele momento, já podia conhecer o monstro e perceber que ele não era tão amedrontador assim. Entretanto, isso não significava que não teria medo ou não choraria quando tivesse medo ou sentisse dor. Mas isso também não significava que não fosse forte.

Verificando-se a evolução do processo de descoberta, pode-se afirmar que o grupo compartilhou momentos de reflexões difíceis e complexos, porém ricos no sentido de repensar o papel do professor enquanto cuidador.

Gutfreind (2004) afirma que o medo tem uma importante função, pois é um sentimento fundamental para a vida toda. Por isso, enfatiza a relevância de se aprender a lidar com o(s) medo(s), justificando que esse é um dos desafios significativos para a criança poder enfrentar seus conflitos ao longo da vida.

Sobre a questão do medo e da alteração do final da história, Gutfreind (2004) diz que

> Não se deve 'purificar' enredos e personagens tradicionais imprimindo uma narrativa 'política ou infantilmente mais correta', marcada por protagonistas bons e intrigas leves. Tais movimentos podem sustar o diálogo bem lá onde a criança mais precisa, ou seja, no espaço de suas fantasias mais violentas e aterrorizantes (p. 27).

Bettelheim (2002), ao abordar essa questão, diz:

> Explicar para a criança por que um conto de fadas é tão cativante para ela destrói, acima de tudo, o encantamento da estória, que depende em grau considerável da criança não saber absolutamente por que está maravilhada. E ao lado do confisco deste poder de encantar vai também uma perda do potencial da estória em ajudar a criança a lutar por si só e dominar exclusivamente por si só o problema que fez a estória significativa para ela. As interpretações adultas, por mais corretas que sejam, roubam da criança a oportunidade de sentir que ela, por sua própria conta, através de repetidas audições e de ruminar acerca da estória, enfrentou com êxito uma situação difícil. Nós crescemos, encontramos sentido na vida e segurança em nós mesmos por termos entendido e resolvido problemas pessoais por nossa conta, e não por eles nos terem sido explicados por outros (p. 27).

Acredito que esse tenha sido o real movimento de Clara durante os encontros. A meu ver, ela não enxergou outra saída a não ser olhar de frente para a morte, encarar os seus medos, entrar em contato íntimo com os sentimentos e emoções que vivenciava enquanto discutia sobre o tema e lia os livros.

Somente depois de digerir tudo isso pôde enfrentar uma "quebra de barreiras", para tentar superar suas dificuldades. Como ela mesma afirmou, apesar das suas dificuldades em lidar com a morte, já conseguia diferenciar o que era seu e o que era de seu(s) aluno(s), podendo oferecer-se para ouvi-los e *estar junto*.

Foi perceptível a passagem por um processo doloroso, mas muito intenso e muito rico, não só para Clara, como também para os outros participantes do grupo, cada um enfrentando seus medos e suas barreiras.

Evidenciou-se a importância desse espaço de reflexão e compartilhamento como um espaço de aprendizagem. Questiono se o resultado seria o mesmo e tão significativo caso eu tivesse ido à escola para dar uma palestra, ensinando teorias, técnicas e estratégias, levando novos conhecimentos para que pudessem colocar em prática quando houvesse necessidade.

Christiana (EMEI)

Christiana era a educadora mais idosa do Grupo 1 da EMEI. Apresentava muita dificuldade em falar sobre o assunto morte, interrompendo muitas vezes as discussões com brincadeiras que acabavam por desviar a atenção e quebrar o clima do grupo.

4. In loco / achados

Em várias ocasiões perguntava se não tinha um assunto mais interessante para se conversar, pois falar muito da morte parecia *chamá-la para perto de si*. Na maioria das vezes, Priscilla juntava-se a ela e a acompanhava nas brincadeiras, pois também tinha muita dificuldade para lidar com o tema. Davam risadas muito (in)tensas.

Christiana demonstrou incômodo em várias situações: além das brincadeiras, risadas, comentários paralelos, levantava-se para olhar pela sacada, tomar água... Era como se ela precisasse sair daquele ambiente.

Uma das vezes em que discutíamos como seria a melhor maneira de auxiliar a criança a elaborar suas mortes, Christiana retrucou, dizendo: "Agora, só falta colocar o projeto morte na escola". Falou isso num tom debochado, provocando risadas das colegas.

Em algum momento do encontro, uma professora mencionou que "primeiro *vão* os mais velhos", e Christiana aproveitou para dizer, em tom de brincadeira, embora transparecesse sua angústia, que a próxima vítima seria ela!

Embora provocasse risos, havia muita tensão nela e no grupo. É como se suas companheiras não tivessem/soubessem o que fazer para evitar isso: a angústia e/ou a própria morte. Esse comportamento perdurou nos três encontros.

No segundo encontro, entre tantos livros oferecidos às educadoras para exploração, Christiana pegou vários livros, mas se deteve em *Vó Nana* (Wild, 2000). Justificou ter escolhido esse livro porque a capa era bonita e atraente e porque falava de avó. Mas depois se arrependeu.

Descreveu uma cena em que Neta vai buscar lenha para a Vó Nana pôr no fogo. Associou a cena com uma experiência que havia tido dias antes.

Contou que no feriado de Páscoa tinha ido visitar seu filho e netos no interior e tinha cozinhado no fogão a lenha (enquanto relatou esse acontecimento, soltou uma risada tensa). Continuou dizendo que tinha improvisado um colchão bem grande para dormir todo mundo junto... Salientou que, no livro, quando Vó Nana e Neta se abraçam, teve uma sensação horrível! Detalhou o livro e falou da despedida. É como se naquele momento pensasse que um dia se despediria de seus netos da mesma maneira.

Christiana resolveu participar do grupo de pesquisa justamente por ter sofrido muito com a mudança do filho e dos netos para o interior. Vivenciou tal fato como se tivesse sido arrancada dessas pessoas. Sentiu como uma grande perda! Alegou que esse era exatamente o fato que a tinha encorajado a participar da pesquisa. Queria aprender a lidar com as perdas.

Posso entender que não seria capaz de imaginar-se contando essa história para uma criança, uma vez que tinha ficado muito mobilizada com ela. Era perceptível o quanto havia se desestruturado, vivenciando a possibilidade da morte, após ter se despedido de seus netos.

Ao ler esse livro, Christiana vivenciou sua própria despedida. Ao relatar sua experiência, falando da dor da separação, ela o fez de tal forma que provocou risos nas pessoas, mas sua tensão era perceptível. Comentou que parecia estar chamando a morte para si. Era possível notar a tensão na professora. Era a mais velha, e era como se ela sentisse que a morte é real e podia estar próxima.

No encontro da devolutiva, quatro meses depois, Christiana disse que, durante esse tempo, depois que os encontros finalizaram, preferiu não pensar mais no assunto morte. Somente no final de semana que antecedeu à devolutiva voltou a pensar sobre nossas discussões, por causa da morte do pai de um aluno.

Relatou no grupo que, no domingo à tarde, tinha se lembrado de uma parte de sua infância. Aos nove anos, saiu da fazenda, "das tetas das vacas", para ir estudar piano num conservatório tradicional de Pelotas, onde se ensinava música erudita – "algo tradicional, fresco, metido a besta". O que mais amedrontava Christiana era um enorme quadro da morte, antigo e belo, que ficava na sala de espera. Então, cada vez que tinha que entrar e ficar esperando a professora, via-se diante daquele quadro.

Após esse relato, ela pediu para falar do caso de seu aluno enlutado, que havia perdido o pai. Parecia ter necessidade de compartilhar essa experiência com o grupo e, ao mesmo tempo, pareceu-me pedir uma supervisão para saber o que fazer. Queria mostrar o quanto tinha conseguido estar junto do aluno, acolhendo-o em sua dor, com sensibilidade, enfrentando as próprias dificuldades.

Christiana relatou a morte repentina, inesperada e trágica do pai de seu aluno, de cinco anos, ocorrida quatro dias antes de nosso encontro. Na sexta-feira, o pai havia levado o menino para a EMEI e ido à obra onde trabalhava como pedreiro. Sofreu uma queda e morreu no local. O menino e a escola foram informados por uma vizinha, na hora da saída, quando ela foi buscá-lo.

Ao saber da morte, procurou fazer contato com o menino. No sábado foi ao velório e, no domingo, levou-o para sua casa, com o consentimento da mãe, já que ela estava desnorteada e com outros filhos menores para cuidar.

O menino demonstrou desejo de passar o dia com a professora. Ela também relatou detalhadamente o fim de semana, tudo o que fizeram e o que conversaram em sua casa. Christiana necessitava de um espaço de troca, de reflexão sobre o caso e de compartilhamento dos seus sentimentos e emoções.

Alguns dias depois da devolutiva, Christiana enviou-me uma mensagem eletrônica de agradecimento, o que considerei muito significativo, uma vez que ela nem tinha e-mail. Depois disso, ainda deixou um recado no meu celular, também agradecendo. Por meio dessas reações, ela precisava confirmar o significado de sua participação nos encontros, validar seu processo de enfrentamento e enfatizar sua conquista de superação.

A partir da experiência de Christiana pode-se, portanto, concluir que é relevante promover um espaço de cuidado para o educador-cuidador, um espaço que lhe propicie a oportunidade de reflexão e acolhimento.

Lembrei-me do primeiro encontro com esse grupo na EMEI, quando Christiana, em sua apresentação, disse: "Eu sou a Christiana e sou a mais velha, a professora mais próxima da morte". Parecia que, desde o início, a morte estava muito próxima dela. Salientei, na devolutiva, que sua atitude me deixava muito preocupada e, por isso, eu reforçava estar à disposição para conversar, caso alguém desejasse, porque via que ela sofria, embora continuasse comparecendo a todos os encontros.

Christiana parecia colocar-se diante da morte de forma temerosa, como que fugindo. Mas necessitava encarar a morte de frente até para fazer um balanço de sua vida. Brigava o tempo todo com a possibilidade iminente de sua morte, mas foi conscientizando-se cada vez mais de que a morte faz parte do ciclo vital, sendo inevitável e irreversível. Não voltaria do *sono profundo* com o *beijo encantado* de um *príncipe* (como na história da Branca de Neve, que contou para seus alunos). Isso parecia causar-lhe grande sofrimento.

No entanto, mostrei a ela que não parecia ser o tipo de pessoa que deixa a vida passar em vão. Dava a impressão de ser uma pessoa decidida, que vive a própria vida.

Na devolutiva, enfatizei sua coragem ao enfrentar conflitos e angústias e aproveitei para fazer um paralelo com o ato de contar histórias: quando a criança pede para ouvir a mesma história inúmeras vezes, isso indica que existe um conflito a ser resolvido. Está clamando por atenção. O leitor/contador de histórias pode até ficar cansado e sugerir outra história, mas, se a criança insistir, isso significa que deve existir algum nó (conflito) a ser desatado.

Foi interessante notar o ar de alívio de Christiana ao me ouvir. Sentiu-se acolhida e compreendida em suas angústias. Houve um encontro verdadeiro, no qual eu deixava de ocupar o lugar de "bruxa", passando a ocupar o lugar de "fada". A emoção de Christiana nesse encontro empático sobressaiu.

Priscilla (EMEI)

Priscilla, sempre sentada ao lado de Christiana, também demonstrou incômodo com o tema, sendo que logo na apresentação disse: "preciso de um curso intensivo para aprender a lidar e aceitar a morte".

Durante os encontros, Priscilla fazia comentários e iniciava conversas paralelas que dispersavam o grupo.

No segundo encontro, escolheu o livro *Ficar triste não é ruim* (Mundy, 2002), e o considerou muito triste! Reforçou que precisava de um curso intensivo para aceitar a morte. Repetiu essa frase inúmeras vezes durante os encontros, sempre em tom de brincadeira, mas acompanhada de risadas muito tensas.

Comentou ser muito difícil se preparar. Em contrapartida, disse que queria ver se aprendia alguma coisa, pois seus pais são idosos e, mais cedo ou mais tarde, teria que encarar a morte de perto.

Após os encontros, disse que já sentia uma luz no final do túnel, apesar de ainda não aceitar a morte e considerá-la um assunto muito difícil. Declarou que começou a pensar a morte sob outro ângulo – já consegue encarar esse assunto um pouco melhor: apesar de não tirar de letra, já se permite parar e pensar nesse assunto. Afirmou que não há como fugir dela.

Na devolutiva, mostrei a Priscilla que tinha observado sua tensão e seu incômodo nas discussões, mas tinha notado sua força e dedicação para enfrentar esse desafio. Evidenciava-se o desejo de superação de tais dificuldades. Como Christiana, Priscilla não se sentiu criticada e, sim, acolhida.

Tanto Christiana como Priscilla, em encontros futuros, estavam mais à vontade com a minha presença, apesar de falar de morte, perdas, luto, dor, sofrimento. A partir do momento que se sentiram acolhidas e descobriram em mim uma pesquisadora que não estava lá para criticar e avaliar, mas sim para observar os fenômenos surgidos e coletar dados, houve entrega e cumplicidade.

Essas situações evidenciam a importância do cuidado ao educador, de um espaço de reflexões sobre questões consideradas difíceis e complexas, um espaço de compartilhamento de sentimentos e emoções, no qual há liberdade para ser autêntico, enfrentar e superar dificuldades e ressignificar a vida. É fundamental que haja empatia, e não avaliação, para que esse espaço de reflexão e compartilhamento seja efetivo.

Após a pesquisa, tanto a coordenadora como as educadoras dessa EMEI solicitaram novas reuniões para esclarecimentos de dúvidas sobre o assunto de como lidar com a morte, situações de perdas e luto. Pediram para conhecer mais livros que abordassem perdas e sentimentos, além de orientações a respeito de como trabalhar e abordar a morte com as crianças e explicações sobre como ocorre o desenvolvimento do conceito de morte pela criança.

Fiz uma reunião com o Grupo 1 na qual falamos sobre o luto e os rituais de luto. Estava fazendo um ano da morte da professora mencionada durante a pesquisa. Fui convidada e participei das atividades da Festa da Natureza, quando se fez uma homenagem a ela, plantando-se um ipê.

Houve mais uma reunião, com os três grupos, para discutirmos temáticas existenciais, questões teóricas e apresentação de outros livros. Senti os grupos, principalmente o Grupo 1, muito à vontade. Solicitaram parceria para trabalhar outras situações vividas na escola e para conhecer melhor os livros infantis relacionados a temas existenciais.

Senti que foi criado um vínculo, graças ao acolhimento da dor, ao espaço de reflexão e compartilhamento, sem avaliação ou crítica, no qual todos ocupam o mesmo nível. Sobretudo, é um espaço que se configura como espaço de cuidados.

Dentro do enredo de uma história, o "final feliz" significa o sucesso da conquista almejada na trama. Segundo Gutfreind (2004, 2005), o "final feliz" evoca os processos de reparação necessários ao bom desenvolvimento emocional da criança. Já no caso de descoberta vivenciado por meio da leitura, o "final feliz" aponta para a possibilidade de superar conflitos e atingir a maturidade, podendo acreditar no futuro de forma otimista. Apesar dos obstáculos encontrados, a criança e/ou o adulto aprendem que poderão superá-los e amadurecer (Radino, 2003; Bettelheim, 2002).

Considerei interessante a postura de enfrentamento que as educadoras adotaram ao pegar o livro que as incomodou no encontro anterior, pois me fez lembrar o que alguns autores (Bettelheim, 2002; Pavoni, 1989; Radino,

2003) afirmam sobre o pedido da criança para contar outra vez a mesma história. Isso é uma forma de a criança apropriar-se de suas emoções e elaborá-las. Dessa maneira, como afirma Radino (2003), "os contos mostram que o amadurecimento é ao mesmo tempo difícil e possível, podendo fazer a criança encontrar um final feliz, como o herói de sua história preferida" (p. 143). Pode-se, aqui, fazer uma analogia com o que ocorreu com as educadoras.

Radino (2000) também fala sobre o espaço de reflexão para educadores. Essa autora afirma que, para que os educadores acolham a criança em sua totalidade, faz-se necessário promover espaços de reflexão para que possam compartilhar seus sentimentos e se sentir mais seguros. Diz ainda: "A reflexão e o processo criativo não podem ser ensinados, mas podem ser aprendidos e vividos, assim como a simplicidade da infância" (Radino, 2000).

Essa citação me faz pensar no *processo de construção*, ao qual Marlene (EP1) se referiu no encontro de devolutiva para falar de como tinham sido os encontros para ela.

Entrando em contato com os medos

Para tratar da questão de como entrar em contato com os medos e seu enfrentamento, relato experiência de Daniela (EE).

Mais uma vez, reforço a importância da vivência, envolvendo as emoções no processo de sensibilização para trabalhar com a questão da morte, pois considero que se ficarmos somente na proposta de ensino-aprendizagem, num processo vertical, de aulas teóricas e palestras, isso se mostrará insípido.

Daniela (EE)

Essa educadora demonstrou incômodo e dificuldade com o tema da morte de forma explícita durante os dois primeiros encontros.

Logo no início do terceiro encontro, Daniela fez um surpreendente relato de experiência com seus alunos de 2ª série, quando, a partir da leitura do livro *Chapeuzinho Amarelo* (Buarque, 2003), levou-os a entrar em contato com seus medos e, depois, estimulou-os a produzir textos e desenhos.

Por iniciativa própria ou talvez acatando a sugestão dada por Lúcia, no segundo encontro, quando se discutiu a possibilidade de introduzir o tema morte na escola por via dos medos, Daniela promoveu um espaço de reflexão e compartilhamento com seus alunos. E assim ocorreu o início de uma nova descoberta.

Depois da leitura do livro *Chapeuzinho Amarelo* (Buarque, 2003), começou a conversar com os alunos e incitou-os a enfrentar os medos. Inicialmente, pediu-lhes que escrevessem sobre os medos do passado e do presente e depois sugeriu que os desenhassem.

A princípio seus alunos, principalmente os meninos, ofereceram resistência, alegando que não tinham medo algum. Daniela resolveu, então, revelar a seus alunos seus próprios medos, para que eles percebessem que todos nós temos medos e, assim, pudessem refletir sobre si mesmos. Os alunos escreveram e depois desenharam seus medos. Quando terminaram, Daniela conversou com cada um deles, sobre seu texto e seu desenho. Primeiro falaram sobre os medos. Depois, Daniela fez as correções ortográficas e gramaticais do texto. Em seguida, pediu que desenhassem algo bonito. Finalmente, comparou os desenhos.

Daniela trouxe desenhos muito significativos para o terceiro encontro. Entre tantos, apresentou-nos os desenhos de duas alunas, pois julgava que ilustravam tudo o que vínhamos conversando até então.

Aluna 1:
A **aluna 1** fez dois desenhos. O primeiro retratou uma menina sozinha, sentada sobre uma cama, em meio à escuridão, perto de uma lamparina. A menina, com uma mão, agarrava os joelhos e a outra estava estendida próxima à lamparina, como que para se aquecer. Suas expressões corporal e facial pareciam tensas. No rosto, mostrava os dentes, como se estivessem batendo de frio e/ou medo.

O desenho estava muito bem feito para uma menina de oito anos, muito expressivo. Causou profunda impressão no grupo.

O segundo desenho era muito rico em detalhes e cores e também bastante significativo. Mostrava uma paisagem onde uma menina estava pintando um quadro, que repetia a mesma cena em que a menina do desenho se encontrava. Parecia o retrato de si mesma, muito bonita e feliz.

Os desenhos transmitiam sentimentos muito diferentes.

Aluna 2:
A folha de papel desenhada compilava desenhos de várias cenas. O primeiro desenho, sobre os medos, era a compilação de vários desenhos em uma única folha. Desenhou uma menina em pé, ao lado de uma série de túmulos; uma menina cercada por escuridão, baratas, cobras; uma menina sendo assaltada por um homem armado; quatro caixões, um ao lado do outro, com os nomes: pai, mãe, irmão e irmã e, separado destes, havia mais um caixão com seu nome.

Esse desenho também estava muito bem feito para a idade. Sem dúvida, era um desenho muito expressivo.

Daniela não trouxe o segundo desenho da **aluna 2**.

Daniela contou-nos um pouco da história dessas alunas.

A **aluna 1** é chamada, na classe, de "gorda", de "suja" e de "menino". Disse que é uma menina muito pobre, tem irmãos bem mais velhos. A mãe trabalha à noite, e o pai trabalha durante o dia. A menina quase não tem roupas, e Daniela tem a impressão que é ela quem cuida de si mesma em termos de higiene e roupas. Entre os medos relatados pela menina, mencionou o medo do vírus HIV.

Sobre a **aluna 2**, Daniela não tem muitas informações. A menina relatou que, entre tantos medos, tinha medo da morte e de perder sua família.

O grupo ficou muito impressionado com os desenhos e discutiu sobre a possibilidade de trabalhar questões emocionais na escola. Perceberam que os medos e a morte podem fazer parte das atividades no contexto escolar.

Lúcia lembrou de um menino, aluno de Daniela, que durante o dia frequenta a escola, mas, à noite, pede dinheiro numa das avenidas mais movimentadas da cidade. Curiosa, Lúcia perguntou à Daniela, o que ele havia produzido nessa atividade. Daniela respondeu que o menino expressou ter medo de carros e de ser atropelado.

Comentamos que há fatos sobre a vida dos alunos que nem sequer imaginamos e discutimos sobre como a história de cada um pode atrapalhar a aprendizagem e o rendimento escolar, além de influenciar nos comportamentos que as crianças adotam para se comunicar. Esses aspectos podem passar desapercebidos na correria do cotidiano escolar, e a criança pode ir se atropelando, isto é, ficar com tudo mal resolvido.

4. In loco / achados

A partir da discussão da experiência trazida por Daniela, surgiram várias questões interessantes que se encaixavam com a proposta desse encontro.

Daniela descobriu a importância de explorar algumas atividades com as quais os alunos se sentiam mais livres para se expressar. Descobriu, na prática, que o desenho, para a idade dos sete aos nove anos, é um recurso muito rico como forma de expressão, já que eles adoram desenhar.

Daniela comentou que, depois dessa experiência, já havia comprado os livros *Não é fácil, pequeno esquilo* (Ramon, 2006) e *O anjo da guarda do vovô* (Bauer 2003).

Esse seu movimento foi muito interessante e significativo, pois, no encontro anterior, chegou a comentar que jamais poderia utilizar o livro *Não é fácil, pequeno esquilo* (Ramon, 2006) em classe, porque seria uma "choradeira coletiva", uma vez que tinha chorado ao lê-lo sozinha e em silêncio.

Daniela relatou ter percebido que, na produção de texto sobre os medos, seus alunos se soltaram mais; não se intimidaram tanto, como normalmente fazem, por causa de suas dificuldades na escola. Disse que mesmo os alunos que não conseguiam escrever corretamente não hesitaram em cumprir essa tarefa. Escreveram sem se preocupar tanto com o que e como estavam escrevendo. Deram vazão às emoções. Segundo sua percepção, foi uma atividade significativa para eles, porque tiveram a oportunidade de escrever sobre um assunto que lhes era relevante, pois dizia respeito a eles.

Ficou evidente o movimento que se operou dentro de cada um. A partir da proposta da professora, entraram em contato consigo mesmos e com seus medos. Enfrentaram no íntimo esses medos produzindo textos e desenhos. Depois, compartilharam seus medos com ela, falando sobre o que escreveram e desenharam. Por último, a professora fez as correções ortográficas e gramaticais nos textos de cada um.

Nota-se, claramente, o desenvolvimento de um processo: *enfrentamento*, *compartilhamento* e *acolhimento*.

Daniela contou que seus alunos compartilharam seus medos só com ela, individualmente. Achou melhor não expor os medos de cada um para a classe. Pelo menos, não nessa sua primeira experiência. Alegou que não tinha ideia do que surgiria e não se sentiu à vontade para abrir uma discussão grupal.

Daniela disse que considerou importante relacionar os medos que mais apareceram para, depois, mencioná-los na classe, sem identificar os alunos.

O terceiro encontro foi muito rico por duas razões:
– A experiência de Daniela: ela demonstrou ter enfrentado suas dificuldades e seus medos, assim como Chapeuzinho Amarelo enfrentou o lobo. Quis proporcionar essa experiência a seus alunos. Pensou e elaborou a atividade criteriosamente, colocou-a em prática e obteve resultado positivo. Foi interessante notar o cuidado que teve com seus alunos, a partir de sua percepção de que é preciso cuidar do outro, respeitando os limites de cada um e da própria escola.
– As reflexões do grupo: discutiram muito sobre o sentimento de impotência que surge quando se tenta ajudar, mas a ajuda parece insignificante. Perceberam, entretanto, que poderiam fazer algo por seus alunos, nem que fosse, em alguns momentos, ouvi-los. Além disso, o espaço de reflexão, acolhimento e compartilhamento foi considerado muito importante não só para os alunos, mas também para os educadores. Foram unânimes em dizer que não eram mais as mesmas ao terminar esse ciclo de encontros. Mudanças tinham ocorrido. As quatro participantes concordaram quanto à necessidade de se ter um espaço no qual os educadores pudessem compartilhar suas dúvidas e dificuldades, sem ser as reuniões pedagógicas. Possivelmente fosse uma boa opção criar uma "roda de conversa" para os educadores.

No dia 24 de maio de 2007, pouco mais de um mês após o trabalho nessa escola, assisti a uma entrevista do Ziraldo no Programa do Jô Soares.[29] Ele falou de sua grande preocupação com os educadores e com a educação. Durante a entrevista sugeriu que, antes de o professor ensinar as regras de gramática para o aluno, deveria estabelecer como tarefa diária para o aluno escrever um diário. Todos os dias o aluno teria que escrever alguma coisa, nem que fosse uma linha. E deu como exemplo: "Nem que seja para escrever: 'Meu pai me encheu o saco hoje!'". Uns poderiam escrever mais, outros escreveriam menos, não importando a quantidade de palavras, e sim a possibilidade de expressão. Essa seria a tarefa. Somente depois do texto espontâneo o professor faria as correções gramaticais.

---

[29] Programa do Jô, exibido pela TV Globo em 24/5/2007.

Ao ouvir as palavras de Ziraldo, lembrei-me imediatamente de quando Daniela relatou ter considerado interessante perceber que muitos de seus alunos, que apresentavam dificuldades para escrever durante as atividades pedagógicas, não hesitaram em escrever sobre si mesmos e/ou sobre seus medos, mesmo cometendo erros ortográficos e/ou gramaticais.

Refleti sobre o que Ziraldo propõe a respeito do diário como uma forma de exprimir sentimentos e emoções. Liberar a expressão, rompendo barreiras, pode ajudá-los a se sentirem mais livres e, consequentemente, levá-los a ter um novo olhar e a alcançar um novo aprendizado. Não é eliminar a gramática nem as regras, mas deixar que eles (os alunos) sejam eles mesmos antes de se preocuparem com qualquer conteúdo educacional.

Gutfreind (2005) diz:

> Contar e ouvir histórias auxilia a entrar em interação com o outro e, a partir desses conteúdos e dessa troca, construir-se como ser humano capaz de ter uma identidade (feito um personagem), de sentir, pensar, imaginar. E também imaginar outra história quando a história real é terrível e gera sofrimento.
> [...] o potencial do conto como instrumento que ajuda a pensar, porque ele é o paradigma de um objeto que acolhe o caos (a angústia, o medo do abandono, a morte, a separação, o crescimento, a vida) e o veste de representações, portanto pensamentos (o lobo, os bichos, as personagens, as tramas, o sonho na vigília e o símbolo, enfim).
> [...] os contos ajudam a nomear aquilo que nos causa angústia, oferecendo representações para os nossos conflitos principais. Dessa forma, o medo pode ser contido (p. 146-148).

Brenman (2005) afirma que as crianças são cheias de vida e fantasias, frustrações e temores, alegrias e tristezas, além de viverem experiências novas a cada dia. Questiona, então, por que não lhes são oferecidos textos que tratam dessa complexidade humana, contemplando lutas e conflitos vividos em seu cotidiano, incluindo tristezas, como parte das emoções universais. Pergunta: "Por que não iniciamos a aprendizagem da leitura com textos que ressoem dentro da alma infantil?" (*op. cit.*, p. 67).

Faz referência, também, à população marginalizada, defendendo a ideia de que "às vezes, o único traçado que lhes resta não é o feito com um lápis na mão, e sim com uma faca, um saco de cola, ou mesmo nada disso, apenas a mão vazia a pedir um futuro" (*op. cit.*, p. 92), para mostrar que, muitas vezes, o que a criança marginalizada encontra na escola não faz muito sentido para ela, levando-a ao desinteresse e, consequentemente, à dificuldade na aprendizagem formal.

Sugere que se ofereçam histórias em gratuidade, como fonte de prazer, além das histórias que tratam de temas existenciais.

Brenman (2005) relata a experiência realizada em escolas, com crianças e adolescentes, lendo histórias em voz alta para eles (sem compromisso formal de aprendizagem). Deixava o livro com a história contada na escola para possíveis leituras posteriores. Essa era uma forma da criança (ou adolescente) poder entrar em contato novamente com o que lhe era significativo, com o que encontrou eco internamente.

Esse autor defende que, se as histórias forem contadas com/por prazer e fizerem sentido, o aluno terá um estímulo para aprender, para enfrentar suas dificuldades e desenvolverá gosto pela leitura.

Radino (2000), baseando-se em Mattioli (1997), afirma não bastar formar os professores teoricamente, oferecendo-lhes cursos, palestras, seminários. Sabe-se que o conhecimento teórico é importante, porém não oferece todas as condições necessárias para que o professor de Educação Infantil desempenhe seu trabalho. Suas dificuldades encontram-se no contato direto com as crianças – o que o torna inseguro em suas ações, agindo por sua intuição e senso comum. Considera que o papel do educador não se restringe ao ensinar, mas, sim, ao viver. Afirma que é necessário pensar na pessoa do professor, introduzindo uma nova concepção de formação profissional. Então, é necessário o acolhimento do aluno em todas as suas dimensões. Para isso, sugere que se criem espaços de reflexão para esses profissionais, para que possam partilhar, sentir-se seguros como seres humanos e assim possam oferecer essas experiências a seus alunos.

Embora os educadores esperassem, num primeiro momento, um curso sobre morte, foi perceptível o processo de aproveitamento, crescimento e – arriscaria dizer –, transformação, construção e ressignificação da questão da morte, por parte de vários profissionais da educação, nesse simples processo de coleta de dados para esta pesquisa, que ainda não se constitui numa intervenção dirigida a eles.

Fiquei impressionada como, em poucos encontros, com uma mediação seletiva, na qual minhas intervenções foram direcionadas para que não se fugisse dos objetivos da pesquisa, alguns educadores puderam encontrar recursos próprios para repensar a questão da morte.

Em, pelo menos, três das cinco escolas participantes, eu acredito que, mesmo de maneira informal, a morte possa ser introduzida e fazer parte do contexto escolar, talvez como companheira, de acordo com o termo proposto por Gambini (2005). Nessas três escolas, os livros infantis sobre o tema da morte foram apreciados, às vezes ressignificados, e estarão presentes em algum momento.

Autodescoberta

Confesso que, em muitos momentos, entrei em conflito por causa da minha formação e experiência profissional como psicóloga clínica e do meu papel de pesquisadora naquele contexto no qual assisti os momentos difíceis vividos por alguns educadores. Estar ali para coletar dados e perceber a necessidade deles por uma escuta às suas angústias não foi uma tarefa fácil.

Como pesquisadora, procurei conduzir os encontros nas escolas propondo a discussão do tema da morte a partir de questões disparadoras. Quando percebia que o assunto caminhava em círculos, de forma repetitiva, sem uma reflexão maior, procurava sintetizar em poucas palavras o que estavam falando para que pudessem, então, passar a uma reflexão mais aprofundada sobre o tema.

Quando percebia que o foco estava se perdendo e os educadores falavam de outras problemáticas que ocorrem na escola e que também são difíceis para os alunos (como suspeita de abuso sexual na família, diferenças e exclusão, separações, vendas de filhos...), eu procurava escutar e acolher, mas voltava para o tema da morte para redirecionar o foco da pesquisa. Nesses momentos, eu não cortava o assunto, pois considerava que eram mortes simbólicas, embora não fossem o objetivo da pesquisa. Essas questões surgiam porque também estão incluídas nas problemáticas dos educadores.

Quando falavam de situações pessoais, eu procurava agir da mesma forma, porque sei que não é possível dividir a pessoa em compartimentos "agora sou pessoa, agora sou professor...". Eles precisavam ter a consciência da possibilidade de que questões pessoais podem interferir ou permear situações profissionais.

Muitas intervenções não eram necessariamente de esclarecimento ou terapêuticas. Eram apenas uma retomada das questões discutidas. Tentava fazer um apanhado das suas reflexões, apresentava um breve resumo e depois direcionava para uma conclusão, para que a discussão passasse adiante, focando a questão da morte física, concreta, no contexto escolar.

Percebi, em muitas ocasiões, as dificuldades dos participantes em suas falas ou em seus silêncios. No entanto, não era meu papel, ali, naquele momento, oferecer uma escuta especializada com intervenções de cunho terapêutico.

Muitas vezes, percebia em mim uma briga interna. Mas os educadores foram informados e esclarecidos sobre a pesquisa, foi-lhes dada a possibilidade de interromperem suas participações na pesquisa a qualquer momento, se o desejassem. E assim alguns fizeram. Por meio da dinâmica dos encontros, notei o quanto precisavam de acompanhamento.

Apesar do esclarecimento inicial, colocava-me à disposição caso alguém desejasse ou necessitasse de um momento de cuidado individual.

Embora tenha enfrentado dificuldades e conflitos, também me senti crescendo e passei por um processo de desenvolvimento como pesquisadora. Desenvolvi a capacidade de *estar junto*, ser continente, sem, contudo, ser psicoterapeuta. Consegui definir, para mim, um novo modelo como pesquisadora continente e acolhedora.

Esse processo pode ter colaborado para possibilitar o enfrentamento e a superação de algumas educadoras durante a pesquisa.

No quarto encontro (devolutiva) tive a liberdade para falar de minhas impressões sobre tudo o que havia observado, além de poder falar, também, sobre tudo o que havíamos vivenciado, juntos, nos encontros propostos. Falei das dificuldades de cada educador, além das minhas dificuldades, em alguns momentos, como pesquisadora, num papel muito específico.

Pude observar, em algumas educadoras, momentos empáticos e de acolhimento. Pareceu-me que para algumas, principalmente àquelas que demonstraram dificuldades ao longo dos encontros, eu deixava de ser tão "bruxa" para tornar-me mais "fada", como já citei anteriormente. Elas podiam ter certeza de que, em nenhum momento, seriam abandonadas em suas dores. Eu estava sempre junto, com elas, acolhendo-as de alguma forma.

No último encontro, respondi a algumas perguntas de ordem teórica sobre morte, criança e intervenções em situações de morte e luto e também respondi a questões mais específicas que foram levantadas durante os encontros por curiosidade ou interesse no assunto.

Por mais que eu tenha procurado colocar-me numa posição neutra, de coleta de dados, eu fazia parte do grupo de discussão, interagia com os educadores, mesmo como ouvinte. Não se pode esquecer que, cada vez que eu fazia intervenções, retomando as falas dos educadores, amarrando o assunto e recuperando o foco de discussão ou lançando perguntas disparadoras para que passassem a discutir o tema da morte de acordo com os objetivos da pesquisa, estava em *constante movimento* com eles.

Não dá para negar o envolvimento existente entre mim e os grupos e/ou cada grupo. Afinal, ao lançar a proposta de discussões, eu mobilizava emoções. Como psicóloga clínica, sentia-me inclinada a cuidar. Por estar impossibilitada, devido ao meu papel de pesquisadora naquele momento, o que estava a meu alcance era ouvir, numa escuta atenta e empática.

É evidente a presença significativa da comunicação não verbal. Neste trabalho, acredito que a comunicação não verbal marcou seu espaço quando, na inter-relação entre um grupo de participantes da pesquisa e eu, pesquisadora, estabelecemos um espaço de troca e acolhimento.

Mesmo coletando dados, sem intervenções psicológicas ou de esclarecimentos, eu participei do processo de mudança desses educadores, assim como eles fizeram parte de meu crescimento enquanto pesquisadora e entre eles mesmos. Houve troca no diálogo, no olhar e, até mesmo, no silêncio.

Assim, afirmo que essa pesquisa marcou um espaço de "quebra de barreiras" e de "construção" de ambos os lados.

*Com a arte se educa
para a sensibilidade,*

*para a reflexão crítica,
para a vida.*

C.N.C.Kollross

Ilustração por Juliana Paiva Zappardi

5

MEU NOVO DESAFIO: ABRINDO NOVAS PORTAS

Não resta a menor dúvida de que as histórias fazem parte da vida de todos nós e estão presentes no cotidiano escolar das crianças. As histórias fazem parte da necessidade do ser humano: da comunicação e da história de vida.

Esta pesquisa mostrou de maneira nítida e significativa a importância da utilização dos livros infantis que abordam o tema da morte, assim como da criação de um espaço de reflexão e compartilhamento para crianças e também para educadores.

Foi interessante perceber a contradição entre o grande número de livros infantis sobre o tema da morte publicados no Brasil e a pouca (ou nenhuma) divulgação desse material por parte das próprias editoras. Os livros, geralmente, não são conhecidos pelos educadores, impossibilitando-os, assim, de pensar em como trabalhar o tema da morte com seus alunos. Como alegam não ter recursos e/ou materiais necessários para trabalhar o tema, reforçam a ideia de que a morte não é um tema pertinente ao universo infantil e, por isso, não se deve falar de morte com crianças, principalmente para não as deixar tristes.

Todos os participantes da pesquisa demonstraram surpresa ao se depararem com a quantidade de livros apresentada por mim. Verifiquei que alguns dos títulos apresentados já eram conhecidos por alguns (poucos) educadores. Entretanto, nem sempre associavam o conteúdo dos livros ao tema da morte. Alguns educadores disseram tê-los utilizado no contexto escolar para trabalhar outras questões relativas ao universo da criança.

Esta pesquisa me fez refletir não só sobre a importância de introduzir o tema morte para as crianças, mas apontou para a necessidade de capacitar os educadores para essa tarefa.

Além disso, deparei-me com estudos que me fizeram refletir sobre a importância da literatura infantil num aspecto que vou denominar aqui de *terapêutico-aprendizagem*.

A leitura feita com prazer possibilita um processo de envolvimento que pode proporcionar efeitos terapêuticos, benéficos ao processo de aprendizagem.

Quando a criança está vivenciando uma situação de conflito, ela tende a apresentar dificuldades para assimilar conteúdos novos e enfrentar situações que não lhe são familiares. Isso pode vir a prejudicar sua aprendizagem.

A literatura infantil pode ser um instrumento facilitador que ajude a criança a ultrapassar esses obstáculos, levando-a a se libertar de seus fantasmas e abrindo um espaço para a ressignificação. Dessa maneira, a criança estará aberta e receptiva ao *novo* (novas experiências, novas aprendizagens). E, se este processo de ensino-aprendizagem for *saboroso*, pode despertar o gosto pela leitura – um assunto amplamente discutido no contexto escolar. Nota-se, portanto, a interligação positiva entre leitura prazerosa e aprendizado efetivo.

Penso que a escola é um espaço não só de aprendizado, mas de formação do indivíduo, e deve proporcionar também um espaço de cuidados. Quero deixar claro que isso não significa uma atuação clínica, mas sim um *espaço humanizador*, de bem-estar e de qualidade de vida.

Penso na possibilidade de oferecer um trabalho em que se abordem temas existenciais, como a morte, agregando o encanto ao aprendizado, para que se efetive uma educação (para a vida).

Existem alguns profissionais que utilizam o termo *educação para a morte*.

Discuto a proposição com o termo *educação para a morte* ou *educação para a vida*. Não sei se existe a necessidade de dar *um destino à educação*, uma vez que se está falando da existência humana. Entretanto, isso não significa a negação da morte.

Acredito que as questões, *vida* e *morte*, fazem parte da formação e da educação do indivíduo, desde a infância. Acredito na *educação*. Não precisa haver um destino (para a vida ou para a morte). Ambas fazem parte de nossa vida: do hoje, do aqui e agora. Vida e morte fazem parte de nosso aprendizado diário, desde a infância até a velhice, desde o nascimento até a morte.

Para que isso se efetive, passo a fazer algumas propostas:

Abordar o tema da morte no contexto escolar

Como se pode notar, a morte faz parte do universo infantil e, por isso, deve fazer parte do conteúdo abordado na escola. Como foi visto neste

5. Meu novo desafio: abrindo novas portas

trabalho, a morte não precisa ser abordada de maneira trágica e pesada. Deve ser apresentada de forma natural. Afinal, faz parte do processo natural do existir.

Para isso, podemos utilizar ou introduzir alguns espaços que fazem parte da rotina escolar.

A roda da conversa

A roda da conversa, constantemente citada pelos educadores, pode ser um espaço de troca, de reflexão, de compartilhamento e, principalmente, de acolhimento. Pode ser, também, um espaço para contar histórias, como foi mencionado por alguns educadores, para falar das dores e das alegrias, para compartilhar sentimentos e emoções, para festejar algo de bom ou acolher a dor.

Enfatizo a necessidade de se ter espaços para as histórias.

A hora do conto

Esses espaços para as histórias podem se constituir *na hora do conto*: um momento de magia e possível introspecção, quando a criança se deixa levar pela imaginação a mundos inimagináveis.

Seria interessante que, se possível, houvesse um local apropriado para essas atividades. Pode ser dentro da sala de aula (de preferência, em um canto especial, diferente da disposição em que as crianças ficam para assistir às aulas), ou no pátio da escola, na biblioteca ou embaixo de uma árvore... Essa seria uma forma de estimular a *magia* e o *encanto* que existem nas histórias.

Na hora do conto, o educador poderia utilizar livros de todas as espécies, inclusive aqueles que tratam de temas existenciais, como a morte, perdas, separação, sentimentos... São assuntos com os quais a criança tem que lidar, embora difíceis.

Cabe lembrar que, nesse espaço, como vimos ao longo deste trabalho, as histórias deveriam ser lidas gratuitamente, por puro prazer. Vale ressaltar que a empatia é necessária para que a história alcance seu propósito.

Sabe-se que tratar de temas existenciais não é uma tarefa fácil e, por esse motivo, pode tornar o educador vulnerável a suas dúvidas, incertezas e falta de respostas. Ele pode sentir-se impotente nessa missão.

Por esta e por outras razões é importante pensar no *cuidado ao educador--cuidador.*

O cuidado com o educador-cuidador

Muitas vezes, o educador se sente solitário em seu cotidiano profissional, apresentando a necessidade de também ter um espaço de discussão, de compartilhamento e acolhimento para si. Dessa forma, podemos pensar em reuniões com características diferentes das pedagógicas, como:

– *Roda da conversa dos professores*: na qual os educadores possam compartilhar casos complexos, dificuldades ou, até mesmo, um espaço de contar histórias;
– *Supervisão*;
– *Grupos de estudos*;
– *Capacitação de educadores para tratar de temas existenciais*: por meio de reuniões de discussão sobre o assunto, experimentação, vivência, *workshops*.

O objetivo principal dessas atividades é promover um espaço de acolhimento ao educador. Esse espaço pode lhe prover suporte e favorecer a percepção de si mesmo, de seus sentimentos e reações, possibilitando a identificação de situações críticas ou difíceis para si mesmo e para os alunos, além de direcionar a atenção para um olhar mais atento à criança. Esse espaço de acolhimento poderia minimizar o sentimento de solidão do educador, promovendo mais prazer em suas tarefas profissionais, prevenindo o estresse e a síndrome do *burnout*. Representa um espaço de humanização dirigido ao educador.

Se o educador for cuidado, poderá cuidar do outro. Se ele for acolhido, poderá acolher melhor o outro.

Divulgação dos livros infantis que tratam do tema da morte

Como os livros infantis são, sem dúvida alguma, importantes na vida da criança e há uma vasta lista de títulos que abordam temas existenciais, entre eles a morte, disponíveis no mercado, penso que essa seria uma forma rica de se trabalhar com as crianças no contexto escolar.

Entretanto, como os educadores pouco conhecem sobre essas publicações e as editoras quase não as divulgam, é importante desenvolver um trabalho junto às editoras para conscientizá-las da importância de divulgar o material sobre a morte nas escolas.

Abordar o tema da morte no conteúdo do currículo escolar

Dentro da área da educação, o tema da morte deveria constituir um dos temas transversais propostos nos Parâmetros Curriculares Nacionais e ser devidamente abordado em várias disciplinas, durante as aulas.

Para se trabalhar adequadamente o tema no contexto escolar deve-se assumir a responsabilidade de uma comunicação aberta e honesta, utilizando-se uma linguagem apropriada a cada faixa etária, nível de série, dando explicações pertinentes e respeitando o desenvolvimento da criança em sua capacidade emocional e intelectual.

Relaciono algumas disciplinas que poderiam incluir a temática da morte em seu programa:

– Português/Literatura: adotar livros que tratem da temática da morte como instrumentos facilitadores para discussões e reflexões; explorar o gênero literário na biografia; na produção de textos;
– História: contextualizar a morte no processo histórico quando se referir sobre conflitos, guerras, revoluções; introduzir biografias de personagens históricos importantes;
– Ciências/Biologia: abordar a vida e a morte quando estudam plantas, animais, seres vivos, ecologia/ecossistema, desenvolvimento humano, doenças, saúde e cuidados, estações do ano;
– Filosofia e Religião: abordar a morte nas diferentes crenças religiosas, culturas, rituais, bem como as diversas posturas adotadas ao longo dos séculos: violência, drogas, prevenção de acidentes;
– Artes: propor desenhos e pintura, trabalhos em argila e/ou massinha; incentivar o conhecimento de obras de arte relacionadas à vida e à morte; incentivar diferentes expressões artísticas (dança, teatro) que abordem o tema da vida e da morte;
– Atividades extras: jogos e brincadeiras, filmes, teatro, excursões...

Capacitação de bibliotecários

Outra questão que considero de suma importância é a capacitação de bibliotecários: nas escolas, nas universidades, nos hospitais e nas instituições públicas, para que sejam mais bem preparados para lidar com o livro infantil, estimulando a leitura e promovendo o respeito pelo livro e o gosto pela leitura. Assim, orientar a criança a usufruir da leitura em toda a sua potencialidade, como prazer, ferramenta terapêutica, meio de aprendizagem, meio de socialização, passatempo, entre outros...

Considero de suma importância divulgar a biblioterapia no contexto social, da saúde e da educação para se ampliar a utilização das histórias para infinitos fins.

Acredito que o primeiro passo para que se possa introduzir o tema da morte na escola seria **não negá-la**. A partir disso, acredito que o próximo seria o trabalho com os educadores (como sugerido por eles mesmos nesta pesquisa). É necessário que aqueles que habitam o espaço escolar como educadores estejam dispostos a encarar esse desafio, com a empatia necessária, para poder desenvolver essa tarefa com sucesso.

Bruxas e fadas fazem parte da vida de todos nós. É ilusório pensar nas bruxas como figuras negativas, ruins que só nos causam mal com seus feitiços.

Ao acolhermos as nossas bruxas, poderemos encará-las, decifrá-las, nomeá-las, conhecer seus feitiços e seus poderes. Há dois caminhos que podem ser buscados: o da paralisação e o do enfrentamento.

Sabe-se que enfrentar bruxas e fantasmas não é nada fácil, principalmente quando se está só. Apesar de ser um processo individual e, por isso, solitário, não significa que não se possa contar com o apoio, acolhimento e empatia de outros.

Espaço de escuta, troca e acolhimento podem favorecer o encontro com nossas fadas: aquelas que permanecem por toda a vida dentro de nós, em nossa *porção criança*.

Ao chegar a esse lugar tão íntimo, que muitos adultos em sua onipotência pensam não existir mais, é possível encontrar *magias e encantos* que podem transformar nosso olhar em um *olhar de descoberta* e posterior *olhar de aplicação*.

O *encanto e a magia* fazem parte do ser humano, de sua essência, ao longo de sua existência, desde a mais tenra idade até a velhice, do nascimento à morte.

"Muitas pessoas escrevem suas próprias histórias, inexoráveis, perfeitas como um círculo".

(extraído do filme MESSAGE IN A BOTTLE)

Texto escolhido por Giovanna Paiva Zapparoli
Ilustração de Juliana Paiva Zapparoli

6

UM POUCO DE CADA UM...

E viveram felizes para sempre (?)

Nossas vidas são repletas de histórias com princesas/príncipes e vilões, bandidos e mocinhos, sapos e dragões...

Há fadas e bruxas que encantam e assustam, mas, com certeza, todos nos encaminham a uma interiorização de nossos próprios sentimentos, nossos medos e nossas alegrias... Convidam-nos a embarcar em uma viagem interna, de sonhos e desejos, encarar nossos monstros e fantasmas, que mobilizam nossas crianças internas, remetem-nos a nossos *nós* (conflitos) e nos conduzem a uma reflexão ou um movimento interno, nem sempre consciente, desafiando-nos ao enfrentamento e à superação. E, assim, sonhamos com um mundo melhor...

REFERÊNCIAS BIBLIOGRÁFICAS

ABERASTURY, A. A percepção da morte nas crianças. Trad. M. N. Folberg. In A. Aberastury (org.), *A percepção da morte na criança e outros escritos.* Porto Alegre: Artes Médicas, 1984, pp. 128-139.
ABRAMOVICH, F. *Literatura infantil – Gostosuras e bobices.* 5ª ed. São Paulo: Scipione, 1999.
ADORNO, I. *A história de Pedro e Lia.* Ilustr. P. Trabbold. Campinas-SP: Editorial Psy., 1994.
ALLAN, N. *No céu.* Trad. F. Nuno. São Paulo: Martins Fontes, 1996.
ALMEIDA, F. L. *Soprinho.* São Paulo: Brasiliense, 1971.
ALMEIDA, M. A. (2006, 21 de junho) A relevância dos aspectos físico e textual do livro infantil. Acesso em 12 de dezembro, 2006. Disponível em: <www.psicopedagogia.com.br/artigos/artigo.asp?entrID=853>.
ALVES, R. *Conversas com quem gosta de ensinar.* 7ª ed. São Paulo: Cortez, 1984.
_____. *O medo da sementinha.* Coleção Estórias para pequenos e grandes. 15ª ed. Ilustr. M. Franco. São Paulo: Paulus, 2005.
_____. *A montanha encantada dos gansos selvagens.* Coleção Estórias para pequenos e grandes. 12ª ed. Ilustr. M. Franco. São Paulo: Paulus, 2005.
_____. *A felicidade dos pais.* Coleção Estórias para pequenos e grandes. Ilustr. A. Ianni. São Paulo: Paulus, 2006.
ALVES, R. *O decreto da alegria.* Coleção Estórias para pequenos e grandes. 3ª ed. Ilustr. L. Maia. São Paulo: Paulus, 2006.
AMARAL, L. A. *Espelho convexo – O corpo desviante no imaginário coletivo, pela voz da literatura infantojuvenil.* Tese de Doutorado, Instituto de Psicologia da Universidade de São Paulo, São Paulo, 1992.
ARIÈS, P. *A. História da morte no ocidente.* Trad. P. V. Siqueira. Rio de Janeiro: Francisco Alves, 1977.
ARIÈS, P. *História social da criança e da família.* 2ª ed. Trad. D. Flaksman. Rio de Janeiro: LTC, 1981.
ASPINALL, S. Y. (1996, October) Educating children to cope with death: A preventive model. Psychology in the Schools, 33 (4), pp. 341-349.
ASSUMPÇÃO, G. M. *Pingo de Luz.* 16ª ed. Ilustr. S. C. Peixoto. Petrópolis-RJ: Vozes, 1994.
_____. *Pingo de Luz – De volta à casa do Pai.* 10ª ed. Ilustr. S. C. Peixoto. Petrópolis-RJ: Vozes, 1997.
AZEVEDO, R. *Contos de enganar a morte.* São Paulo: Ática, 2003.
BAUER, J. *O Anjo da guarda do vovô.* Ilustr. C. Röhrig., Ilustr. J. Bauer. São Paulo: Cosac & Naify, 2003.
BENJAMIN, W. *Magia e Técnica, arte e política – Ensaios sobre literatura e história da cultura.* 3ª ed. São Paulo: Brasiliense, 1987.
_____. *Reflexões sobre a criança, o brinquedo e a educação.* Trad. M. V. Mazzari. São Paulo: Duas Cidades, 2002.
BERNS, C. F. Bibliotherapy: Using books to help bereaved children. Omega, 48(4): pp. 321-336, (2003-2004).
BERTHOUD, C. M. E. Formando e rompendo vínculos: a grande aventura da vida. *In*: C. M. E.

Berthoud, M. H. P. F. Bromberg & M. R. M. Coelho, *Ensaios sobre formação e rompimento de vínculos afetivos*. Taubaté-SP: Cabral Editora Universitária, 1998, p. 15-45.
BETTELHEIM, B. *A Psicanálise dos contos de fadas*. 16ª ed. Trad. A. Caetano. Rio de Janeiro: Paz e Terra, 2002.
BIGHETO, A. C., & INCONTRI, D. A religiosidade humana, a educação e a morte. In: D. Incontri & F. S. Santos (org.), *A arte de morrer – Visões plurais*. Bragança Paulista-SP: Comenius, 2007, pp. 26-35.
BORTOLIN, S. (2003, dezembro) A morte na literatura infantil. Acesso em 18 de janeiro, 2007. Disponível em <www.ofaj.com.br/colunas_conteudo_print.php?cod=122>.
_____. (2005). Morreu de morte matada ou morreu de morte morrida?. Acesso em 30 de novembro, 2007. Disponível em http://mundoquele.ofaj.com.br/Textos/Texto7.doc
_____. (2006, maio). Alguns livros que lidam com as angústias (quase invisíveis) da infância. Acesso em 10 de dezembro, 2007. Disponível em <www.ofaj.com.br/colunas_conteudo_print.php?cod=258>.
BOWDEN, V. R. (1993, January/February) Children's literature: The death experience. Pediatric Nursing, 19 (1), pp. 17-21.
BOWLBY, J. *Uma base segura – Aplicações clínicas da teoria do apego* Trad. S. M. Barros. Porto Alegre: Artes Médicas, 1989.
_____. *Apego e Perda – Apego, a natureza do vínculo*. 2ª ed., Vol. 1. Trad. A. Cabral. São Paulo: Martins Fontes, 1990.
_____. *Cuidados maternos e saúde mental*. 3ª ed. Trads. V. L. B. de Souza & I. Rizzini. São Paulo: Martins Fontes, 1995.
_____. *Apego e Perda – Separação, angústia e raiva* 3ª ed., vol. 2, Trads. L. H. B. Hegenberg, O. S. da Mota & M. Hegenberg. São Paulo: Martins Fontes, 1998a.
_____. *Apego e Perda – Perda, tristeza e depressão*. 2ª ed., Vol. 3, Trad. V. Dutra. São Paulo: Martins Fontes, 1998b.
BRANCO, S. *O dia em que a morte quase morreu*. Ilustr. Elma. São Paulo: Salesiana, 2006.
BRENMAN, I. *Através da vidraça da escola – Formando novos leitores*. São Paulo: Casa do Psicólogo, 2005.
BROMBERG, M. H. P. F. (org.), *A Psicoterapia em situações de perdas e luto*. 2ª ed. Campinas-SP: Editorial Psy, 1997.
BROMBERG, M. H. P. F. Ser paciente terminal: a despedida anunciada. In C. M. Berthoud, M. H. Bromberg & M. R. Coelho, *Ensaios sobre formação e rompimento de vínculos afetivos*. 2ª ed. Taubaté-SP: Universitária, 1998a, pp. 69-95.
_____. Cuidados paliativos para o paciente com câncer: uma proposta integrativa para equipe paciente e famílias. In: M. M. M. J. Carvalho (org.), *Psico-Oncologia no Brasil – resgatando o viver*. São Paulo: Summus, 1998b, pp. 186-231.
BROWN, L. K. & BROWN, M. *Quando os dinossauros morrem – Um guia para entender a morte*. Ilustr. L. Sandroni, Trad., M. Brown. Rio de Janeiro: Salamandra, 1998.
BRYANT-MOLE, K. *Morte – O que está acontecendo?* Trad. R. M. Rodrigues. São Paulo: Moderna, 1997.
BUARQUE, C. *Chapeuzinho Amarelo*. 13ª ed. Rio de Janeiro: José Olympio, 2003.
BUSCAGLIA, L. *A história de uma folha*. 9ª ed. Trad. A. B. Lemos. Rio de Janeiro: Record, 1982.
CAGNETI, S. S. & ZOTZ, W. *Livro que te quero livre*. Rio de Janeiro: Nórdica, 1986.
CALDIN, C. F. (2001, dezembro). A leitura como função terapêutica: Biblioterapia. Acesso

em 19 de maio, 2007, de Encontros Bibli-Revista Eletrônica de Biblioteconomia e Ciência da Informação, n. 12. Florianópolis, UFSC. Disponível em <www.encontros-bibli.ufsc.br>.
CALDIN, C. F. (2002, outubro). Biblioterapia para crianças internadas no Hospital Universitário da UFSC: uma experiência. Acesso em 2007, de Encontros Bibli -Revista Eletrônica de Biblioteconomia e Ciência da Informação, n. 14. Florianópolis, UFSC. Disponível em <www.encontrosbibli.ufsc.br>.
CALDIN, C. F. (2004, 2° semestre). A aplicabilidade terapêutica de textos literários para crianças. Acesso em 2007, de Encontros Bibli-Revista Eletrônica de Biblioteconomia e Ciência da Informação, n. 18. Florianópolis, UFSC. Disponível em <www.encontros-bibli.ufsc.br>.
CALDIN, C. F. (2005, agosto). Biblioterapia: atividades de leitura desenvolvidas por acadêmicos do curso de Biblioteconomia da Universidade Federal de Santa Catarina. Acesso em 2007. Disponível em <eprints.rclis.org/archive/00004710/>.
CAPELATTO, I. R. Apresentação. In: I. Adorno, *Conversando com crianças sobre a sorte.* Campinas-SP: Editorial Psy, 1994, pp. 5-6.
CARLOTTO, M. S. & Câmara, S. G. (2007). Preditores da Síndrome de Burnout em Professores. Revista Semestral da Associação Brasileira de Psicologia Escolar e Educacional (ABRAPEE), Vol. II (1), 2007, pp. 101-110.
CARNEY, K. L. (2003-2004). Barklay and Eve: The role of activity books for bereaved children. Omega, 48 (4), pp. 307-319.
CARVALHO, L. I. *Histórias da boca.* Ilustr. A. Cerveny. São Paulo: Loyola, 1988.
_____. *Cadê meu avô?* Ilustr. B. W. Steinber. São Paulo: Biruta, 2004.
CASHDAN, S. *Os sete pecados capitais nos contos de fadas – Como os contos de fadas influenciam nossas vidas.* 2ª ed. Trad. M. Brandt. Rio de Janeiro: Campus, 2000.
CHIAVENATO, J. J. *A Morte – Uma abordagem sociocultural.* São Paulo: Moderna, 1998.
CHIZOTTI, A. *Pesquisa em Ciências Humanas e Sociais.* São Paulo: Cortez, 2001.
COELHO, B. *Contar histórias – Uma arte sem idade.* São Paulo: Ática, 1986.
COELHO, N. N. *Panorama histórico da literatura infantojuvenil.* 4ª ed. São Paulo: Ática, 1991.
_____. *Literatura – Arte, conhecimento e vida.* São Paulo: Petrópolis, 2000a.
_____. *Literatura infantil – Teoria, análise, didática.* São Paulo: Moderna, 2000b.
_____. *O Conto de Fadas – Símbolos, mitos, arquétipos.* São Paulo: DCL, 2003.
_____. (2005). O imaginário infantil e a educação. Acesso em 05 de dezembro, 2007, de *Revista Criança do Professor de Educação Infantil.* Disponível em: <www.oei.es/inicial/revistas/crianca38.pdf>.
COERR, E. *Sadako e os mil pássaros de papel.* Trad. E. Conh. São Paulo: Editora Z., 2004.
COLE, B. *Caindo morto*. Trad. L. B. Silva. São Paulo: Ática, 1996.
CORR, C. A. (2002, September). Teaching a college course on children and death for 22 years: A supplemental report. Death Studies, 26 (7), pp. 595-606.
_____. (2003-2004a). Introduction to death-related literature for children: A special issue for Omega, Journal of Death and Dying. Omega, 48 (4), pp. 291-292.
_____. (2003-2004b). Bereavement, Grief and mourning in death-related literature for children. Omega, 48 (4), pp. 337-363.
_____. (2003-2004c). Spirituality in death-related literature for children. Omega, 48 (4), pp. 365-381.
_____. (2003-2004d). Grandparents in death-related literature for children. Omega, 48 (4), pp. 383-397.
_____. (2003-2004e). Pet loss in death-related literature for children. Omega, 48 (4), pp. 399.

CORR, C. A.; DOKA, K. J., & KASTENBAUM, R. (1999). Dying and its interpreters: A review of selected literature and some comments on the state of the Field. Omega, 39 (4), pp. 239-259.
COULDRICK, A. (1993, December). Do you mean that Mummy is going to die? Caring for bereavement children. Prof Nurse, 9 (3), pp. 186-189.
DIAZ, F. H. (1996, julho/dezembro). Variações sobre o tratamento dado ao tema morte na literatura infantil. Trad. L. Sandroni. Rev. Latino-americana de literatura infantil e juvenil, n. 4, Rio de Janeiro: IBBY Latino-Americano., pp. 2-11.
DOMINGOS, B., & MALUF, M. R. (2003). Experiências de perda e luto em escolares de 13 a 18 anos. Psicologia: Reflexão e Crítica, 16 (3), pp. 577-589.
ELIAS, N. (2001). A solidão dos moribundos, seguido de Envelhecer e morrer. Trad. P. Dentzien. Rio de Janeiro: Jorge Zahar,
EMEDIATO, L. F. *Eu vi mamãe nascer.* 7ª ed. São Paulo: Geração, 2001.
ENDE, M. *O teatro de sombras de Ofélia.* 12ª ed. Trad. L. V. Machado, Ilustr. F. Hechelmann. São Paulo: Ática, 2005.
FERENHOF, I. A., & FERENHOF, E. A. Burnout em Professores. *Revista Científica Avaliação e Mudanças,* Centro Universitário Nove de Julho, Vol. 4, 2002, pp. 131-151.
FERREIRA, D. T. (2003, junho). Biblioterapia: uma prática para o desenvolvimento pessoal. Educação Temática Digital, 4(2): pp. 35-47. Campinas-SP. Acesso em 2007. Disponível em de <www.bibli.fae.unicamp.br>.
FOUCAULT, M. *O Nascimento da clínica.* 3ª ed. Trad. R. Machado. Rio de Janeiro: Forense Universitária, 1987.
_____. *Microfísica do poder.* 8ª ed. Trad. R. Machado. São Paulo: Graal Editora, 1989.
GAMBINI, R. A morte como companheira. In: M. F. Oliveira & M. H. Callia (orgs.), *Reflexões sobre a morte no Brasil.* São Paulo: Paulus, 2005, pp. 135-146.
GÓES, L. P. *A Aventura da Literatura para Crianças.* São Paulo: Melhoramentos, 1990.
_____. *O Olhar de Descoberta.* São Paulo: Mercuryo, 1996.
GROLLMAN, E. A. (1990). Talking about death: A dialogue between parent and child (3rd ed.). Boston, MA: Beacon Press.
GUTFREIND, C. Contos e desenvolvimento psíquico. *Revista Viver Mente e Cérebro,* 2004, novembro, pp. 24-29.
_____. *O terapeuta e o lobo – A utilização do conto na psicoterapia da criança* (2ª ed.). São Paulo: Casa do Psicólogo, 2005.
HEATH, M. A., SHEEN, D., LEAVY, D., YOUNG, E. & MONEY, K. Bibliotherapy: A resource to facilitate emotional healing and growth. School Psychology International, 26 (5), 2005, p. 563.
HEEGAARD, M. *Quando alguém muito especial morre – As crianças podem aprender a lidar com a tristeza.* Trad. M. A. Veronese. Porto Alegre: ArtMed, 1998.
HISATUGO, C. L. *Conversando sobre a morte – Para colorir e aprender.* São Paulo: Casa do Psicólogo, 2000.
JOHNSON, J. (2003-2004). Historical perspectives and comments on the current status of death-related literature for children. Omega, 48 (4), pp. 293-305.
KASTENBAUM, R., & AISENBERG, R. *Psicologia da morte.* Trad. A. P. Lessa. São Paulo: Pioneira, 1983.
KHANEJA, S., & MILROD, B. (1998, September). Educational needs among pediatricians

regarding caring for terminally ill children. Arch. Pediatr. Adolesc. Med., 152 (9), pp. 909-914.
KOLLROSS, C. N. C. (2003, setembro/outubro). Conduzir à literatura também é papel da escola. Acesso em 2006. Disponível em <www.dobrasdaleitura.com/revisao/index.html>.
KOVÁCS, M. J. (org.). *Morte e desenvolvimento humano.* São Paulo: Casa do Psicólogo, 1992.
_____. *Educação para a morte – Desafio na formação de profissionais de saúde e educação.* São Paulo: Casa do Psicólogo – FAPESP, 2003.
_____. Perdas e o Processo de Luto. In: D. Incontri & F. S. Santos (orgs.), *A arte de morrer – Visões plurais.* Bragança Paulista-SP: Comenius, 2007, pp. 217-238.
KÜBLER-ROSS, E. *A revelação do segredo.* Trad. E. C. Pinto, Ilustr. H. Preston. Rio de Janeiro: Record, 1982.
_____. *Morte – Estágio final da evolução.* 2ª ed. Trad. A. M. Coelho. Rio de Janeiro: Record, 1996.
LACERDA, N. G. *Cartas do São Francisco – Conversas com Rilke à beira do rio.* 2ª ed. São Paulo: Global, 2001.
_____. *Um dente de leite, um saco de ossinhos.* Ilustr. C. Mello. Rio de Janeiro: Nova Fronteira, 2004.
LISPECTOR, C. *A mulher que matou os peixes.* (F. Opazo, Ilustr.) Rio de Janeiro: Rocco, 1999.
LUCAS, E. R. O., CALDIN, C. F. & SILVA, P. V. P. *Biblioterapia para crianças em idade pré-escolar – Estudo de caso.* Perspect. ciênc. inf., 11(3), 2006, pp. 398-415.
LÜDKE, M. & ANDRÉ, M. *Pesquisa em educação: Abordagens qualitativas.* São Paulo: EPU, 1986.
MACHADO, R. *Acordais – Fundamentos teóricos-poéticos da arte de contar histórias.* São Paulo: Difusão Cultural do Livro (DCL), 2004.
MADLER, T. *Por que vovó morreu?* 4ª ed. Trad. F. L. Almeida., ilustr. G. Connelly. São Paulo: Ática, 1996.
MAGALHÃES, I. O. (s.n). Era uma vez... na Educação Infantil: o papel das histórias no desenvolvimento da criança. Acesso em 2007. Disponível em: <rodadehistorias.com.br/fotos/%E2%80%9CERA%20UMA%20VEZ... %E2%80%9D%2 0NA%20EDU%C3%87%C3%83O%20INFANTIL.pdf >.
MAHON, M. M., GOLDBERG, R. L., & WASHINGTON, S. K. Discussing death in the classroom: Beliefs and experiences of educators and education students. Omega, 39 (2), 1999, pp. 99-121.
MARANHÃO, J. L. *O que é morte.* 3ª ed. São Paulo: Brasiliense, 1987.
MARTINS, J. & BICUDO, M. A. V. *A pesquisa qualitativa em psicologia – Fundamentos e recursos básicos.* São Paulo: Moraes/ Educ., 1989.
MAZORRA, L. O luto na infância. In: L. Mazorra & V. Tinoco (orgs.), *Luto na infância – Intervenções psicológicas em diferentes contextos.* Campinas-SP: Livro Pleno, 2005a, pp. 17-34.
MAZORRA, L., & TINOCO, V. *O dia em que o passarinho não cantou.* Ilustr. L. B. Mazzocco. Campinas-SP: Livro Pleno, 2003.
_____. Prefácio. In: L. Mazorra & V. Tinoco. *Luto na infância – Intervenções psicológicas em diferentes contextos.* Campinas-SP: Livro Pleno, 2005b, pp. 13-16.
MEIRELES, C. *Problemas da literatura infantil.* 2ª ed. São Paulo: Summus, 1979.
MELLONIE, B., & INGPEN, R. *Tempos de vida – Uma bela maneira de explicar a vida e a morte às crianças.* Trad. J. P. Paes, ilustr. R. Ingpen. São Paulo: Global, 1997.

MÜLLER, G. C. K. (2005). Alcances e fragilidades: os temas de vida e morte nos livros didáticos. Acesso em 2006, da Universidade Federal de Santa Maria. Disponível em <www.ufsm.br/ce/revista/revce/2005/01/a12.htm>
MUNDY, M. *Ficar triste não é ruim – Como uma criança pode enfrentar uma situação de perda.* Coleção Terapia Infantil, 2ª ed. Trad. E. L. Calloni, ilustr. R. W. Alley. São Paulo: Paulus, 2002.
NALETTO, A. L. Morte e luto no contexto escolar. In: L. Mazorra & V. Tinoco (orgs.), *Luto na Infância – Intervenções psicológicas em diferentes contextos.* Campinas-SP: Livro Pleno, 2005, pp. 111-126.
NUNES, D. C., Carraro, L., JOU, G. I., & SPERB, T. M. *As crianças e o conceito de morte.* Psicologia: Reflexão e Crítica, 11 (3), 1998, pp. 579-590.
NUNES, L. B. *Corda bamba.* 4ª ed. Rio de Janeiro: Civilização Brasileira, 1982.
OLIVEIRA, I. *Emmanuela.* 5ª ed. Ilustr. M. Castanha. São Paulo: Saraiva, 2003.
OLIVEIRA, M. *A sementinha medrosa.* Edição especial. Ilustr. T. Zagonel. Curitiba: Cultur, 2003.
PAIVA, L. E. Atitudes de médicos na relação com o paciente com câncer avançado e em fase terminal em um hospital geral e em um hospital de especialidade. Dissertação de Mestrado, Fundação Antônio Prudente. São Paulo, 2000.
_____. Falando da morte com crianças. In: D. Incontri & F. S. Santos (orgs.), *A arte de morrer – Visões plurais.* Bragança Paulista-SP: Comenius, 2007, pp. 179-187.
PARDINI, M. A. (2002). Biblioterapia! Encontro perfeito entre o bibliotecário, o livro e o leitor no processo de cura através da leitura. Estamos preparados para essa realidade?. Acesso em 19 de maio, 2007. Disponível em:
<www.sibi.ufrj.br/snbu/snbu2002/oralpdf/87.a.pdf>.
PARKES, C. M. *Luto – Estudos sobre a perda na vida adulta.* Trad. M. H. P. F. Bromberg. São Paulo: Summus, 1998.
PASSERINI, S. P. *O fio de Ariadne – Um caminho para a narração de histórias.* São Paulo: Antroposófica, 1998.
PAVONI, A. *Os contos e os mitos no ensino – Uma abordagem junguiana.* São Paulo: EPU, 1989.
PIAGET, J. *A construção do real na infância.* 3ª ed. São Paulo: Ática, 1996.
_____. *O nascimento da inteligência na criança.* 4ª ed. Rio de Janeiro: LTC, 1987.
PRISZKULNIK, L. *A criança siante da morte.* Pediatria Moderna, Vol. XXVIII (6), 1992, outubro, pp. 490-496.
RADINO, G. (2000, 1 de janeiro). Educação infantil no Brasil: em busca da infância. Acesso em 2006, de Psicopedagogia on-line. Disponível em:
<www.psicopedagogia.com.br/artigos/artigo.asp?entrID=51>
_____. *Contos de fadas e realidade psíquica – A importância da fantasia no desenvolvimento.* São Paulo: Casa do Psicólogo, 2003.
RAIMBAULT, G. *A Criança e a Morte – Crianças doentes falam da morte – Problema da clínica do luto.* Trad. R. C. Lacerda. Rio de Janeiro: Francisco Alves, 1979.
RAMON, E. *Não é fácil, pequeno esquilo.* Trad. T. Rimkus., ilustr. R. Osuna. São Paulo: Callis, 2006.
RAPPAPORT, C., & FIORI, W. R. *Psicologia do desenvolvimento – A idade pré-escolar.* 8.ª ed., Vol. 3. São Paulo: EPU, 1981.
REITMEIER, C. & STUBENHOFER, W. *Você nunca mais vai voltar? – Como ajudar as*

crianças a superar o luto e a morte. Coleção Companheiros do Desenvolvimento Infantil: livros que fazem bem a pais e filhos. Trad. P. E. Schweitzer., ilustr. A. Ruiz. São Paulo: Paulinas, 2004.

RIBEIRO, G. (2006, janeiro/junho). Biblioterapia: uma proposta para adolescentes internados em enfermarias de hospitais públicos. *Revista Digital de Biblioteconomia e Ciência da Informação*, Campinas-SP, 3(2), p. 112-126.

RIELY, M. (2003, August). Facilitating children's grief. J Sch Nurs, 19 (4), p. 212-218.

ROSEMBERG, F. *Literatura infantil e ideologia*. Coleção Teses, 11. São Paulo: Global, 1985.

RYAN, V. *Quando seu animal de estimação morre – Manual de ajuda para crianças.* Coleção Terapia Infantil. Trad. A. S. Carvalho, ilustr. R. W. Alley. São Paulo: Paulus, 2004.

_____. *Quando seus avós morrem – Um guia infantil para o pesar.* Coleção Terapia Infantil. Trad. E. F. Durval., ilustr. R. W. Alley. São Paulo: Paulus, 2004.

SANTOS, F. L. N. & LIMA FILHO, D. L. (2005, 21 de novembro). Mudanças no trabalho e o adoecer psíquico na Educação. Acesso em novembro, 2007. Disponível em de <www.universia.com.br/html/materia/materia_jcei.html

SAVATER, F. *As perguntas da vida*. São Paulo: Martins Fontes, 2001.

SCHONFELD, D. J. (1996, February). Talking with elementary school-age children about Aids and death. J Sch Nurs, 12 (1), pp. 26-32.

SEIBERT, D., & DROLET, J. C. (1993, February). Death themes in literature for children ages 3-8. J. Sch. Health, 63 (2), pp. 86-90.

SEITZ, E. M. *Biblioterapia – Uma experiência com pacientes internados em clínica médica*. Dissertação de Mestrado, Universidade Federal de Santa Catarina, Florianópolis-SC, 2000.

SERVATY-SEIB, H. L. PETERSON, J., & SPANG, D. (2003, February-March). Notifying individual students of a death loss: Practical recommendations for schools and school counselors. Death Studies, 27 (2), pp. 167-186.

SILVA, C. C., & SILVA, N. R. *Os porquês do coração.* Coleção Viagens do Coração. Ilustr. S. Paterno. São Paulo: Ed. do Brasil, 1995.

SILVA, M. E. P. (2006, junho). *Burnout – Por que sofrem os professores? Estudos e pesquisas em Psicologia* 6 (1), p. 89-98.

SUNDERLAND, M. *O valor terapêutico de contar histórias – Para as crianças, pelas crianças.* Trads. C. A. Salum & A. L. Franco. São Paulo: Cultrix, 2005.

TORRES, W. *A criança diante da morte.* São Paulo: Casa do Psicólogo, 1999.

TURATO, E. R. *Tratado da metodologia da pesquisa clínico-qualitativa – Construção teórico-epistemológica, discussão comparada e aplicação nas áreas da saúde e humanas.* Petrópolis-RJ: Vozes, 2003.

VELASQUEZ-CORDERO, M. (1996). First grade teacher's feelings about discussing death in the classroom and suggestions to support them. Acesso em 2006. Disponível em <www.eric.ed.gov/ERICDocs/data/ericdocs2sql/content_storage_01/0000019b/80/16/0b/3b.pdf>

VENEZA, M. *Vovô foi viajar.* 2.ª ed. Belo Horizonte: Compor, 1999.

WALKER, M. E. (1986, january). When children die: Death in current children's literature and its use in a library. Bull. Med. Libr. Assoc., 74 (1), p. 16-18.

WALSH, F., & MCGOLDRICK, M. *Morte na família – Sobrevivendo às perdas.* Trad. C. O. Dornelles. Porto Alegre: ArtMed, 1998.

WHARTON, R. H., LEVINE, K. & JELLENIK, M. S. (1993, november) Pediatrician's role after hospital-based death and permanent disability in school-age children. Clinical Pediatrics, p. 675.

WILD, M. *Vó Nana*. Trad. G. Aquino., ilustr. R. Brooks. São Paulo: Brinque-Book, 2000.
WITTER, G. P. *Biblioterapia – Desenvolvimento e clínica*. In: G. P. Witter (org.), Leitura e Psicologia. Campinas-SP: Alínea, 2004.
WORDEN, J. W. *Terapia do luto – Um manual para o profissional de saúde mental*. 2ª ed. Trads. M. Brener & M. R. Hofmeister. Porto Alegre: Artes Médicas, 1998.
ZAVASCHI, M. L. S., SATLER, F., POESTER, D., VARGAS, C. F., PIAZENSKI, R. et al. (2002). Associação entre trauma por perda na infância e depressão na vida adulta. *Revista Brasileira de Psiquiatria*, 24 (4), pp. 189-195.
ZILBERMAN, R. *A literatura infantil na escola.* 10ª ed. São Paulo: Global, 1998.
ZIRALDO. *Menina Nina*. São Paulo: Melhoramentos, 2002.

ANEXOS

"Ao nascer, o Homem é suave e flexível;

Na sua morte, é duro e rígido.

Plantas tenras e úmidas;

Na sua morte, são murchas e secas.

Um arco rígido não vence o combate.

Uma árvore que não se curva, quebra.

O duro e o rígido tombarão.

O suave e o flexível sobreviverão."

Dao De Jing / verso 76

Ilustração por Juliana Paiva Zappardi

... Aqui está o mais
profundo segredo que
ninguém sabe
(aqui está a raiz da raiz e o
broto do broto
e o céu do céu de uma
árvore chamada vida;
que cresce
mais alta do que a alma
pode ter esperança ou a
mente pode esconder)
e essa é a maravilha que
mantém as estrelas
separadas

carrego seu coração (eu o
carrego no meu coração)

trecho do poema de ee.cummings

(extraído do filme *IN HER SHOES*)

Texto escolhido por Giovanna Paiva Zapparoli
Ilustração de Juliana Paiva Zapparoli

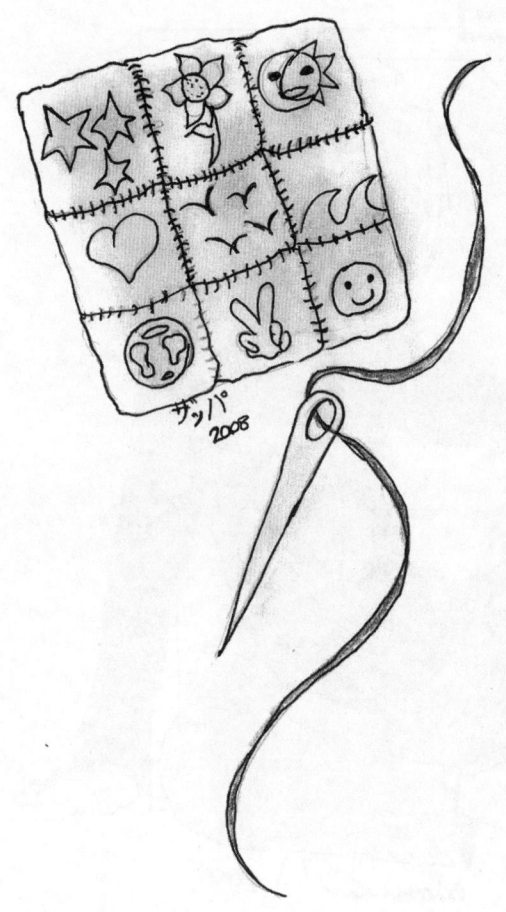

"O desafio de fazer uma colcha assim é que cada quadrado é feito por mãos diferentes. Então, eu tenho que juntar todos esses quadrados diferentes num desenho balanceado e... harmonioso.

...

Temos que encontrar um tema.

...

Para fazer uma colcha de retalhos, temos que escolher a combinação com cuidado. As escolhas certas vão embelezar sua colcha; as erradas vão embotar as cores, esconder a beleza original. Mas não há regras para seguir. Você tem que seguir seu instinto. E você tem que ter coragem!"

(retirado do filme COLCHA DE RETALHOS)

Texto escolhido por Giovanna Paiva Zapparoli
Ilustrado por Juliana Paiva Zapparoli

> *"Nós enxergamos tudo num espelho, obscuramente. Às vezes, conseguimos espiar através do espelho e ter uma visão de como são as coisas do outro lado. Se conseguíssemos polir mais esse espelho, veríamos muito mais coisas. Porém, não enxergaríamos mais a nós mesmos.*
>
> Jostein Gaarder
> (Através do espelho)

Anexos

Ilustração por Juliana Paiva Zappardi

A arte de falar da morte para crianças

Anexos

"... O que a lagarta chama de fim de mundo, o mestre chama de borboleta."

Richard Bach

Ilustração por Juliana Paiva Zappardi

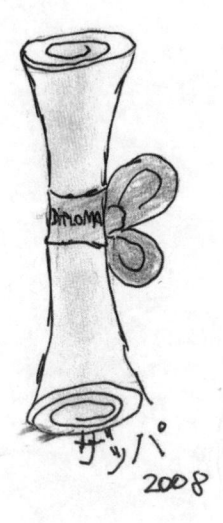

Ilustração por Juliana Paiva Zappardi

"Aprender é descobrir aquilo que você já sabe.

Fazer é demonstrar que você o sabe.

Ensinar é lembrar aos outros que eles sabem tanto quanto você.

Vocês são todos aprendizes, fazedores, professores."

Richard Bach